# CHEAP ESCAPES

Günstige Urlaubsziele in Europa –
viel erleben für wenig Geld

Ein Schafhirte bei Rimetea Alba in Transsilvanien wacht über sein Vieh.

# CHEAP ESCAPES

## Günstige Urlaubsziele in Europa – viel erleben für wenig Geld

Von Regine Heue

BRUCKMANN

# Inhaltsverzeichnis

## Europas Mitte 16



v.l.n.r. Der berühmte Pilsudki Hügel im Westen Krakaus, Molecule Man auf der Spree in Berlin, bunte Gassen Portugals laden zum Spazieren ein, spektakuläres Licht in der Grotte Bengali an der portugiesischen Küste, ein Reiter der Camargue wacht über seine Tiere, der beeindruckende Künstlerpark Guell in Barcelona mit Ausblick über die Stadt.

Bei Sonnenuntergang in ganz besonderem Licht: Ausblick über Budapest und die Sehenswürdigkeiten der Stadt.



## Europas Süden 114

# Inhaltsverzeichnis

Strahlend türkisblaues Wasser und bunte Häuser am Hafen auf Kreta in Griechenland.

## Europas Südosten 264



v.l.n.r. Die grünen Hüte signalisieren Dublins St. Patrick's Day, Braunbären durchstreifen den Nationalpark Bayerischer Wald, traditionsreiche Wallfahrt in der Camargue, ein Drache wacht über seine Brücke in Ljubljana, in Finnland werden auf dem Mitsommer Fest Volkstänze aufgeführt, auf Texel wächst eine nächste Generation Schafe heran.

AZOREN 44
0 50 km
Corvo
Flores
Graciosa
São Jorge
Terceira
Faial
Pico
São Miguel
ATLANTISCHER OZEAN
Santa Maria
0 50 km
N
Europäisches Nordmeer
Färöer Inseln
Shetland-Inseln (GB)
NORWEGEN
Bergen
Rockall (GB)
Äußere Hebriden
Orkney-Inseln
Aberdeen
Skagerrak
Edinburgh
Belfast
GROSS-
BRITANNIEN
IRLAND
51
Dublin
47
Liverpool
Manchester
Nordsee
Hamburg
14
NIEDER-
LANDE
Amsterdam
46
50
London
49
45
Salisbury
Brighton
Dover
DEUTSCH
LAND
48
Ärmelkanal
Kanal-Inseln
Brüssel
15
BELGIEN
4
Köln
Bonn
6
5
7
Frankfurt
Brest
Le Havre
Seine
LUXEM-
BURG
Worms
Speyer
8
Paris
32
Nürnberg
Nantes
Orléans
Straßburg
9
Augsburg
Loire
Tübingen
München
FRANKREICH
Bregenz
Bern
26
24
Innsbruck
SCHWEIZ
Genf
27
Lago Maggiore
Gardasee
Mailand
33
Bordeaux
Lyon
Golf von Biscaya
La Coruña
Gijón
Vigo
Bilbao
Garonne
Rhône
Po
42
Porto
Toulouse
Genua
28
Bologna
Valladolid
34
PORTUGAL
Duero
Ebro
35
Marseille
Nizza
Florenz
ANDORRA
39
Obidos
37
Lissabon
MADRID
Tajo
36
Barcelona
Korsika
Elba
38
Rom
Guadiana
SPANIEN
Valencia
Mallorca
Menorca
40
41
Lagos
Faro
Ibiza
Sardinien
Sevilla
Murcia
Balearen
Cagliari
Tyrrhenisches Meer
43
Madeira
Cádiz
Gibraltar
Tanger
Ceuta
MITTELMEER
Melilla
Oran
Algier
Tunis
Rabat
Casablanca
ALGERIEN
MAROKKO
TUNESIEN
ATLANTISCHER OZEAN

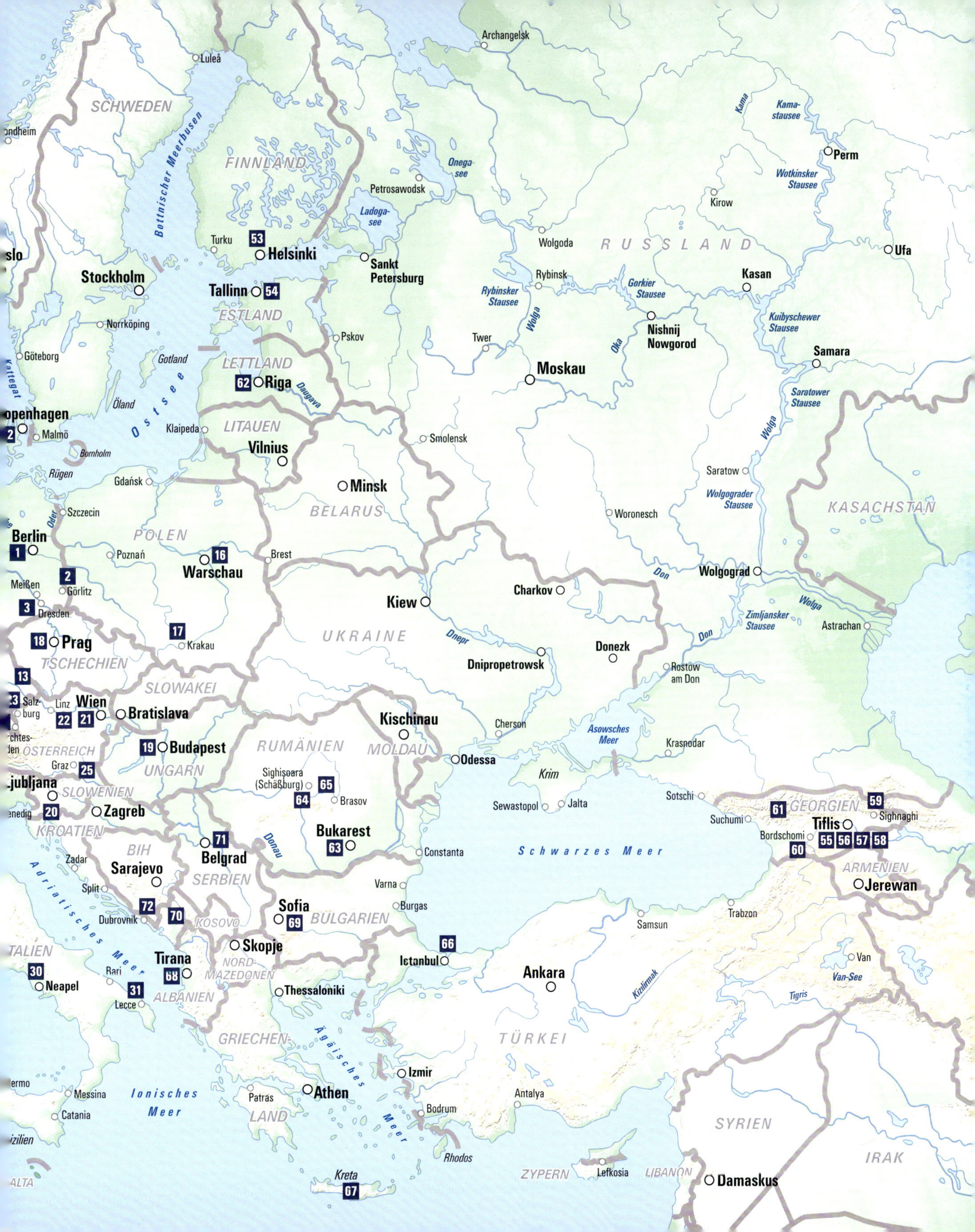

Archangelsk
Luleå
SCHWEDEN
Bottnischer Meerbusen
FINNLAND
Onega-see
Petrosawodsk
Ladoga-see
Kama
Kama-stausee
Perm
Wotkinsker Stausee
Kirow
Wolgoda
RUSSLAND
Ufa
Turku
53
Helsinki
Sankt Petersburg
Stockholm
Tallinn
54
ESTLAND
Rybinsk
Rybinsker Stausee
Gorkier Stausee
Kasan
Kuibyschewer Stausee
Wolga
Nishnij Nowgorod
Norrköping
Pskov
Twer
Oka
Göteborg
Gotland
LETTLAND
62
Riga
Daugava
Moskau
Samara
Kattegat
Ostsee
Öland
Saratower Stausee
Kopenhagen
Malmö
Klaipeda
LITAUEN
Vilnius
Smolensk
Bornholm
Rügen
Gdańsk
Minsk
Saratow
Wolgograder Stausee
Szczecin
Oder
BELARUS
Woronesch
KASACHSTAN
Berlin
1
POLEN
Poznań
16
Warschau
Brest
Don
Wolgograd
2
Meißen
Görlitz
Charkov
Kiew
Zimljansker Stausee
Astrachan
3
Dresden
17
Krakau
18
Prag
UKRAINE
Dnepr
Dnipropetrowsk
Donezk
Rostow am Don
TSCHECHIEN
13
SLOWAKEI
Salzburg
Linz
Wien
22
21
Bratislava
Kischinau
Cherson
Asowsches Meer
Krasnodar
ÖSTERREICH
19
Budapest
RUMÄNIEN
MOLDAU
Odessa
Graz
25
UNGARN
Sighişoara (Schäßburg)
65
Krim
Ljubljana
SLOWENIEN
64
Brasov
Sewastopol
Jalta
Sotschi
GEORGIEN
61
59
20
Zagreb
Suchumi
Tiflis
Sighnaghi
KROATIEN
Bukarest
63
Bordschomi
55
56
57
58
BIH
71
Belgrad
Donau
Constanta
Schwarzes Meer
60
Zadar
Sarajevo
SERBIEN
ARMENIEN
Adriatisches Meer
Split
Varna
Jerewan
72
70
Sofia
69
BULGARIEN
Burgas
Trabzon
Dubrovnik
KOSOVO
Samsun
Skopje
ITALIEN
66
Istanbul
30
Tirana
68
NORD-MAZEDONIEN
Van
Neapel
Bari
31
Ankara
Van-See
Lecce
ALBANIEN
Thessaloniki
Kizilirmak
Tigris
GRIECHENLAND
Ägäisches Meer
TÜRKEI
Izmir
Palermo
Messina
Ionisches Meer
Athen
Antalya
Patras
Catania
Bodrum
SYRIEN
Sizilien
Rhodos
IRAK
MALTA
Kreta
ZYPERN
Lefkosia
LIBANON
Damaskus
67

Die Uferpromenade Lindaus am Bodensee lädt zum Flanieren ein (oben). Ungarns Fischerbastei erhebt sich auf dem Burgberg über der Donau (rechts).

# Einleitung

Europa als Schmelztiegel der Kulturen bietet viele Möglichkeiten für Reisen – auch für den kleinen Geldbeutel. In diesem Buch haben wir einige dieser Orte und eine Menge kostenloser und / oder günstiger Tipps aufgelistet, wie man auf der Reise Geld sparen kann – ob bei einem romantischen Wochenende zu zweit, einer rasanten Städtereise, einem entspannten Urlaub am Strand oder beim aktiven Abenteuer in den Bergen.

So gibt es nur sehr wenige Orte, die man nicht auch mit einem niedrigen Budget bereisen kann. Natürlich geht einer kostengünstigen Reise oder dem langersehnten preiswerten Kurztrip eine sorgfältige Planung voraus, denn clever planen spart Geld. Man muss allerdings die eigenen Erwartungen anpassen: wie viele teure Aktivitäten man unternehmen oder wie oft man beispielsweise in Restaurants essen gehen möchte. So sollte man auf jeden Fall versuchen, das Reisebudget einzuhalten, sonst verursacht es womöglich nur Stress, auf der Reise oder zu Hause. Und ganz ehrlich: Einige der billigsten Orte in Europa sind in Wirklichkeit die schönsten.

Hier noch weitere Tipps, wie man das Reisebudget schonen und dabei nicht auf Qualität verzichten muss – das beginnt bereits bei der Wahl des Verkehrsmittels: Für den günstigsten Flug gilt es, Preisvergleiche wie flug.idealo.de, Swoodoo oder Skyscanner zu nutzen. Zudem verschicken Reiseportale und Airlines Newsletter mit günstigen Sonderangeboten. Für alle, die bald einen Urlaub planen, kann es sich lohnen, diese zu abonnieren. Alternativ sind Mitflugzentralen wie Wingly der neueste Hype und garantieren eine Reiseerfahrung der besonderen Art. Eine weitere günstige Möglichkeit sind die Sparpreis-Kontingente der Deutschen Bahn. Wenn es keine günstige Direktverbindung gibt und man etwas Zeitpuffer hat, findet man die preiswertesten Routen über verschiedene Städte. Bei Trainline kann man ausländische Bahntickets (vom Ausland ins Ausland) buchen und dabei die Preise aller europäischen Bahnbetreiber miteinander vergleichen. Besonders preiswert geht es mit dem Bus – zudem sieht man meist mehr von der Landschaft als mit der Bahn. Wer die Meere erkunden will, aber keine Lust auf teure Kreuz-

fahrten hat, kann für Überseefahrten auch mal auf einem Frachtschiff nächtigen. Die Kabinen bieten den allernötigsten Komfort, sind aber vergleichsweise günstig.
Egal, ob man mit Bus, Bahn oder Flugzeug verreist: Es gibt für jede Buchung einen optimalen Zeitpunkt. In jedem Fall lohnt es sich, die Preise in der Nebensaison zu checken – so fliegt man einer Studie zufolge dienstags am günstigsten. Inlandsflüge sind ungefähr acht Wochen vor Abflug am preiswertesten, und Flüge ins Ausland bucht man am besten schon fünf bis sechs Monate im Voraus. Der Januar ist der beste Monat, um günstige Flüge innerhalb von Europa, nach Asien und Südamerika zu buchen. Viele Airlines bieten dazu sehr preiswerte Übernachtungen in Luxushotels an. Den Zwischenstopp kann man bei der Airline gezielt als Option »Zwischenstopp«, »Multi-Stop« oder »Mehrere Flughäfen« auswählen.
Für Bahnreisen gilt: Eine Woche vor Reiseantritt checken, ob man Tickets für 19 Euro bei Ltur bekommen kann, und man sollte sich über aktuelle Aktionen wie das Quer-durchs-Land-Ticket informieren. Die regulären Sparpreise der Deutschen Bahn sind ab drei Monate vor Reiseantritt verfügbar.
Ansonsten sind Großstädte und Touristenhochburgen oft viel teurer als Orte abseits der ausgetretenen Pfade!
Sparpotenziale gibt es auch in Sachen Übernachtung. Wesentlich preisgünstiger als teure Hotels sind private Übernachtungsangebote wie AirBnB, 9flats, Wimdu oder Couchsurfing. So spart man nicht nur beim Preis, sondern erlebt auch noch einen kulturellen Austausch und einheimische Wohnkultur. Kleiner Tipp: Vorab fragen, ob alle notwendigen Utensilien wie Bettwäsche vorhanden sind oder ob man Schlafsack und Handtücher einpacken muss.
Eine Alternative sind Housesitting oder Häusertausch: Man bietet sich als »Concierge« oder Tiersitter an, wenn andere wegfahren, und darf dafür kostenlos in deren Zuhause übernachten. Die bekanntesten Housesitting-Plattformen sind: TrustedHousesitters, Nomador, Mindmyhouse. Natürlich sollte man sich die Zeit nehmen und die Preise für Unterkünfte auf Seiten wie hotel.idealo.de, booking.com oder Trivago vergleichen. Ergänzend lohnt es sich, bei den Hotels direkt anzufragen.
Urlaubsschnäppchen gibt es auch dort, wo andere eine Reise absagen müssen. Statt die Reise beim Veranstalter zu stornieren und oft viel Geld zu verlieren, verkaufen viele ihre Reise lieber zu einem günstigeren, aber immer noch attraktiven Preis weiter – in diesem Fall wird die Reise beim Veranstalter auf deinen Namen umgeschrieben. Plattformen wie TradeYourTrip oder die Urlaubsguru-Tauschbörse machen das möglich. Für Hotels ist Roomer eine empfehlenswerte Adresse.
Eine weitere Art, im Hostel oder in der Ferienwohnung günstig über die Runden zu kommen, ist die meist integrierte eigene Kochstelle. So kann man ganz einfach den Geldbeutel schonen und selbst etwas Leckeres kochen. Bei gutem Wetter holt man sich Vorspeisen, Käse und Brot und macht Picknick im Park, am Flussufer oder auf öffentlichen Terrassen. Zusätzlicher Vorteil: Gerade der Supermarkt am Urlaubsort lädt dazu ein, ausländische Produkte und Spezialitäten zu probieren. Selbst die Kinder lieben es! Wer keine Lust aufs Kochen hat, sollte Restaurants an der Hauptstraße meiden und stattdessen etwas in einer Seitenstraße ausprobieren – dort ist das Essen meist nicht nur besser, sondern auch billiger.
Weiterer Tipp: Die Einheimischen wollen definitiv keine Touristenpreise für Essen, Getränke und Aktivitäten zahlen. Man sollte mit jemandem aus der Gegend – vielleicht an der Rezeption der Herberge – sprechen und sich nach deren Lieblingshotspots erkundigen. So wird man fast nie enttäuscht! In einigen Destinationen, wie z. B. in Albanien, ist es daher auch sinvoll, eine lokale SIM-Karte mit Datenpaketen zu örtlichen Preisen zu kaufen, da so kein Datenroaming anfällt (und man muss ja online sein, um sich zurechtzufinden).
Nicht nur nachhaltig, sondern auch clever ist es, mit wiederverwendbaren Flaschen und

Das Blaue Kloster bildet eine ruhige Oase im Vere Park in der Innenstadt von Tiflis.

eigenem Kaffeebecher zu reisen. Wenn man die eigene Wasserflasche mitnimmt, kann man diese an Brunnen, Cafés oder Bergquellen kostenlos auffüllen. Mit einem eigenen Kaffeebecher erhält man oft einen Rabatt!

Ansonsten ist zu Fuß gehen die billigste Art der Fortbewegung und bei Weitem die beste, um eine neue Gegend entdecken. Ein Fahrrad zu mieten, ist dann oft billig, wenn man eine größere Entfernung zurücklegen möchte. Wenn man öffentliche Verkehrsmittel benutzen muss, sind Busse in der Regel am günstigsten.

Wer Geld umtauschen muss, sollte dies auf keinen Fall am Flughafen machen – hier ist der Umtauschkurs immer höher als in der Stadt! Die Kioske und Verkaufsstände an Flughäfen nutzen die Situation der Reisenden aus, die meinen, keine große Wahl zu haben.

Zum Staunen: Die wilde Natur entlang der Nordküste von Sao Cristovao auf Madeira.

# Europas Mitte

## Glanzvolle Metropolen und eindrucksvolle Natur

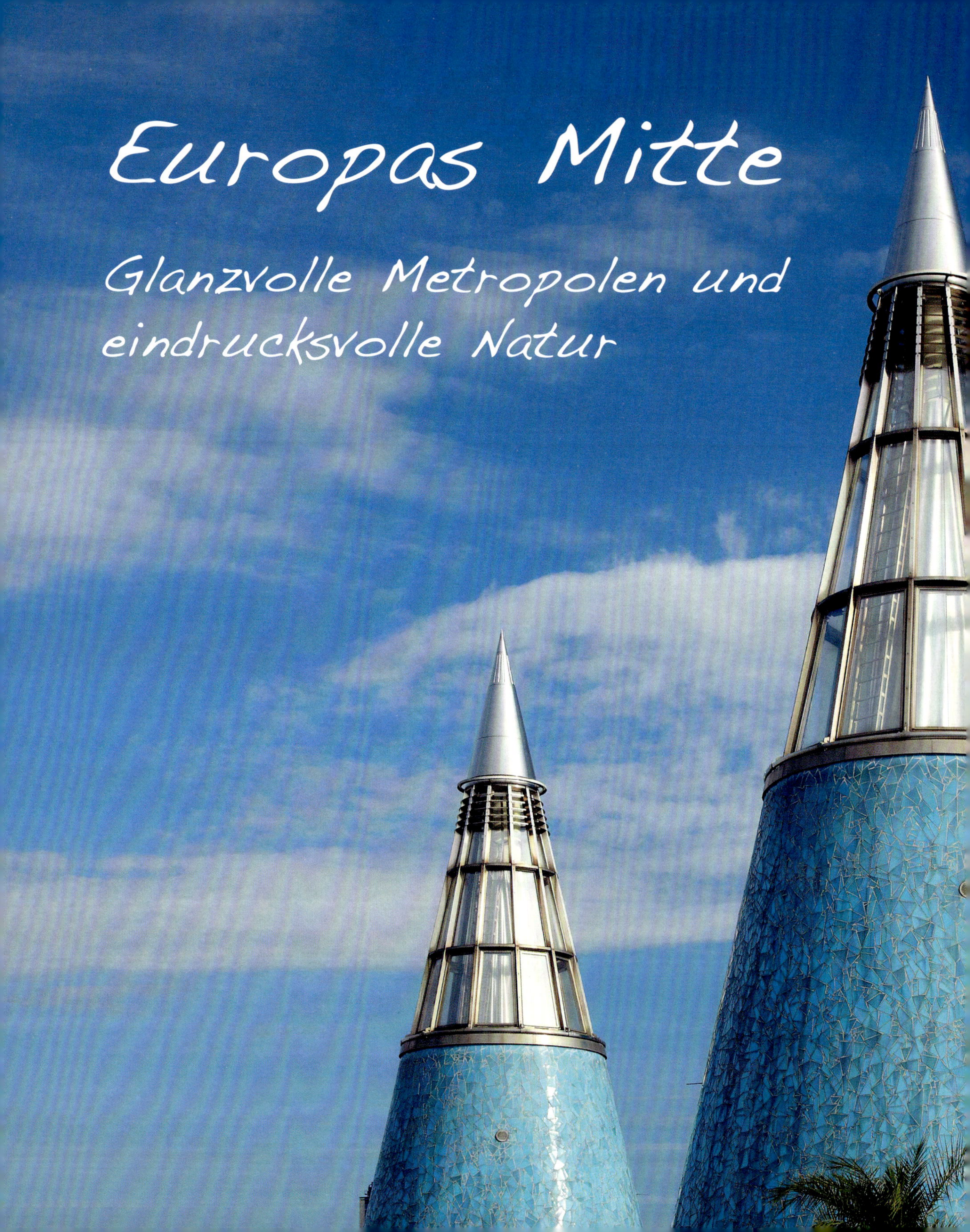

Die Dachterrasse der Bundeskunsthalle Bonn beeindruckt mit ihren blauen Spitztürmen (links). Der Luesener Fernerkogel erhebt sich über dem Fluss Melach in Tirol (rechts oben). Bunt, laut und fröhlich – der Karneval in Köln (rechts unten).

# 1 Die hippste Stadt der Welt – Berlin

## Weltbühne Berlin

**Berlin ist »in«. Die deutsche Hauptstadt, früher als Machtzentrale des Deutschen Reiches und dann als geteilte Stadt mit gemischten Gefühlen betrachtet, gehört heute weltweit zu den Städten mit dem höchsten Sympathiefaktor. Dynamische Entwicklung, spannende Architektur, ein reiches kulturelles Erbe, dazu eine avantgardistische Kulturszene und Spitzengastronomie: Berlin ist aufregend.**

Am Beginn standen zwei Dörfer namens Cölln und Berlin, die sich 1307 ein gemeinsames Rathaus teilten. Gut 700 Jahre später ist daraus eine Metropole von knapp 3,4 Millionen Einwohnern in den Stadtgrenzen und sechs Millionen Menschen in der Metropolregion geworden. Eine Weltstadt mit repräsentativer und experimenteller Architektur, in der es altägyptische neben Avantgardekunst gibt, die Berliner Philharmoniker neben experimenteller Musik, internationale Festspiele neben Kiez-Events. Eine europäische Großstadt, in der vor 75 Jahren antisemitischer Terror herrschte und heute die Weltoffenheit regiert, mit einer Gedenkstätte Berliner Mauer und einer Graffiti-Galerie auf dem längsten noch erhaltenen Stück der Mauer in der Mühlenstraße. Nach dem 1999 umgesetzten Beschluss des Bundestages, Regierung und Parlament nach Berlin zu verlegen, hat sich Berlin von einer »Frontstadt« an der Schnittstelle zweier konträrer Gesellschaftssysteme zu einer aufregenden Mischung von Kulturen und Ansichten entwickelt. Eine Metropole, die nicht ohne Probleme, aber immer sehr produktiv ist.

### Die neue Mitte

Nach der Vereinigung von Ost- und Westberlin hat die Stadt ihre alte Mitte wiedergefunden. Das Regierungsviertel mit Ministerien, dem Kanzleramt, dem Bundestag im früheren Reichstagsgebäude und vielen Botschaften gruppiert sich um das Brandenburger Tor. Gleich dahinter erinnert das Holocaust-Mahnmal, ein begehbares Stelenfeld von Peter Eisenman (geb. 1932), an die furchtbaren Verbrechen des Nazi-Staates.

Der Berliner Dom präsentiert sich nach umfangreicher Restaurierung als pompöses protestantisches Gotteshaus, das auch Staatsakten einen repräsentativen Rahmen gibt (unten links). Das Badeschiff in der Spree mit schwimmendem Pool, Sandstrand und Open-Air-Bar liegt am Treptower Seeufer. Im Winter mutiert es zur Sauna (unten rechts).

Das Brandenburger Tor hat preußische Militärparaden, Aufmärsche von SA-Kolonnen und den Bombenregen des Zweiten Weltkrieges erlebt. In der Nachkriegszeit markierte es die Grenze zwischen den Weltanschauungen. Heute können Spaziergänger wieder durch das Brandenburger Tor flanieren.

Vor dem Reichstagsgebäude auf der anderen Seite des Tors wartet meist eine lange Schlange von Besuchern, die den Sitz des Deutschen Bundestages mit seiner transparenten und begehbaren Kuppel besichtigen wollen. Das monumentale moderne Kanzleramt, auch als »Angies Waschmaschine« bespöttelt, liegt in Sichtweite des Parlaments am Spreebogenpark. Nördlich davon spiegelt sich die Sonne in den Glasfronten des 2006 eröffneten Hauptbahnhofs.

Viele halten den Gendarmenmarkt im Stadtviertel Friedrichstadt für einen der schönsten Plätze Berlins. Ihn rahmen das Konzerthaus, ein Schinkelbau, und die beiden nahezu identischen Kirchen des Deutschen und des Französischen Doms ein, die 1785 noch ohne die hohen Kuppeltürme eröffnet wurden.

Die Friedrichstraße macht mit der Galerie Lafayette ihrem einstigen Ruf als elegant-luxuriöse Einkaufsmeile wieder alle Ehre. Der S-Bahnhof Friedrichstraße war zu DDR-Zeiten Übergangsstelle zum Westen. Heute hat die Gegend alles Düstere verloren: Im Süden erinnert der Checkpoint Charlie, ein alliierter Grenzübertritt, an die Zeit, als eine Mauer die Stadt teilte. Das nicht weit entfernt gelegene Jüdische Museum dokumentiert in einem beeindruckenden und bedrückenden Bau von Daniel Libeskind die Geschichte des Judentums in Deutschland, seinen kulturellen Reichtum und die fast komplette Vernichtung jüdischer Mitbürger.

Der Prachtboulevard Unter den Linden zieht sich vom Brandenburger Tor bis zur Spreeinsel, flankiert von der Staatsbibliothek, der Humboldt-Universität und dem Reiterdenkmal Friedrichs II., vom Bebelplatz, von Deutscher Staatsoper und Kronprinzenpalais sowie der Neuen Wache, die seit 1990 als Mahnmal für die Opfer von Krieg und Gewaltherrschaft dient. Das zum Deutschen Historischen Museum umgestaltete Zeughaus schließt sich an, es ist das älteste erhaltene Gebäude Unter den Linden.

## Die Schatzinsel

Die Museumsinsel, seit 1999 UNESCO-Weltkulturerbe, birgt kulturelle Schätze aus mehreren Jahrtausenden, die im Pergamonmuseum, im Bodemuseum, in der James-Simon-Galerie, der Alten Nationalgalerie, dem Neuen und dem Alten Museum ausgestellt sind. Der grandiose Figurenfries des Pergamonaltars und die Büste

Das Brandenburger Tor ist das bekannteste Wahrzeichen Berlins (oben). Ein Stelenfeld gedenkt der Millionen Opfer des Holocaust (Mitte). Der Checkpoint Charlie, hier im Bild, war einst alliierter Grenzübergang in Berlin (unten). Innenhöfe und Arkaden laden zum Shoppen und gemütlichen Miteinander ein (oben links).

»Victoria« grüßt von der 69 m hohen Siegessäule (oben links). Das bunte Mauerstück »East Side Gallery« gehört zu Berlins neuen Ikonen (oben rechts). Abendszenerie im Sony-Center beim Potsdamer Platz (rechte Seite unten).

der ägyptischen Königin Nofretete im Neuen Museum sind die unbestrittenen Besuchermagneten.

Noch auf der Spreeinsel entfaltet der 1894 errichtete Berliner Dom seine repräsentative Pracht. Auf dem Schlossplatz gleich jenseits der Spreebrücke standen bis zur Sprengung 1950 die Überreste des Stadtschlosses der Hohenzollern. In den 1970er-Jahren ließ die DDR-Führung hier den »Palast der Republik« errichten, inzwischen befindet sich hier das Humboldt-Forum in der Optik des früheren Schlosses.

Das Nikolaiviertel mit der gleichnamigen Kirche gehört zum Ältesten, was Berlin zu bieten hat. Der wegen seiner Backsteinfassade Rotes Rathaus genannte Sitz des Senats und des Regierenden Bürgermeisters von Berlin ist seit rund 150 Jahren die Zentrale der Berliner Stadtverwaltung. Während der Teilung der Stadt tagte der Westberliner Senat im Rathaus von Schöneberg.

Der Grundstein für die frei stehende Marienkirche vis-à-vis wurde schon 1270 gelegt. Gleich hinter der Kirche ragt der 1969 eingeweihte, 368 Meter hohe Fernsehturm in den Himmel über Berlin.

Die Weltzeituhr auf dem Alexanderplatz war schon zu DDR-Zeiten ein beliebter Treffpunkt. Hier endet die 125 Meter breite Karl-Marx-Allee, seinerzeit beliebt für Militär- und andere Paraden. Ein Hotelhochhaus und Einkaufszentren sowie das »Haus des Lehrers«, heute die Niederlassung einer Wohnungsbaugesellschaft und erkennbar an seinem Wandfries, säumen »den Alex«.

## Bewegte Vergangenheit und glitzernde Gegenwart

Vom Hamburger Bahnhof schnauften Mitte des 19. Jahrhunderts die Züge in die Hansestadt. Heute sind in dem zu einem Museum für Gegenwart umgestalteten Bau unter anderem Werke von Joseph Beuys, Andy Warhol und Robert Rauschenberg, aber auch Filme und Videokunst zu sehen. Zum Brechthaus in der Chausseestraße pilgern nach wie vor Theaterfreunde aus vielen Ländern. Hier hatten Helene Weigel und Bertolt Brecht ihre letzte gemeinsame Wohnung. Das Literaturforum im Haus organisiert Veranstaltungen zu literaturpolitischen Themen. Gleich nebenan, auf dem Dorotheenstädtischen Friedhof, haben die beiden ihre letzte Ruhestätte gefunden, neben vielen anderen Literaten, Theaterleuten und Geistesgrößen wie Georg W. F. Hegel, Hanns Eisler, Johann Gottlieb Fichte, Heinrich Mann, Herbert Marcuse, Heiner Müller, Anna Seghers, Karl Friedrich Schinkel oder Christa Wolf.

In der Gedenkstätte Berliner Mauer an der Bernauer Straße erinnern ein erhaltener Mauerabschnitt, ein Aussichtsturm und das Dokumentationszentrum an die stark befestigte Grenze, die sich seit dem 13. August 1961 quer durch Berlin zog. An der geteilten Bernauer Straße scheiterten zahlreiche Fluchtversuche. Die Hackeschen Höfe, ein Ensemble von acht Hinterhöfen, teils mit Art-déco-Fassaden versehen, stehen bereits seit 1972 unter Denkmalschutz. Nach der Wende restauriert, haben sich die immer noch bewohnten Höfe dank der Restaurants und Cafés, der originellen Geschäfte und einer Kleinkunstbühne zu einem wahren Anziehungspunkt entwickelt.

## Platz im Wandel

Das einst pulsierende Leben am Potsdamer Platz war mit der Teilung Berlins komplett zum Erliegen gekommen, die Grenze verlief quer durch das neue Niemandsland. Inzwischen setzen das Sony Center und sein spektakuläres Glaszelt, die Shopping-Quartiere, Musical-Theater und das Museum für Film und Fernsehen neue architektonische Akzente.
Das Kulturforum gleich hinter der außergewöhnlichen Konzerthalle der Philharmonie gehört zu den landesweit wichtigsten Orten für Liebhaber bildender Kunst. Die benachbarte, von Mies van der Rohe entworfene Neue Nationalgalerie zeigt Werke des 20. Jahrhunderts: von Ernst Kirchner, Pablo Picasso, Otto Dix bis hin zu Gerhard Richter.
Im berüchtigten Bendlerblock dokumentiert die Gedenkstätte Deutscher Widerstand, wie sich Menschen gegen die Nazi-Diktatur gewehrt haben. Ein Ehrenmal erinnert im Innenhof an die 1944 dort hingerichteten Wehrmachtsoffiziere um den Widerstandskämpfer Oberst Graf Stauffenberg.
Der Tiergarten, ein früheres Jagdrevier der preußischen Kurfürsten, ist schon lange öffentliche Grünanlage. Sie wird durchzogen von der breiten Straße des 17. Juni, die im Kreisverkehr »Großer Stern« um die Siegessäule herumführt. Von der Aussichtsplattform unterhalb der »Jold-Else«, wie die »Victoria« im Volksmund heißt, überblickt man das riesige grüne Areal des Tiergartens bis zum Brandenburger Tor.
Der Kurfürstendamm mit der Kaiser-Wilhelm-Gedächtniskirche und dem Europa Center war eines der wichtigen Zentren Westberlins bis zum Mauerfall. Noch immer lädt der Ku'damm zum Flanieren, zum Shoppen in schicken Boutiquen oder auf einen Kaffee ins neu gestaltete »Kranzler-Eck« ein.
Im Nordwesten des Stadtteils Charlottenburg zeigt sich das gleichnamige Schloss als glanzvolles Barockensemble. Der im französischen Stil gestaltete Barockgarten wurde um einen englischen Landschaftsgarten erweitert. Im Belvedere erfreut eine grandiose Porzellansammlung alle Liebhaber edlen Geschirrs.
Gleich auf der gegenüberliegenden Straßenseite gelangen Freunde der klassischen Moderne ans Ziel ihrer Träume. Der Kunstsammler Heinz Berggruen, der wegen seiner jüdischen Abstammung Deutschland 1936 verlassen musste, kehrte 60 Jahre später in seine alte Heimat zurück. Seine ungewöhnlich reiche Sammlung von 200 Werken überragender Künstler konnte Berlin zu günstigen Konditionen erwerben. Seitdem sind sie im Museum Berggruen der Nationalgalerie ausgestellt.

### ECHTE SCHNÄPPCHEN

Sowohl den Reichstag, das Brandenburger Tor, das Tempelhofer Feld, das Futurium Berlin als auch die Berliner Mauer (Mauerweg inkl. z. B. Checkpoint Charlie) und die Berliner Seen kann man immer kostenlos besichtigen. Und einmal im Monat öffnen zahlreiche Hochkaräter der Berliner Museumslandschaft ihre Türen, dann erhalten jeweils am ersten Sonntag im Monat alle Besucher freien Eintritt. Viele Museen gewähren Kindern und Jugendlichen grundsätzlich freien Eintritt. Berlin gilt außerdem als Welthauptstadt der Street-Art: Besonders in Kreuzberg und in Friedrichshain schmücken bunte Murals die Hauswände, die man umsonst anschauen kann. Musikliebhaber können jeden Dienstag um 13 Uhr im Foyer der Berliner Philharmonie ein etwa einstündiges Konzert kostenfrei besuchen. Und eine ganze besondere Sehenswürdigkeit wartet im Kino Babylon: Jeden Samstag um exakt 0 Uhr findet hier die kostenlose Vorführung eines Stummfilms statt. Der Film wird dabei live von der einzigen original erhaltenen Kinoorgel Deutschlands begleitet.

### WEITERE INFORMATIONEN

www.visitberlin.de, www.berlin.de, www.bundestag.de/besuche

Von Görlitz' Altstadtarkaden fällt der Blick auf das Rathaus aus dem 14. Jahrhundert (unten). Das Jugendstilkaufhaus an der Frauenkirche war Kulisse für den Hollywoodfilm *The Grand Budapest Hotel* (rechts oben). Zgorzelec ist die jüngere Schwester der Stadt auf der polnischen Seite der Neiße (rechts unten).

# 2 Grenzen überwinden – Görlitz / Zgorzelec

## Gemeinsam mit dem polnischen Zgorzelec ist Görlitz seit 1998 Europastadt

**Nirgendwo in Deutschland geht die Sonne so früh auf wie in Görlitz, das im äußersten Osten der Republik gelegen ist. Bei einem Bummel durch den Stadtkern begibt man sich auf eine Zeitreise durch fünf Jahrhunderte Architekturgeschichte – und erlebt Zeitgeschichte. 1945 entlang der Oder-Neiße-Linie zwischen Deutschland und Polen aufgeteilt, wächst Görlitz heute über die Grenze hinweg wieder zusammen.**

Wer Görlitz zum ersten Mal besucht, kommt meist aus dem Staunen nicht heraus: Kunstvoll verzierte Fassaden lassen sich hier entdecken, mittelalterliche Türme und monumentale Kirchen, idyllische Hinterhöfe und malerische Gassen. Die Stadt an der Lausitzer Neiße bestand den Zweiten Weltkrieg unbeschadet, sodass sich ihre historische Innenstadt in einzigartiger Geschlossenheit erhalten hat. Mehr als 4000 Baudenkmäler aus Gotik, Renaissance, Gründerzeit und Jugendstil drängen sich hier auf kleinem Raum – viel zu viele, um sie einzeln aufzuzählen.

### Trennende Grenzen und vereinender Handel

Die Geschichte von Görlitz wird bis heute durch seine Lage im Dreiländereck von Polen, Tschechien und Deutschland bestimmt. Schriftliche Erwähnung fand die Stadt erstmals in einer Urkunde aus dem Jahr 1071, in der König Heinrich IV. dem Bischof von Meißen das slawische Dorf *Villa Gorelic* als Geschenk überließ. Kurz darauf kam es unter böhmische Herrschaft, fiel 1636 an das Kurfürstentum Sachsen, wurde 1815 preußisch und schließlich eine deutsche Stadt, deren Ostteil nach 1945 zu

Polen kam. Die Loyalitäten und Zugehörigkeiten wechselten im Lauf der Jahrhunderte, seinen Wohlstand und seine urbane Schönheit verdankte Görlitz jedoch vor allem dem Handel quer über alle Landesgrenzen. Wirtschaftlich profitierte die Stadt durch ihre Lage an der mittelalterlichen Handelsroute Via Regia, auf der Waren quer durch Europa von Spanien nach Russland transportiert wurden.

## Kaufleute an der Via Regia

Wo heute die Kirche St. Peter und Paul steht, befand sich im 12. Jahrhundert wohl eine Burg, in deren Schutz sich Kaufleute an der Via Regia niederließen. Um 1200 wurde die Siedlung rund um den Untermarkt zu einer Stadt erweitert. Danach erlebte Görlitz einen beeindruckenden Aufstieg, erhielt eine Münze und 1303 eine unabhängige Rechtsprechung. Reichtum brachte eine unscheinbare Pflanze: Färberwaid, mit dem Tuch blau gefärbt wurde. Görlitz erkämpfte sich eine Monopolstellung für den Waidhandel in Böhmen und avancierte zu einer bedeutenden Handelsstadt

In der Nikolaivorstadt, dem ältesten Viertel zwischen Nikolaikirche und Peterskirchenberg, hat sich das mittelalterliche Stadtbild teilweise erhalten; mit dem Nikolaiturm steht noch ein Relikt der alten Stadtbefestigung. Gotische Arkaden, kunstvolle Fassaden und Portale entdeckt man auch in der Bebauung rund um den Untermarkt. Der älteste Marktplatz der Stadt besteht seit mindestens 1220 und wird von prächtigen Patrizierhäusern gesäumt. Die Geschichte des imposanten Rathauses mit der auffälligen Uhr aus dem 16. Jahrhundert reicht bis 1369 zurück, seine Innenausstattung stammt jedoch wie die benachbarte Münze und die Ratsapotheke aus der Renaissance. Der 1526 vollendete Schönhof am Südende des Platzes ist das älteste bürgerliche Renaissancegebäude nördlich der Alpen.

## Veränderungen in der Neuzeit

Barocke Linien zeigen unter anderem der Neptunbrunnen am Untermarkt und das Barockhaus mit dem historischen Büchersaal der Oberlausitzischen Bibliothek in der Neißstraße. Als Görlitz ab Mitte des 19. Jahrhunderts einen industriellen Aufschwung erlebte, entstand rings um die Altstadt bis zum Bahnhof ein Gründerzeitviertel, das in seiner heutigen Geschlossenheit in Europa vielleicht noch von Paris übertroffen wird. Sein repräsentativer Mittelpunkt ist der Postplatz mit der Bronzefigur der »Muschelminna« auf dem monumentalen Brunnen. Jugendstilfreunde wird es dagegen in die Läden und Cafés der Straßburg-Passage ziehen oder in Deutschlands schönstes Jugendstil-Kaufhaus, in dem nach Renovierungen wieder wie einst die Kassen klingeln sollen.

### ECHTE SCHNÄPPCHEN

Am Schützenweg, am Lutherplatz, an der Büchtemannstraße und an der Uferstraße kann man mit etwas Glück kostenfrei parken. An der Friedhofstraße gibt es eine kostenfreie Parkmöglichkeit für ca. 80 Pkws. Die Görlitz Greeters bieten kostenlose Rundgänge mit Einheimischen. Ansonsten sind die Peterskirche, der historische Nikolaifriedhof, das Stöcker Kaufhaus, die Dreifaltigkeitskirche, das Biblische Haus und die Ochsenbastei kostenlos. Viele Parks, wie z. B. der Pontepark, laden zum Spazierengehen und Verweilen ein. Die Aussichtspunkte Neißeblick und Friedenshöhe bieten fantastische Ausblicke auf Görlitz und Umgebung. Im Restaurant Bürgerstübl Görlitz und im Wirtshaus Zur Altstadt kann man gut und günstig essen. Wer Glück hat, erlebt die Chefin der Pizzeria & Eiscafé La Galleria Italiana mit einem Mikro in der Hand auf der Bühne. Pensionen, Zimmer und Unterkünfte gibt es in der Stadt ab 29 Euro; private Unterkünfte bekommt man schon ab 12 Euro.

### WEITERE INFORMATIONEN

www.goerlitz.de, www.zgorzelec.eu

Die Putte genießt den Blick in den Innenhof des Dresdner Zwingers, im Hintergrund ist das Residenzschloss zu sehen (oben). Auf dem Neumarkt prunkt die wiedererrichtete Dresdner Frauenkirche (rechts).

# 3 Barock und Porzellan – Dresden und Meißen

## Sächsisches Wunder

**Dresden, die barocke Kulturstadt an der Elbe, hat schon viele begeistert: Auf engem Raum liegen Residenzschloss, Zwinger, Semperoper, die wiederaufgebaute Frauenkirche und Spitzenmuseen mit Bildern, Plastiken oder Porzellan dicht beisammen. Den Kontrast bilden die trendigen Szeneviertel der Neustadt. Die Schiffe der Weißen Flotte bringen Ausflügler nach Meißen oder ins Elbsandsteingebirge.**

Er muss imposant gewesen sein: August der Starke (1670–1733), Kurfürst, König und Casanova. Die herausragende Herrscherpersönlichkeit Sachsens hat dem Land viel hinterlassen: Architektur, Kunst und angeblich fast 400 Nachkommen. Dank seinem Drang zur Machtentfaltung – er war gleichzeitig König von Polen – besitzt Sachsen zahlreiche prächtige Bauten.

Nach dem Feuersturm im Februar 1945 schien das alles verloren. Nicht nur das Schloss, fast das komplette Stadtzentrum lag in Schutt und Asche. Wer Dresden heute besucht, mag das kaum glauben, so prächtig offenbaren sich die Architekturschätze in der wiederaufgebauten barocken Stadt.

### Renaissancepracht am Residenzschloss

Auch der Herrschersitz der Wettiner Fürsten im Zentrum erstrahlt in neuem Glanz. Die königlichen Schatzsammlungen verteilen sich im Residenzschloss auf fünf Museen. Das Grüne Gewölbe präsentiert rund 3000 Kunstwerke, weitere Schätze sind im Wappen- und Bronzezimmer, im Bernsteinkabinett und im Pretiosensaal ausgestellt. Das Neue Grüne Gewölbe zeigt mehr als 1000 wertvolle Stücke. Allein das Szenario »Hofstaat zu Delhi am Geburtstag des Großmoguls Aureng-Zeb« ist mit 5000 Edelsteinen dekoriert. Die »Türckische Cammer« umfasst eine einmalige Sammlung osmanischer Kunst, darunter lebensecht geschnitzte Araberpferde mit silbrigem Zaumzeug.

Der Fürstenzug stellt die wettinischen Herrscher auf einem Wandbild dar (rechts). Pure Lebenslust verströmt das Mozart-Denkmal im Blüherpark (oben). Nirgendwo lässt sich in so schönem Ambiente Milch kaufen wie in Pfunds Molkerei von 1892 (unten).

Die Kathedrale Sanctissimae Trinitatis beim Residenzschloss diente als katholische Hofkirche. August der Starke war im protestantischen Sachsen zum Katholizismus übergetreten, um sich für die polnische Königskrone zu bewerben. Sein Sohn Friedrich August II. (1696–1763) gab den Auftrag für die Barockkirche. Rund 800 Jahre regierten die Wettiner in Sachsen, bis die deutsche Novemberrevolution 1918 auch ihre Herrschaft beendete. Der auf 23 000 Meißner Porzellanfliesen gemalte *Fürstenzug* bildet 94 Figuren aus der Herrscherfamilie ab. Die Ahnengalerie auf der Außenwand des Langen Ganges überstand sogar die Dresdner Feuernacht am 13. Februar 1945.

## Auferstanden aus Ruinen

Der einst von barocken Gebäuden umgebene Neumarkt war nach dem Zweiten Weltkrieg ein Trümmerfeld. Umso erstaunlicher präsentiert er sich heute. Die dank vieler Spenden fast komplett neu erbaute Frauenkirche wurde 2005 eingeweiht. Der fast kreisrunde Innenraum zeigt eine verspielte, farbenfrohe Leichtigkeit unter der 37 Meter hohen Kuppel. Die Aussichtsplattform der äußeren Kuppel bietet aus 67 Meter Höhe einen wunderschönen Blick über die Stadt. Auf dem Platz steht auch die im Bombenhagel nahezu unversehrt gebliebene Statue des Reformators Martin Luther.

Der etwas weiter südlich gelegene Altmarkt bildete früher mit dem Alten Rathaus ein weiteres Zentrum der Stadt. Heute blickt man vom Markttreiben auf moderne Bauten wie den Kulturpalast von 1969. Die imposante Kreuzkirche ist vor allem wegen ihres 150-köpfigen Kreuzchors bekannt.

Die elegante Brühlsche Terrasse gilt als einer der schönsten Aussichtsbalkone Dresdens: Oberhalb des Elbufers schweift der Blick auf den Elbstrom und die prachtvolle Kulisse am jenseitigen Flussufer. Eine herausragende Sammlung von Gemälden und Skulpturen und einen faszinierenden Lichthof birgt das Albertinum an der Brühlschen Terrasse.

Doch in Dresden ist nicht nur die barocke Kunst zu Hause, das demonstriert das 1911 gegründete Deutsche Hygiene-Museum in einer fantastischen Ausstellung zum menschlichen Körper und seinen Wechselwirkungen mit Umwelt und Gesellschaft. Wenig weiter können Besucher der supermodernen »Gläsernen Manufaktur« nachvollziehen, wie VW Elektromobilität beim Fahrzeugbau umsetzt.

## Der Zwinger und die Semperoper

Den Theaterplatz flankieren auf der einen Seite das Residenzschloss und die Hofkirche, auf der anderen Semperoper und Zwinger. Dessen Innenhof ließ August der Starke für höfische Feste anlegen. Unter den Museen wie Rüstkammer, Porzellansammlung oder Mathematisch-Physikalischer Salon ist die Gemäldegalerie Alte Meister das bekannteste. Sie präsentiert Bilder von Tizian, Corregio, Rembrandt, Rubens, Dürer und Canaletto sowie mit Raffaels *Sixtinischer Madonna* (1513) den Inbegriff italienischer Renaissancekunst.

Die Semperoper hatte schon eine bewegte Baugeschichte hinter sich, als sie 1878 nach Plänen Gottfried Sempers (1803–1879) im Stil der Hochrenaissance neu entstand. Nach dem Zweiten Weltkrieg lag sie lange brach und feierte erst 1985 mit Carl Maria von Webers Oper *Der Freischütz* ihre Wiedereröffnung. Hinter der Oper bietet der Sächsische Landtag einen modernen Kontrast aus Stahl und Glas. Wer auf der Augustus- oder einer anderen Brücke die Elbe quert, erreicht die Neustadt aus dem späten 17. Jahrhundert, die mit barocken Hausfassaden und lauschigen Innenhöfen gefällt. In Szenevierteln der Äußeren Neustadt gibt es Klubs, Boutiquen, Cafés und Restaurants. Am Albertplatz kommen Freunde des hier aufgewachsenen Schriftstellers im kleinen Erich-Kästner-Museum auf ihre Kosten. Etwas abgelegen, aber ein Ziel jeder Stadtrundfahrt, ist Pfunds Molkerei, ein historischer Milchladen mit 3500 farbigen Majolikafliesen.

## Zerbrechliche Kunstwerke

Zu einem Dresdenbesuch gehört ein Abstecher nach Meißen: Von der Albrechtsburg, Deutschlands erstem Schlossbau aus dem 10. Jahrhundert, überblickt man die Ziegeldächer der Altstadt, den Elbstrom und das andere Flussufer mit Feldern und Weinhängen. In der »Wiege Sachsens« wurde der Bau des gotischen Doms mit den prägnanten Doppeltürmen 1250 begonnen. Nachdem es dem Physiker Tschirnhaus und dem Apotheker Böttger 1708 gelungen war, Porzellan herzustellen, gründete der sächsische Kurfürst August der Starke eine Manufaktur in der Albrechtsburg. 150 Jahre später zog sie an ihren heutigen Standort, wo seitdem edles Geschirr und Kunstobjekte mit dem berühmten Signum der zwei gekreuzten Schwerter unter dem Namen »Meissen Manufaktur« gefertigt werden.

### ECHTE SCHNÄPPCHEN

In allen Städtischen Museen Dresdens ist der Eintritt freitags ab ca. 12 Uhr frei, was zudem auch für die Sächsischen Kunstsammlungen Dresden jeden Sonntagnachmittag von 15–18 Uhr gilt. Keinen Eintritt kosten der Botanische Garten Dresden, der Rhododendrongarten Wachwitz und der Bismarckturm in Dresden-Räcknitz. Sowohl Wandern in der Heide, eine Fahrradtour entlang der Elbe, ein Altstadtrundgang oder Geochaching sind wunderschöne und kostenfreie Aktivitäten. Rings um das Gelände am Elbufer kann man bei großen Konzerten wunderbar picknicken – die Stimmung ist zwar wahrscheinlich nicht dieselbe, aber zum Mithören ist ein Platz auf der Elbwiese vor der traumhaften Altstadtkulisse auf jeden Fall umsonst. Auch das Stadtfest Dresden und zahlreiche Feste der Stadtteile sind kostenfrei.

### WEITERE INFORMATIONEN

www.dresden.de/tourismus,
www.semperoper.de,
www.touristinfo-meissen.de,
www.meissen.com

Das Schloss Albrechtsburg in Meißen thront erhaben über der Elbe.

Liebesbeweise: Schlösser an der Hohenzollernbrücke (oben). Kölns berühmteste Silhoutte bilden der Dom und Groß St. Martin (rechts oben). Hoch die Stangen: die gut besuchte Früh-Kölsch-Brauerei (rechts unten).

# 4 Lebensfreude am Rhein – Köln

## Kirchen, Kunst und Kreative

**Obwohl schon beinahe 2000 Jahre alt, zählt Köln zu den vitalsten Metropolen des Landes. Als ein Zentrum moderner Kunst wie als Medienstandort genießt die Domstadt auch international einen ausgezeichneten Ruf. Im weltoffenen und liberalen Klima der Millionenstadt am Rhein hat sich eine bunte, experimentierfreudige Kreativszene entwickelt.**

Die Vergangenheit ist in Köln auf Schritt und Tritt präsent. Noch bis heute geraten in dieser Stadt Bauprojekte ins Stocken, weil man auf bauliche Überreste aus der Römerzeit oder aus dem Mittelalter stößt. Gleich zwölf romanische Kirchen – jede für sich ein Meisterwerk der Sakralarchitektur – künden von der Bedeutung der Domstadt für die damalige Welt. War sie im Hochmittelalter sogar eine Zeit lang die größte deutsche Stadt mit 40 000 Einwohnern, sank ihr Stern im Zuge der Reformation. Reisende berichteten von Misswirtschaft und Korruption. Mit Napoleon und den Preußen, die die einstige freie Reichsstadt im Jahr 1815 besetzten und zu einem regelrechten Bollwerk gegen die Franzosen ausbauten, wendete sich erneut das Blatt. Köln öffnete sich gegenüber der modernen Welt.
Während des Zweiten Weltkriegs legten Bombenangriffe die Stadt zu mehr als 90 Prozent in Schutt und Asche. Die Bausünden des raschen Wiederaufbaus von damals sind nicht zu übersehen. Heute leben rund eine Million Menschen in Köln.

### Himmelstürmende Gotik

Die Anfänge der Hohen Domkirche St. Petrus, wie der Dom offiziell heißt, gehen auf Friedrich Barbarossa und einen Raub zurück. Bei der Einnahme Mailands im Jahr 1162 erbeutete der Kaiser die Reliquien der Heiligen Drei Könige und machte sie seinem Kanzler, dem Kölner

früh
ESPRIT

Die Rheinwiesen zwischen Altstadt und Fluss sind ein beliebtes Erholungsgebiet.

Erzbischof Reinald von Dassel (1114/1120–1167), zum Geschenk. Vermutlich um 1164 nach Köln überführt, lösten die Gebeine dort schon bald einen wahren Pilgeransturm aus. Bereits zu Beginn des 13. Jahrhunderts wurden deshalb Forderungen nach einem Abriss des zu klein gewordenen romanischen Doms und nach einer neuen Kirche laut: Größer, prächtiger und schöner als selbst die französischen Kathedralen sollte sie sein. 1248 feierte man die Grundsteinlegung.

Rund 300 Jahre später stoppten die Bauarbeiten, vermutlich aus Geldmangel und wegen fehlenden Engagements. Über Jahrhunderte prägte der Dom als Bauruine das Stadtbild. Erst im Zuge der nationalromantischen Mittelalterbegeisterung des 19. Jahrhunderts erwachte das Interesse an der Kathedrale neu. Selbst die preußischen Könige machten sich für ihre Fertigstellung nach alten Plänen stark. 1880 war es dann so weit: 632 Jahre nach Baubeginn konnte die Vollendung des Kölner Doms gefeiert werden. Trotz der komplexen Baugeschichte verkörpert der Kölner Dom den himmelwärts stürmenden Stilwillen der Gotik auf vollkommene Weise.

Nicht nur die beiden 157 Meter hohen Türme der Basilika, praktisch jedes Bauteil und der komplette Fassadenschmuck weisen nach oben. Die ganze Schwere romanischer Bauten hat sich hier in filigrane Strebewerke, Spitzbogenfenster, Pfeiler und Türmchen aufgelöst.

Im Inneren empfängt den Besucher ein fünfschiffiger Kirchenraum von schwindelerregender Höhe. Fast scheint es so, als sollten die Kreuzrippengewölbe des Mittelschiffs gegen den Himmel stoßen. Die Fenster, die insgesamt eine Fläche von 10 000 Quadratmetern einnehmen, verleihen dem Raum zusätzlich Weite. Jedes Fenster für sich ist ein Meisterwerk der Glasmalerei. Das älteste, das Bibelfenster der Dreikönigenkapelle, ist bereits um 1260 entstanden. Das jüngste, eine abstrakte Komposition aus 11 263 farbigen Steinen von Gerhard Richter, schmückt seit 2007 das Südportal des Querhauses.

Unter den kostbaren Kunstschätzen des Doms sticht der Dreikönigenschrein, der in einer Vitrine im Chor ausgestellt ist, heraus. Das im späten 12. Jahrhunderts entstandene, Nikolaus von Verdun zugeschriebene Reliquiar zählt zu

den bedeutendsten Goldschmiedearbeiten des Mittelalters. Es stellt eine dreischiffige Basilika dar und ist mit 74 Figuren, mit Edelsteinen, Perlen und Kameen besetzt.
In einer Kapelle an der Nordseite des Chorumgangs hängt, eingerahmt von barockem Dekor, das Gerokreuz, eine überlebensgroße Skulptur aus Eichenholz und eine der ganz frühen Darstellungen des sterbenden Christus. Das Kreuz wurde im 10. Jahrhundert geschaffen und vom Kölner Erzbischof Gero gestiftet. Die Marienkapelle an der Südseite des Chor-umgangs birgt den berühmten Dreikönigsaltar von Stephan Lochner (um 1400–1451).

## Straßenkunst und Hochkultur

Auf der Domplatte, wie der Platz um die Kathedrale genannt wird, herrscht fast das ganze Jahr über Hochbetrieb. Straßenmusiker, Gaukler, Pflastermaler und andere Kleinkünstler nutzen ihn als Bühne vor einem internationalen Publikum. Immerhin sechs Millionen Touristen zieht es jedes Jahr an den Dom, die meistbesuchte Sehenswürdigkeit Deutschlands.
Im Schatten der Kathedrale sind zwei der populärsten Museen Deutschlands entstanden. Das Römisch-Germanische Museum wurde zu Beginn der 1970er-Jahre an der Stelle errichtet, wo Bauarbeiter 1941 beim Ausheben eines Luftschutzkellers auf das Dionysosmosaik stießen. Es gehörte zu einem römischen Wohnhaus und bildet heute zusammen mit dem Poblicius-Grabmal das Herzstück des Museums. In den Ausstellungsräumen werden aber nicht nur archäologische Funde aus der Römerzeit, sondern auch aus der Frühgeschichte und dem frühen Mittelalter gezeigt.
Südöstlich des Doms fällt der futuristische Bau des Museums Ludwig mit seiner zinkverkleideten Sägezahndachkonstruktion ins Auge. Das Museum beherbergt eine der weltweit bedeutendsten Sammlungen zur Kunst der Klassischen Moderne und der Gegenwart. Vom Expressionismus über die abstrakte Malerei der russischen Avantgarde, dem Surrealismus und dem Bauhaus bis hin zu Fluxus, Pop Art, Concept und Minimal Art: Jede der innovativen Kunstbewegungen des 20. Jahrhunderts ist hier mit wenigstens einem Meisterwerk ihrer prominentesten Protagonisten vertreten. August Mackes *Dame in grüner Jacke* gehört ebenso dazu wie Roy Lichtensteins *M-Maybe* oder Gerhard Richters *Akt auf einer Treppe*.
Das Museum ist aus einer Sammlung von Werken der Pop-Art-Kunst, die die Schokoladenfa-

Ein Kölner Pilgerziel ist der goldene Dreikönigsschrein (oben), ein Kölner Kulturziel das Diözesanmuseum in der kriegszerstörten Kolumba-Kirche (unten).

brikanten Irene und Peter Ludwig 1976 der Stadt Köln schenkten, hervorgegangen. Sie wurde mit den Beständen moderner Kunst des Wallraf-Richartz-Museums zusammengeführt und durch Ankäufe kontinuierlich erweitert. 1993 überließ das Ehepaar Ludwig seine umfangreiche Picasso-Kollektion dem Museum, das nun über die weltweit drittgrößte Sammlung von Werken des Maler-Genies verfügt.

Unter dem mächtigen Turm von Groß St. Martin genießt man in den Restaurants am Rheingarten in der Altstadt das Leben (unten). Golden glänzen die Dächer des Museums Ludwig vor dem Steingebirge des Doms (rechts).

## Durch die Gassen der Altstadt

Auch wenn die Kölner Altstadt eigentlich das ganze Areal zwischen Ringstraße und Rhein umfasst: Wenn die Kölner von der Altstadt sprechen, meinen sie immer nur das Viertel, das sich südlich des Doms zwischen Rathaus und Flussufer erstreckt. Nicht nur im Karneval herrscht hier fast 24 Stunden am Tag ein munteres Treiben. In den Gassen und an den Plätzen des Viertels stehen die Brauhäuser, Kneipen und Weinstuben dicht an dicht. Die Altstadt gilt als das touristische Vergnügungsviertel Kölns.

Ihr Wahrzeichen ist die Basilika Groß St. Martin, eine der zwölf romanischen Kirchen der Stadt. Bis heute dominiert der mächtige, von schlanken Ecktürmchen eingefasste Vierungsturm des 1172 geweihten Gotteshauses das Rheinufer südlich der Hohenzollernbrücke. Hinter der Kirche liegt der sich zum Fluss hin öffnende Fischmarkt, für viele Kölns schönster Platz. Im Westen säumen ihn schmale, in hellen Pastelltönen leuchtende Giebelhäuser.

Am Stapelhaus erinnern nur noch ein Treppenturm und der Name an seine einstige Funktion. Das historische Gebäude wurde während des Zweiten Weltkriegs zerstört und in den 1960er-Jahren durch einen Neubau ersetzt. Bis zur Aufhebung des Stapelrechts im Jahr 1815 mussten Händler, die auf dem Rhein reisten, in den Stapelhäusern ihre Waren lagern und zum Kauf anbieten oder aber Stapelgeld zahlen. Köln besaß dieses Privileg seit 1259 und verdankte ihm einen Gutteil seines Reichtums. Heute trifft sich in den Sommermonaten ein bunt gemischtes Publikum in den vielen Outdoor-Restaurants am Fischmarkt.

Das im Herzen der Innenstadt am Alten Markt gelegene Rathaus zieht dank seiner Renaissancelaube und des Glockenspiels, das viermal am Tag erklingt, die Besucher an. Unter dem im Zweiten Weltkrieg zerstörten und durch ein funktionales Gebäude ersetzten sogenannten »Spanischen Bau« wurden die Überreste eines Prätoriums entdeckt. Die Fun-

damente des Prachtgebäudes, in dem einst der Statthalter der römischen Provinz Germania inferior residierte, sind durch eine Betondecke gesichert und können besichtigt werden. Vom Prätorium aus gelangt man auch zu einem begehbaren römischen Kanal, durch den einst Abwasser in den Rhein flossen.
In der archäologischen Zone am Rathausplatz legen Grabungen die Überreste der mittelalterlichen jüdischen Siedlung frei. Bis zum Pogrom des Jahres 1349 war in Köln die größte jüdische Gemeinde nördlich der Alpen ansässig. In nicht allzu ferner Zukunft soll hier ein jüdisches Museum entstehen.
Im Süden wird der Rathausplatz durch den 2001 eröffneten Neubau des Wallraf-Richartz-Museums abgeschlossen. Der hermetisch wirkende Kubus aus hellem Tuffstein ist ein Entwurf des Kölner Architekten Oswald Mathias Ungers (1926–2007). Die Bestände des Museums decken alle Epochen der europäischen Kunstentwicklung vom Mittelalter bis zum 19. Jahrhundert ab. Die Sammlung mittelalterlicher Meister mit Werken der berühmten Kölner Malerschule um Stephan Lochner gilt als bedeutendste der Welt. Dank einer »ewigen Leihgabe« Gérard Corbouds verfügt das Museum außerdem über die umfangreichste Kollektion impressionistischer Gemälde in Deutschland.

## Glitzerpassagen und Andachtsräume

Kölns pulsierendes Geschäftszentrum, das sich westlich der Altstadt bis zum Hohenzollernring erstreckt, wartet mit Shopping-Passagen, originellen Läden, Kunst im öffentlichen Raum und einigen spektakulären Beispielen moderner Architektur auf. Das Kolumba, der 2007 eröffnete Neubau des Diözesanmuseums, ist ein Meisterwerk des Pritzker-Preisträgers Peter Zumthor (geb. 1943). Es erhebt sich als eleganter, fast monolithischer Baukörper aus grauem Backstein auf den Mauerresten von St. Kolumba. Die um 980 gebaute romanische Kirche stand nach 1945 in Trümmern. Die zwischen 1947 und 1950 hineingesetzte Marienkapelle des Kölner Architekten Gottfried Böhm gab der Erinnerung an die Zerstörungen des Weltkriegs Raum. Die Ausstellungen des Diözesanmuseums spannen einen weiten Bogen von der mittelalterlichen bis zur zeitgenössischen Sakralkunst.

## ECHTE SCHNÄPPCHEN

Im Autonomen Zentrum geht so einiges umsonst – und vom Umsonstladen über die Bikekitchen bis hin zu Konzerten und Lesungen ist eigentlich immer was los. Das Scheue Reh ist eine echte Institution im Belgischen Viertel: Es legen immer verschiedene DJs auf, und das alles bei freiem Eintritt. Klettern ist an der Hohenzollernbrücke unterhalb des Reiterdenkmals von März bis Oktober draußen und kostenlos möglich. Im Skulpturenpark zwischen Rhein und Zoobrücke kann man kostenlos Kunst in der freien Natur ansehen. Putzige Vierbeiner streichelt man kostenlos im Lindenthaler Tierpark. In der U-Bahnstation Kalk Post befindet sich ein Zugang zu einer ganz anderen Welt: Hinter einer unscheinbaren Tür verstecken sich tonnenschwere Tore aus Spezialstahl, die im Fall eines Atomkriegs vor radioaktivem Fallout schützen sollten; jeden ersten Sonntag im Monat findet eine kostenlose Führung statt.

## WEITERE INFORMATIONEN

www.koeln.de, www.koelner-dom.de, www.museum.ludwig.de

Boppard (oben links) ist ein idealer Ausgangspunkt für Rhein-Urlauber, die per Schiff oder zu Fuß das Mittelrheintal erkunden, vom Schloss Sayn (oben rechts) über die Loreley (rechte Seite oben) bis Bacharach mit der Burg Stahleck (rechte Seite unten).

# 5 Das Zuhause der Loreley – Mittleres Rheintal

## Die Romantik lässt grüßen

**Den Reiz des oberen Mittelrheintals zwischen Bingen und Koblenz entdeckten schon die Romantiker: Die Begeisterung von Friedrich Schlegel oder Clemens von Brentano, zahlreiche Reiseberichte und idealisierende Landschaftsbilder setzten eine erste Reisewelle in Gang. Seit dem Jahr 2002 steht der 67 Kilometer lange Rheinabschnitt mit seinen 40 Burgen auf der UNESCO-Welterbeliste.**

Eine Schifffahrt auf dem Rhein steckt voller Überraschungen: Hinter Bingen auf dem linken und Rüdesheim am rechten Rheinufer tritt der Fluss in das Rheinische Schiefergebirge ein und windet sich in Schleifen durch ein enges Tal. Seit Römerzeiten wird an den steilen Hängen in diesem von der Sonne verwöhnten Gebiet Weinbau betrieben. Hinter jeder Flussbiegung tauchen die Überreste von Burgen und Festungsanlagen auf, die zu den Wahrzeichen des Rheintals gehören. Ursprünglich waren diese Bauwerke ab dem 11. Jahrhundert als Zollburgen errichtet worden, die den Schiffsverkehr auf dem Rhein überwachen sollten. Sie bezeugen die Bedeutung des Flusses als Handelsweg. Beiderseits des Rheins haben sich schmucke Winzerorte entwickelt.

### Legenden am Flusslauf

Nicht nur die Burgruinen in luftiger Höhe, auch die traditionsreichen Städte des Mittelrheintals hatten es den Romantikern zu Beginn des 19. Jahrhunderts angetan. Wo einst Maler ihre Skizzen anfertigten, zücken heute Touristen die Kameras und halten die romantischen Ecken und Ansichten im Bild fest. Gleich dort, wo der Rhein in das Rheinische Schiefergebirge eintritt, ragt bei Bingen auf einer Insel mitten im Fluss der Mäuseturm auf. Gebaut von dem hartherzigen Mainzer Bischof Hatto II. (gestorben 970), rankt sich eine Schauergeschichte um den Turm. Weil er seine Kornkammern trotz einer Hungersnot verschlossen hielt, soll Hatto hier gefangen gehalten und bei lebendigem Leib von Mäusen gefressen worden sein.

Einige Kilometer stromabwärts liegt Bacharach, der vielleicht romantischste Ort am Mittelrhein. Die malerische Lage unterhalb der auf einem bewaldeten Höhenzug thronenden Burg Wahleck entzückte schon Victor Hugo, der Bacharach sogar »eine der schönsten Städte der Welt« nannte. Bis heute ist der mittelalterliche Ortskern von einer begehbaren Mauer umgeben. Stattliche Fachwerkbauten und die Ruine der gotischen Wernerkapelle, die an einem Hang über Bacharach steht, tragen viel zum romantischen Flair bei.
Das rechtsrheinische Städtchen Kaub bildet mit der über den Weinbergen aufragenden Burg Gutenfels die Kulisse für die gedrungene Burg Pfalzgrafenstein. Die Zollstation, die Ludwig der Bayer im 14. Jahrhundert auf einer Insel im Rhein errichten ließ, gilt bis heute als ein Symbol der Rheinromantik.
Südlich von Boppard, welches den Beinamen »Nizza am Rhein« trägt, lenken die »Feindlichen Brüder«, zwei nebeneinanderliegende Ruinen, die Blicke auf sich. Die Burgen Sterrenberg und Liebenstein gehörten zwei Brüdern, die dieselbe Frau verehrten. Heinrich Heine widmete der Liebesgeschichte mit tragischem Ausgang ein Gedicht in seinem *Buch der Lieder*.

## Mythos Loreley

Eigentlich wirkt der 132 Meter hohe, nur spärlich bewachsene Schieferfelsen bei Rheinkilometer 555 aus der Nähe betrachtet gar nicht so überwältigend. Dennoch steht er im Ranking der touristischen Hauptattraktionen Deutschlands ganz weit oben. Die Geschichte von der schönen Tochter des Vaters Rhein, die auf der Loreley sitzend durch ihren sirenenhaften Gesang die Schiffer betört und vom Kurs abkommen lässt, hat ihn weltberühmt gemacht. Mittlerweile ist das »*Märchen aus uralten Zeiten*«, wie es in Heinrich Heines Gedicht »*Lied von der Loreley*« heißt, sogar den asiatischen Touristen ein Begriff.
Das Besucherzentrum auf dem Felsplateau erklärt, dass die Loreley ein bis heute von Schiffern gefürchteter Ort ist, dessen Gefährlichkeit mit den Strömungsverhältnissen im Fluss zusammenhängt. Die berüchtigten Riffe sind zwar beseitigt, der Rhein fließt hier aber, da er sich stark verengt, so schnell, dass es immer wieder zu Schiffsunglücken kommt.

### ECHTE SCHNÄPPCHEN

Kostenfreie Wanderstrecken ziehen sich auf den Höhen beiderseits des Flusses entlang. Am rechtsrheinischen Rheinsteig wie auch am linksrheinischen Burgenwanderweg laden spektakuläre Aussichtspunkte zu Zwischenstopps ein. Von oben betrachtet offenbart der sich gemächlich durch das enge Tal windende Rhein seine ganze Majestät. Die Wege verlaufen durch Wälder, Wiesen und Weinberge, verbinden die Burgen der Region und lassen jede Tour auch zum Kulturgenuss werden. Der Rheinsteig führt von Bonn nach Wiesbaden, der Rheinburgenwanderweg von Bingen nach Remagen-Rolandseck. Wer in Rüdesheim vorbeikommt, besucht die RheinWeinWelt: Der Eintritt ist kostenlos, und freitags gibt es von 17–20 Uhr eine Happy Hour für die Weinprobe.

### WEITERE INFORMATIONEN

www.welterbe-oberes-mittelrheintal.de, www.rheinsteig.de

Der Marktplatz mit dem Alten Rathaus aus dem 18. Jahrhundert ist seit 1000 Jahren Bonns Zentrum (oben). Das Münster wurde im 11. Jahrhundert als romanische Stiftskirche St. Cassius und Florentius erbaut (rechts oben). Der Kanzlerbungalow, von Sep Ruf im Stil der Klassischen Moderne gebaut, wurde von 1964 bis 1999 genutzt und steht seit 2001 unter Denkmalschutz (rechts unten).

# 6 Beethovens Erste – Bonn

## Die Bundesstadt blickt auf eine 2000-jährige Geschichte zurück

**Auf Bonner Stadtgebiet bauten die Römer 12 v. Chr. ein befestigtes Lager, im Mittelalter entwickelte sich die Stadt rings um das mächtige Münster. Von 1597 bis zur Säkularisation war Bonn die Residenz der Kurfürsten von Kurköln, 1949 kam es in der BRD erneut zu Hauptstadtehren – als angenehm bescheidenes Provisorium, das über 40 Jahre bestand.**

Beethovens erste Stadt und Wirkungsstätte war unzweifelhaft Bonn. In der Stadt am Rhein kam er 1770 im Gartenflügel des Hauses Bonngasse 20 zur Welt und hier lebte er bis 1792. Ganz in der Nähe wurde er in der gotischen Kirche St. Remigius aus dem 14. Jahrhundert getauft. Das Taufbecken ist noch vorhanden, doch die barocke Orgel, auf der er als junger Mann spielte, wurde im Zweiten Weltkrieg zerstört. Beethovens Geburtshaus ist heute ein Museum mit einer bedeutenden Beethoven-Sammlung, die unter anderem den letzten Hammerflügel des Komponisten sowie die Originalhandschriften der *Mondscheinsonate* und der *Pastorale* umfasst. Für Musikfreunde ist ein Antrittsbesuch in der Bonngasse quasi ein Muss und die Musik des Meisters kann man alljährlich beim hochkarätigen Bonner Beethoven-Fest genießen.

Beethoven begegnet einem in Bonn aber noch andernorts. In Granit gehauen sinniert er sitzend in der schönen Rheinaue nahe dem Rosengarten des großen Parkgeländes, das die Bonner als zentrumsnahes Erholungsgelände nutzen. Als Bronzebüste blickt er in Bad Godesberg im idyllischen Redoutenpark ernst in die Ferne. Der Ort spielte eine wichtige Rolle in Beethovens Leben, denn in der Redoute, die damals als klassizistischer Ballsaal für Kurfürst Max Franz neu erbaut worden war, durfte er 1792 als 21-Jähriger vor Joseph Haydn musizieren. Danach stand ihm der Weg nach Wien

Beethoven ist auf dem Münsterplatz als Denkmal verewigt (oben). Die Wiese im Hofgarten wird gerne zum Sonnenbaden genutzt (unten). Die Kunst- und Ausstellungshalle der Bundesrepublik Deutschland gehört zur Museumsmeile (rechts).

offen, in das er noch im selben Jahr als ein Schüler Haydns zog.

## Cassius und Florentius

Als klassisches Denkmal steht der Komponist zudem auf dem Münsterplatz. Dort blickt er vor der ehemaligen Hauptpost, einem hübschen Rokokopalais aus dem 18. Jahrhundert, auf das altehrwürdige Münster, dessen Entstehung und Existenz eng mit der langen Geschichte der Stadt verbunden ist. Im Bonner Stadtgebiet lebten bereits vor rund 2000 Jahren im Legionslager Castra Bonnensia und in der dazugehörigen Siedlung Vicus Bonnensis an der römischen Rheintalstraße schätzungsweise bis zu 10000 Menschen. Wo heute das Münster steht, befand sich einst eine römische Kultstätte und lag ein Gräberfeld, an dessen Rand im 4. Jahrhundert Christen in einer schon bald zerstörten *cella memoriae* ihrer Verstorbenen gedachten. An ihrer Stelle wurde im 6. Jahrhundert ein christlicher Saalbau errichtet, in dem Gläubige bestattet wurden und der als heiliger Ort galt, weil er der Überlieferung zufolge über der letzten Ruhestätte von Märtyrern erbaut worden war.

Für das 7. Jahrhundert ist hier eine Kirche zu Ehren der Märtyrer Cassius und Florentius belegt, die im 2. Jahrhundert wegen ihres christlichen Glaubens enthauptet worden waren und in Bonn als Stadtpatrone verehrt werden. Das Bauwerk war als Grabkirche der beiden Heiligen eine Pilgerstätte, in deren Umkreis sich immer mehr Priester niederließen. Im 8. Jahrhundert wurde das Cassius-Stift gegründet, das bis 1802 bestand. Rings um die Stiftskirche St. Cassius und Florentius entstand eine *villa basilica*, eine dörfliche Ansiedlung von Geistlichen; zusammen mit dem Marktdorf rund um den heutigen Marktplatz bildete sie den mittelalterlichen Kern und die Keimzelle des heutigen Bonn.
Im 11. Jahrhundert wurde die Stiftskirche und an ihrer Stelle die dreischiffige romanische Basilika des Münsters errichtet, das in seiner fast 1000-jährigen Geschichte zahlreiche Umbauten erfuhr. Die Reliquien von Cassius und Florentius hütet es jedoch noch immer in der Krypta. Die Reste der *cella memoriae* wurden 1928 bei Ausgrabungen unter dem Münster entdeckt und in das Rheinische Landesmuseum verbracht. Derzeit wird geplant, dieses älteste christliche Zeugnis des Rheinlands wieder an seinen Ursprungsort zurückzubringen und in einem Pavillon neben dem Münster als faszi-

nierendes Relikt der Stadtgeschichte zu präsentieren. Doch auch jetzt gibt es nicht nur im, sondern auch um das Münster schon viel zu sehen, insbesondere den 900 Jahre alten Kreuzgang und zwei kolossale liegende Granitköpfe des Bildhauers Iskender Yediler neben dem Ostchor. Sie erinnern ziemlich plastisch an die enthaupteten Märtyrer Cassius und Florentius.

## Vom Rhein nach Poppelsdorf

Im Bonner Stadtgarten wiederum verkörpert die von Markus Lüpertz in Bronze gegossene *Hommage an Beethoven* den Sieg des Genies über das Gebrechen und zeigt den am Ende seines Lebens tauben Komponisten nicht als erhabenen Helden, sondern als verletzte Figur. Von der Grünanlage mit Konzertpavillon und einem beliebten Biergarten am Rhein gelangt man direkt in den Hofgarten, wo der monumentale Barockbau des ehemaligen Kurfürstlichen Schlosses als Hauptgebäude der Rheinischen Friedrich-Wilhelms-Universität dient. Von dort führt die Poppelsdorfer Allee als grünes Band eines barocken Gesamtensembles quer durch die Stadt zum Poppelsdorfer Schloss, das in der ersten Hälfte des 18. Jahrhunderts für die kurkölnischen Herrscher errichtet wurde und nun als Sitz einiger Institute der Universität dient.

## Der Weg der Demokratie

Doch zurück zu Ludwig van Beethoven, der sich vor der Beethovenhalle genialisch zerzaust in Beton präsentiert. Als Bronzebüste ist er auch im Inneren von Siegfried Wolskes markantem Bau zu sehen, dessen grünes Kupferdach sich seit 1959 wie eine Welle am Rhein aufschwingt. Als Bonn Hauptstadt der BRD war, wählte die Bundesversammlung zwischen 1974 und 1989 hier den Bundespräsidenten.

Die Beethovenhalle ist damit einer der 40 »Orte der Demokratie«, die im Stadtgebiet aufgrund ihrer historischen Bedeutung in der »Bonner Republik« durch verschiedene Informationstafeln als solche gekennzeichnet sind. Der grüne Hofgarten, auf dem die größten Demonstrationen gegen die Regierungen jener Jahre stattfanden, ist eine von 18 Stationen am »Weg der Demokratie« durch das ehemalige Regierungsviertel. Dieser führt auch zum Bundeskanzleramt und Sep Rufs Kanzlerbungalow, zum Palais Schaumburg, in dem Staatsgäste empfangen wurden, zur Villa Hammerschmidt, dem Sitz des Bundespräsidenten, zum Abgeordnetenhaus »Langer Eugen« und zum Bundeshaus mit dem Plenarsaal des Parlaments, dem heutigen Sitz des World Conference Center Bonn (WCCB).

### ECHTE SCHNÄPPCHEN

An jedem zweiten Sonntag im Monat ist von 11–18 Uhr der Eintritt für alle Museen frei. So misst in Bonn eine Meile drei Kilometer. Dort stehen an der »Museumsmeile« fünf exzellente Museen, die mit ihren Programmen und Ausstellungen Besucher allen Alters und mit den verschiedensten Interessen ansprechen. An der Bonner Magistrale zeugen im zoologischen Museum Koenig rund sieben Millionen Präparate von der Artenvielfalt der Welt, präsentiert das Haus der Geschichte deutsche Zeitgeschichte ab 1945, das Kunstmuseum Bonn zeitgenössische Kunst und gleich daneben die Bundeskunsthalle Ausstellungen und Veranstaltungen über Kunst, Kultur und Technik. Ein wenig abseits fasziniert im Deutschen Museum Bonn Technik aus der Zeit ab 1945. Die Museen der Museumsmeile liegen an der Bonner Magistrale (Bundesstraße 9 / Adenauer-/Willy-Brandt-/ Friedrich-Ebert-Allee), nur das Deutsche Museum Bonn steht etwas abseits in der Ahrstraße 45.

### WEITERE INFORMATIONEN

www.bonn.de,
ww.wegderdemokratie.de

# 7 Kriemhilds Heimat – Nibelungenstadt Worms

## In der Stadt am Rhein spielt das Nibelungenlied eine bedeutende Rolle

**Worms besteht seit rund 2000 Jahren und als eine der ältesten Städte Deutschlands blickt es auf eine bewegte Vergangenheit zurück. Geschichte wurde hier unter anderem auf dem Reichstag von 1521 geschrieben, als Kaiser Karl V. über Martin Luther die Reichsacht verhängte. In der Literatur ist Worms als eine Stadt des Nibelungenlieds verewigt.**

Vorne der Brückenturm der Nibelungen-Rheinbrücke, im Hintergrund der Dom St. Peter (unten) und dessen sehenswerter Altar (rechts oben). Der Innenhof der Martinskirche lädt zum Verweilen ein. (rechts unten).

Auf Wormser Stadtgebiet siedelten schon vor rund 7000 Jahren Bauern, wurden rund 4000 Jahre alte Gräber aus der Bronzezeit gefunden, stand um die Zeitenwende ein römisches Militärlager und lebten in der Siedlung Borbetomagus wohl germanische Vangionen. Aus der *Civitas vangionum* erwuchs eine Stadt namens »Worms«, die im Mittelalter ihre wirtschaftliche Blüte erlangte.

Worms war eines der Machtzentren unter Karl dem Großen im 9. Jahrhundert, danach residierten hier die salischen Herzöge und staufische Herrscher hielten Hof. Worms hat eine faszinierende Geschichte zu bieten, die Fantasie von Generationen beflügelt es jedoch bis heute als literarischen Schauplatz: »Uns ist in alten mæren / wunders vil geseit, von helden lobebæren / von grôzer arebeit ...« beginnt die erste der 2400 Strophen des mittelalterlichen *Nibelungenliedes*, das seit 2008 zum UNESCO-Welterbe gehört. Seinen Anfang nimmt es im Burgundenreich, das im 5. Jahrhundert am Rhein existierte. Aventüre für Aventüre erzählt es von der Königstochter Kriemhild aus Worms, um die Siegfried aus Xanten erfolgreich wirbt. Für den Königssohn und (fast) unverwundbaren Drachentöter endet die Liebesgeschichte tödlich und der Nibelungenschatz landet auf

dem Grund des Rheins, wo er noch heute gesucht wird.

## Auf den Spuren des *Nibelungenlieds*

Das wahre »Nibelungengefühl« bekommt man schon, wenn man nach Worms auf der Nibelungenstraße über den Rhein durch das Tor im Nibelungenturm einfährt und sich vom Blick auf die Domtürme angemessen beeindrucken lässt. Die Nibelungen sind in Worms überall präsent. Gleich an der Uferpromenade wirft ein schlecht gelaunter Hagen aus Bronze den Nibelungenschatz in den Rhein und an der nahen staufischen Stadtmauer schuf der Wormser Künstler Eichfelder auf dem Torturmplatz *Siegfrieds Grab* nach dem Vorbild eines prähistorischen Hügelgrabs. Durch das »Fischerpförtchen« in der Mauer soll übrigens im Jahr 1521 Martin Luther gehuscht sein, kurz bevor das Wormser Edikt die Reichsacht über den von diesem Zeitpunkt an Vogelfreien verhängte. Heute darf sich der Reformator in Worms groß präsentieren und kommt auf dem Lutherplatz zu damals ungeahnten Ehren. Das dortige Lutherdenkmal ist nämlich das größte Reformationsdenkmal der Welt.

Neben dem Torturmplatz geht das Nibelungenmuseum dem Mythos auf den Grund, den man sich im »Hörturm« des Gebäudes erzählen lassen kann. Dort oben hat man zudem einen schönen Blick über die Stadt und auf den Marktplatz. Dort hält ein entspannter Siegfried als Brunnenfigur den Schwanz des toten Drachen in der Hand, zeigt an der Stadtbibliothek ein Relief den Einzug Siegfrieds in Worms und spielt an der Mauer Volker von Alzey ein Lied.

## »Vor dem münster wît«

Am Dom St. Peter bricht »vor dem münster wît« zwischen Kriemhild und Brünhild ein Streit aus, mit dem das Drama bekanntermaßen seinen Lauf nimmt. Der heutige Dom entstand jedoch erst lange nach diesem literarisch verewigten Zank auf dem ehemaligen römischen Forum der Stadt. Im frühen 7. Jahrhundert errichteten Brunichild, Witwe des fränkischen Königs Sigibert I., und ihr Nachfolger Dagobert I. dort eine Kirche, so heißt es zumindest in der Überlieferung. Das mag sehr legendär klingen, allerdings besaß Worms sicher schon 614 einen Bischof und eine Hauptkirche. Der heutige spätromanische Dom wurde im 12. Jahrhundert erbaut und ist neben den Bischofskirchen in Speyer und Mainz der dritte der drei rheinischen Kaiserdome. Die »Krone der Stadt« schmücken ein filigraner barocker Hochaltar von Balthasar Neumann von 1749 und ein reich geschnitztes Chorgestühl. Zu den mittelalterlichen Steinskulpturen gehört auch die Figur des Dombaumeisters, den gerade ein Affe beißen will.

### ECHTE SCHNÄPPCHEN

Kostenloses Parken ist vor der EWR-Arena in der Alzeyer Straße möglich. Für den Besuch der Wormser Museen sollte man unbedingt ein Kombiticket kaufen. Viele Sehenswürdigkeiten sind kostenlos, wie z. B. der Dom St. Peter, das Lutherdenkmal, der Jüdische Friedhof Heiliger Sand, der Wasser- und Nibelungenturm oder die Stadtmauer mit dem Turm Luginsland. Bei einem Besuch im Heylshofpark direkt am Dom St. Peter erfährt man ganz nebenbei und kostenlos bei einem Spaziergang allerlei Wissenswertes über Luther und seine Beziehung zu Worms. Wer ein bisschen zur Ruhe kommen will, der besucht den wunderschönen Innenhof der Martinskirche mit seinen blühenden Hortensien, Olivenbäumen, Palmen und dem schmiedeeisernen Brunnen. Überall sind Sitzgelegenheiten integriert, die gratis zum Durchatmen und Verweilen einladen.

### WEITERE INFORMATIONEN

www.worms.de

# 8 Beim goldenen Hut – Speyer

## Die Domstadt bietet eine Zeitreise durch eine jahrtausendelange Geschichte

**Auch in Speyer bewegt man sich auf uraltem Pflaster. Hier lockte das milde Klima bereits vor Jahrtausenden in das Gebiet der Stadt auf der rheinland-pfälzischen Seite des Oberrheins, der heute die Grenze zu Baden-Württemberg bildet. Bis zu seiner Regulierung im 19. Jahrhundert mäanderte der große Strom in zahllosen Schleifen und immer wieder neuen Variationen durch das Tal.**

Am Ende der Maximilianstraße, der ehemaligen römischen Via Triumphalis, ragt der mächtige Mariendom auf (unten). Am anderen Ende der Straße steht das ehemalige Stadttor Altpörtel (rechts oben). Die Krypta des Speyerer Doms (rechts unten).

Einige Relikte, die man in und um Speyer auf den Terrassen oberhalb des Rheins fand, datieren bis in die Jungsteinzeit zurück. Aus der Bronzezeit stammt hingegen der »Goldene Hut von Schifferstadt«. Rund 3400 Jahre ist der reich punzierte Kegel aus Goldblech alt, der vermutlich als Zeremonialhut bei sakralen Kulten getragen wurde. Die Bedeutung seiner Ornamente gibt seit seiner Entdeckung im Jahr 1835 ein Rätsel auf, das bislang nicht geknackt werden konnte. Neuesten Forschungen zufolge könnten die Ornamente sogar eine Art Kalender darstellen. Damit böte der spektakuläre Fund noch eine weitere Sensation.

### Kelten und Römer

Lange nach den Menschen, die einst den goldenen Hut mit größter Sorgfalt im Schifferstädter Boden vergruben, siedelten im 2. Jahrhundert v. Chr. Kelten auf Speyrer Territorium und um 10 v. Chr. gründeten hier die Römer einen Militärposten an der Rheintalstraße. Aus der Siedlung rund um die Kastelle, die bis zum Abzug der Soldaten 83 n. Chr. errichtet wurden, entwickelte sich die Stadt Speyer.

Der Goldene Hut von Schifferstadt ist heute ein Höhepunkt in der Ausstellung des Historischen Museums der Pfalz in Speyer. Zu sehen sind hier prähistorische Artefakte sowie keltische

## ECHTE SCHNÄPPCHEN

Gut und günstig übernachtet man im Gasthaus Maximilian oder im Hotel & Living am Wartturm. Das Altpörtel ist frei zugänglich, innen muss man Eintritt zahlen. Auf der Maximilianstraße westlich vom Speyerer Stadttor entdeckt man gratis Palmen und südländisches Flair, und nur wenige Meter von der Innenstadt genießt man direkt am frei zugänglichen Rheinufer seine Ruhe. Ebenfalls kostenlos sind die Besuche im Speyerer Dom (Krypta, Kaisergräber, Kaisersaal und Aussichtsplattform kosten Eintritt) und in den Speyerer Kirchen. Frei zugänglich sind der Fischmarkt und der Domhof mit dem Biergarten. Das Museum SchPIRA kostet zwischen November und März günstige 3 Euro Eintritt. Der Judenhof ist an bestimmten Wochenenden kostenfrei, sonst kostet der Eintritt im Judenhof und im Ritualbad Miwke jeweils 3 Euro.

## WEITERE INFORMATIONEN

www.speyer.de,
www.elwedritsche-museum.de

und römische Relikte, die in der Pfalz gefunden wurden, der Domschatz, kulturhistorisch bedeutende Objekte der Neuzeit und ein Weinmuseum. Wer sich für die neuesten Funde interessiert und Archäologie hautnah erleben möchte, kann im »Archäologischen Schaufenster« in der Gilgenstraße die wechselnden Ausstellungen besuchen, dort in der »Gläsernen Werkstatt« bei der Arbeit des Restaurators zusehen und an einer rekonstruierten römischen Straßenfront wie durch Fenster in Glaskästen mit prähistorischen Fundstücken blicken.

### Glaube und Macht

Ab dem 6. Jahrhundert gehörte Spira, wie es jetzt hieß, zum fränkischen Reich. Im 7. Jahrhundert wurde es zum Bischofssitz erhoben – bereits zum zweiten Mal in seiner Geschichte, denn einen Bischof hatte es hier schon im 4. Jahrhundert gegeben. Von nun an machte die Siedlung am Rhein Karriere: Die Karolinger bauten eine Königspfalz, Speyer wurde 1294 zur Freien Reichsstadt und bis 1570 fanden dort 50 Reichstage statt. Speyers wachsende Bedeutung zeigt sich auch durch die belegte Existenz einer jüdischen Gemeinde ab dem 11. Jahrhundert, die mit ihren weitreichenden Verbindungen bis in den Mittelmeerraum und nach Asien eine wirtschaftliche und geistige Elite bildete. Sie stand in enger Verbindung mit den jüdischen Gemeinden in Worms und Mainz, die neben Speyer zu den sogenannten SchUM-Städten gehörten. Im »Judenhof« ist bis heute eine Mikwe für das rituelle Bad aus dem 12. Jahrhundert erhalten, gleich nebenan widmet sich das Museum SchPIRA dem jüdischen Leben im Speyer jener Zeit.

### Die größte Kirche des Abendlandes

Speyers Bedeutung zeigt sich jedoch am deutlichsten an seinem kaiserlichen Mariendom, dessen Bau um 1025 unter Konrad II. begann. Das größte Gotteshaus des christlichen Abendlandes sollte nach Wunsch des salischen Kaisers mit dieser Kirche errichtet werden, wollte er doch mit diesem Monumentalbau seinen religionspolitischen Machtanspruch gegenüber dem Papsttum demonstrieren. Entstanden ist eine atemberaubende Kirche der Superlative, die im Lauf der Jahrhunderte als Grablege salischer, staufischer und habsburgischer Herrscher diente. Allein deren Krypta bildet die größte romanische Säulenhalle Europas. Um die architektonische Wucht dieses größten romanischen Bauwerks der Welt zu erleben, nähert man sich ihm am besten vom Stadttor Altpörtel über die breite ehemalige Via Triumphalis, die heutige Maximilianstraße.

# 9 Dichter- und Denkerschmiede – Tübingen

## Seit über 500 Jahren gibt die Universität in der Stadt den Ton an

**Was haben der Theologe Hans Küng, der Philologe und Schriftsteller Walter Jens und Papst Benedikt XVI., der Astronom Johannes Kepler und der Psychiater Alois Alzheimer, die Alt-Bundespräsidenten Roman Herzog und Horst Köhler, die Dichter Wilhelm Hauff und Eduard Mörike gemeinsam? Sie alle und zahllose andere berühmte Geistesgrößen und unbekannte Durchschnittsschlaue studierten oder lehrten an Tübingens altehrwürdiger Alma Mater.**

Tübingens berühmteste Ansicht ist die Neckarfront mit dem gelben Hölderlinturm (unten). Die Allegorie der Gerechtigkeit und des Wohlstandes ziert seit 1877 das Rathaus (rechts oben). Staunen pur bietet das gehäkelte Korallenriff im MUT (rechts unten).

Wo sich zwischen Schwarzwald und Schwäbischer Alb Tübingen an den Neckar schmiegt, lebten in der Eiszeit Jäger und Sammler. Jahrtausende später siedelten sich Bauern an, trieben Kaufleute Handel und wohl schon im 11. Jahrhundert erbauten die Grafen von Tübingen eine Burg. An deren Stelle thront seit dem 16. Jahrhundert das Renaissanceschloss Hohentübingen über der Stadt, die mit ihren Gassen und Fachwerkhäusern wie ein schwäbisches Postkartenidyll erscheint.
Die entscheidende Investition in Tübingens Geschichte tätigte jedoch Graf Eberhard »im Bart« von Württemberg, als er hier 1477 eine der ersten Universitäten Europas gründete. Damals lebten in der Stadt wohl rund 3000 Menschen, heute besitzt sie knapp 85 000 Einwohner – und rund 29 000 Studenten, die für frischen Wind in den alten Gemäuern sorgen.

### Geist und Technik

Unterhalb des Schlosses schlägt das Herz der Altstadt am Marktplatz rund um den Neptunbrunnen. Imposante Bürgerhäuser säumen den dreieckigen Platz, dominiert wird das Ensemble jedoch vom prächtigen Rathaus von 1435, das im Lauf der Jahrhunderte immer wieder erwei-

tert und umgebaut wurde. Die Malereien an der Hauptfassade wurden 1877 zum 400-jährigen Jubiläum der Universität angebracht, bereits seit 1511 drehen sich dagegen im Ziergiebel unermüdlich die Räder der kunstvollen astronomischen Uhr des Tübinger Astronomen und Mathematikers Johannes Stöffler. Noch heute funktioniert dieses präzise Wunderwerk der Mechanik einwandfrei.

Auf dem kurzen Spaziergang vom Marktplatz zum Neckar kommt man in der Münzgasse an der Alten Aula von 1547 vorbei, die bis zum Jahr 1845 als Hauptgebäude der Eberhard Karls Universität diente. Am Balkon des Hauses sieht man deren Wappen mit den zwei gekreuzten Zeptern, die für die einstige Unabhängigkeit und gerichtliche Eigenständigkeit der Universität stehen. In der uralten Straße finden sich auch der ehemalige Karzer, das »Cotta-Haus«, in dem der berühmte Cotta-Verlag im 17. und 18. Jahrhundert von Goethe über Hölderlin bis zu den Brüdern Humboldt »die Bücher der ersten Wissenschaftler und Literaten« herausbrachte. Gegenüber hütet die gotische Stiftskirche St. Georg einen Altar des Dürer-Schülers Hans Schäufelein und Glasfenster des Straßburger Meister Peter Hemmel von Andlau. Von ihrem Turm hat man einen herrlichen Blick auf die steilen roten Dächer der Altstadt.

## Hölderlins Turm

Nur eine Gasse entfernt fanden ab dem 15. Jahrhundert Studenten in der Alten Burse Unterkunft und Unterricht bei Größen wie dem Humanisten Philipp Melanchthon. Auch heute widmen sich in dem rosa Gebäude Philosophen und Kunsthistoriker ihren Studien. Im 19. Jahrhundert befand sich in der Burse zeitweise das erste Klinikum der Universität, in dem auch der Dichter Friedrich Hölderlin psychiatrisch behandelt wurde. 1807 als unheilbar entlassen, lebte der psychisch Kranke bis zu seinem Tod 1843 bei der Familie des Schreinermeisters Zimmer am Neckar in einem alten Turm der Stadtbefestigung. Der Hölderlinturm ist heute Gedenkstätte und Museum sowie Veranstaltungsort für Lesungen und Tagungen. Der gelbe Turm mit dem spitzen Dach ist ein markantes Gebäude der berühmten Neckarfront, die man bei einer Fahrt mit einem Stocherkahn besonders gut in Augenschein nehmen kann – oder bei einem Spaziergang auf der idyllischen Neckarinsel. Dort schlendert man parallel zum Fluss auf einer romantischen Allee unter 200 Jahre alten Platanen. Angeblich wurden die mächtigen Bäume vom letzten Scharfrichter der Stadt gepflanzt, der zum Gemeindewege-Inspektor »umgeschult« worden war.

### ECHTE SCHNÄPPCHEN

Mit dem Sparpreis der Deutschen Bahn fährt man für ca. 40 Euro in die Stadt und kann hier privat ab 20 Euro übernachten (saisonabhängig). Und kein Besuch in Tübingen kommt ohne den freien Blick von der Neckarbrücke auf die Altstadt aus. Direkt von der Neckarbrücke führt eine Treppe hinunter auf die Neckarinsel, die ein frei zugänglicher Spazier- und Picknick-Spot ist. Die gut erhaltene Altstadt ist frei zugänglich. Nicht verpassen sollte man die Gegend um die Krumme Brücke und die Ammergasse. Mittwochs bis sonntags von 11–17 Uhr (auch an Feiertagen) und donnerstags bis 19 Uhr (nur 3. OG) ist der Eintritt ins Stadtmuseum frei; jeden Donnerstag gibt es zusätzlich um 17 Uhr eine kostenlose Führung durch die Sonderausstellung. Gratis kann man auch die Stiftskirche, den Alten sowie den Botanischen Garten der Universität besuchen. Der Eintritt ins Schloss Hohentübingen ist mit der AlbCard kostenlos. Eine Wanderung zur Wurmlinger Kapelle bietet einen Weitblick gratis.

Historische Fachwerkhäuser reihen sich charmant um das Kloster Bebenhausen bei Tübingen.

Der prächtige Herkulesbrunnen von 1602 schmückt die noble Maximilianstraße vor der Kulisse der Basilika St. Ulrich und Afra (oben). Tanzvergnügen in historischen Kostümen im Goldenen Saal des Augsburger Rathauses (rechts oben). Das 1886 erbaute Kurhaus im Stadtteil Göggingen ist eine Rarität aus der Gründerzeit (rechts unten).

# 10 Geld und Frieden – Augsburg

## Hier wurden Kaiser gekauft und der Religionsfriede beschlossen

**Zusammen mit Kempten, Köln, Trier und anderen ist Augsburg Mitglied im exklusiven Club der ältesten Städte Deutschlands. Im 15. und 16. Jahrhundert erlebte die Stadt einen beispiellosen Aufstieg zu einer der weltweit führenden Wirtschafts- und Finanzmetropolen. 1555 wurde hier der Reichs- und Religionsfrieden geschlossen, der Katholiken und Lutheranern die freie Ausübung ihrer Religion zugestand.**

Augsburgs Geschichte begann 15 v. Chr., als im heutigen Stadtteil Oberhausen ein Legionslager gegründet wurde, um das sich die Siedlung Augusta Vindelicorum entwickelte, die schon bald über 10 000 Einwohner besaß. Ende des 1. Jahrhunderts lief sie Kempten den Rang ab und wurde die neue Hauptstadt der römischen Provinz Raetia. Das römische Augsburg erhielt im Jahr 121 von Kaiser Hadrian das Stadtrecht und wehrte sich erfolgreich gegen die Angriffe germanischer Stämme. Das Römische Museum besitzt einen Siegesaltar aus dem 3. Jahrhundert, der vom Sieg der Römer gegen die Juthungen in einer Schlacht bei Augsburg erzählt. An Augsburger Leben in der Spätantike erinnert aber auch der Sarkophag der heiligen Afra in der gotischen Basilika St. Ulrich und Afra, an deren Standort sich schon in spätrömischer Zeit eine Kirche befunden hatte. Der Legende zufolge wurde die Heilige im Jahr 304 auf Augsburger Stadtgebiet als christliche Märtyrerin ermordet und vermutlich gab es damals auch schon einen christlichen Bischof in der Stadt. Dies lassen zumindest die Fundamente unter dem romanisch-gotischen Dom Unserer Lieben Frau vermuten, die möglicherweise zu einem Bischofssitz mit frühchristlicher Kirche gehörten.

### Ein neues Wirtschaftszeitalter

Augsburg florierte schon in römischer Zeit als Handelsstadt, zur Weltmetropole in Sachen

Weihnachtsstimmung auf dem Christkindlesmarkt auf dem Rathausplatz (oben). Der Goldene Saal des Rathauses dient für verschiedenste Veranstaltungen (unten). Die Fuggerei wurde im 16. Jahrhundert erbaut (rechts).

Wirtschaft und Finanzen stieg es am Übergang vom Spätmittelalter in die frühe Neuzeit auf. Damals zählte es mit rund 30 000 Einwohnern zu den größten Städten des Heiligen Römischen Reichs und bildete einen Knotenpunkt im Netz bedeutender Handelsstraßen.
Bereits 1156 hatte Augsburg von Kaiser Friedrich Barbarossa das Stadtrecht erhalten und 1276 war es zur Freien Reichsstadt erklärt worden. Augsburg war eine Stadt der Patrizier und der Zünfte, die bis ins 16. Jahrhundert an der Stadtregierung beteiligt waren. Den Wandel von der Naturalien- zur Geldwirtschaft markierte 1540 die Gründung der ersten Börse Deutschlands. Sie zog 1830 in ein prächtiges Gebäude am heutigen Rathausplatz, das im Zweiten Weltkrieg zerbombt wurde. Seitdem hat man freien Blick auf Augsburg Wahrzeichen: das Rathaus mit dem riesigen Reichsadler an der Fassade und dem Goldenen Saal für Festempfänge. 1624 wurde der Renaissancebau mit sechs Stockwerken errichtet – damals eine technische Meisterleistung und architektonische Sensation.

### Fuggergeld aus aller Welt

Die Börse war auf Betreiben der Familie Fugger gegründet worden, die seit 1367 in der Stadt ansässig war und es in kürzester Zeit zu enormem Reichtum gebracht hatte. Ihr internationales Wirtschaftsimperium basierte anfänglich auf dem Textilhandel und erweiterte sich auf den Erzhandel und den Bergbau, beides die größten Wachstumsbranchen jener Zeit. Das Geld sprudelte für die Fugger auch fleißig durch ihre Geschäftsbeziehungen mit der katholischen Kirche. Der reiche Klerus konnte diskret in Fugger'sche Unternehmungen investieren, darüber hinaus vergaben die Fugger auch Kredite an die Kirche und stiegen zu den »Bankiers der Päpste« auf, die zudem den lukrativen Ablasshandel finanztechnisch organisierten. Großen politischen Einfluss erlangten sie unter Kaiser Maximilian I., der ab 1493 das Reich regierte. Seine Kriege und seinen aufwendigen Lebensstil finanzierte er auch mit Krediten der Fugger, die im Gegenzug Landbesitz und Bergbauprivilegien erhielten. Den größten Coup landeten sie 1519, als Jakob Fugger, der reichste Geschäftsmann des Heiligen Römischen Reichs, die damals unvorstellbare Summe von 543 585 Gold-Gulden investierte, damit die Kurfürsten Spaniens König Karl V. zum Kaiser wählten. Ihren Betrag zu dieser Überzeugungssumme leisteten auch

die Welser, deren Handelsimperium ebenfalls in Augsburg einen Sitz hatte, sowie italienische Banken. Insgesamt flossen 851 918 Gulden an sechs der sieben Kurfürsten ... und die Strategie zeigte Erfolg: Als Wunschkandidat der reichen Handelshäuser kam der spanische Habsburger auf den Thron – und damit war für die finanzstarken Imperien der Weg zu den Schätzen in der Neuen Welt geebnet. Die Macht der Fugger schwand nach dem Dreißigjährigen Krieg, verarmt ist die Familie jedoch nie. Ihre Spuren sind bis heute in Augsburg zu sehen, sei es an den prächtigen Renaissance-Fuggerhäusern in der Maximilianstraße, der opulenten Fuggerkapelle in der Kirche St. Anna oder auch in der Fuggerei, die als kleiner Ausgleich für all den erworbenen Reichtum für arme Augsburger Bürger gegründet wurde.

## Auf dem Weg zum Frieden

Die Wirtschaftsmetropole Augsburg besaß jedoch auch politische Bedeutung. Ab dem 12. Jahrhundert hatten in der Stadt immer wieder Reichstage stattgefunden. 1530 wurde hier mit der von Philipp Melanchthon verfassten *Confessio Augustana* eine grundlegende Rechtsschrift des lutherischen Glaubens dargelegt und 1555 der Augsburger Reichs- und Religionsfriede beschlossen. Bereits 1548 hatte sich Augsburg als erste Paritätische Reichsstadt proklamiert, in der Politik und Verwaltung zu gleichen Teilen in der Hand von Katholiken und Protestanten lag. Sieben Jahre später wurde auf dem Reichstag das reichsweite Recht zur freien Religionsausübung der beiden Konfessionen beschlossen, zumindest für die Landesherren, die die Religion in ihren Territorien bestimmen konnten. Die Gräuel des Dreißigjährigen Kriegs konnte der Religionsfrieden nicht abwenden, doch gilt er noch heute als ein Meilenstein auf dem Weg zur religiösen Toleranz. 1650 feierten Augsburgs Protestanten und Katholiken endlich die Gleichberechtigung ihrer Konfessionen in ihrer Stadt, was den Augsburgern einen deutschlandweit einmaligen Feiertag bescherte: Am 8. August wird hier das Hohe Friedensfest gefeiert. In dessen Sinne beschäftigt sich in Augsburg seit einigen Jahren ein eigenes Friedensbüro mit der friedlichen Koexistenz der beiden christlichen Konfessionen sowie der gesellschaftlichen und kulturellen Vielfalt einer modernen Großstadt. Dazu stellt es alljährlich ein mehrwöchiges Veranstaltungsprogramm auf die Beine.

### ECHTE SCHNÄPPCHEN

Einen Rheinischen Gulden, also exakt 88 Cent Jahresmiete kostet heute noch eine der 140 Zweizimmerwohnungen in der Fuggerei (bei diesen Zahlen mag es Großstadtmietern die Tränen in die Augen treiben) – hinzu kommen täglich drei Gebete für das Seelenheil der Fugger. Zumindest verlangte das 1521 der Kaufmann Jakob Fugger, der die Siedlung samt Kirche für schuldlos verarmte Augsburger Bürger stiftete. Kostenfrei geht's dann weiter bei Besichtigungen wie dem Historischen Wasserpfad, dem Museum des Augsburger Puppentheaters, dem Dom St. Maria und der Kirche St. Ulrich und St. Afra. Kostenlose Konzerte gibt es im Neruda Kulturcafé und gratis Sprachkurse in der Augsburger Stadtbücherei. Außerdem kostet der Eintritt in allen Museen Augsburgs an den Sonntagen nur 1 Euro. Günstig und lecker speist man im Shushu Falafel und im Stadtcafé Augsburg.

### WEITERE INFORMATIONEN

www.augsburg.de, www.fugger.de

Die Landeshauptstadt präsentiert sich: Bronze-Bavaria vor der Ruhmeshalle (oben), Altstadtensemble aus Altem und Neuem Rathaus am Marienplatz und der Frauenkirche (rechts).

# 11 Grüß Gott, Isarflimmern! – München

## Hightech und Traditionen

**Millionendorf, Weltstadt mit Herz – Bayerns Landeshauptstadt wird ihren Beinamen auch im 21. Jahrhundert gerecht. Obwohl München im Ranking internationaler Wirtschaftszentren eine Spitzenposition einnimmt, hat sich die Stadt ihren eigenen Charakter bewahrt. Allerdings wächst sie rasant – und mit den Einwohnerzahlen steigen auch die kulturellen Angebote in der Isarmetropole.**

Als im August 2012 in Schwabing ein Blindgänger aus dem Zweiten Weltkrieg kontrolliert gesprengt werden musste und einen Millionenschaden verursachte, wurde der Schrecken der Bombardierung fast noch einmal spürbar. Wobei Münchens zu 90 Prozent zerstörte Altstadt zumindest nach 1945 Glück hatte: Ihre Rekonstruktion verlief behutsam. Die überkommene Straßenführung blieb erhalten, viele historische Gebäude wurden nach alten Plänen wieder aufgebaut und Neubauten dem alten Stadtbild angepasst.

Wohl jeder München-Besucher steuert zunächst den Marienplatz im Herzen der Altstadt an. Vor dem neogotischen Rathaus, das die Nordseite des Platzes schmückt, recken jeden Tag um 11 und um 12 Uhr Menschen aus aller Welt die Köpfe nach oben, um den 32 Glockenspiel-Figuren bei ihrem Auftanz zuzusehen. Hinter dem spätgotischen Alten Rathaus an der Ostseite des Marienplatzes geht es durch ein Gewirr enger Straßen zum Hofbräuhaus, eine Ur-Münchner Institution, die dank der unzähligen Touristen, die hier täglich stranden, international geworden ist.

In der Nähe des Alten Rathauses steht leicht erhöht die Pfarrkirche St. Peter, Münchens ältestes Gotteshaus. Die gotische Basilika ist im 14. Jahrhundert aus den Ruinen eines ausgebrannten Vorgängerbaus entstanden. Dessen zwei Türme wurden abgeschrägt und durch einen Einzelturm in der Mitte der Westfassa-

Im Englischen Garten ist der Monopteros seit jeher ein beliebter Treffpunkt.

de ersetzt. Der »alte Peter«, wie er liebevoll genannt wird, besitzt eine Aussichtsplattform, die den besten Blick über München bietet und bei Föhn die Alpen ganz nah erscheinen lässt. Gleich gegenüber lockt der Viktualienmarkt mit einem breiten Angebot an frischem Gemüse, Obst und exotischen Früchten, an Fleisch- und Fischspezialitäten.

## Avantgarde am St.-Jakobs-Platz

Südlich vom Viktualienmarkt erstreckt sich die Schrannenhalle, eine ehemalige Getreidehalle, in der bis 2015 Läden und Stände untergebracht waren und eine Feinkostkette Einzug halten soll. Wenige Gehminuten entfernt öffnet sich am St. Jakobsplatz das Häuserspalier. Lange Zeit ein in städtebaulicher Hinsicht trostloser Ort, hat er sich seit der Einweihung des neuen jüdischen Gemeindezentrums zu einem beliebten Treffpunkt entwickelt. Wie ein Fels in der Brandung steht die Synagoge, ein Kubus aus schweren Steinquadern, über den sich eine dunkel glänzende Stahlkonstruktion erhebt, die mit einem bronzefarbenen Metallgewebe verhängt wurde. Im gut 500 Jahre alten Zeughaus an der Nordseite des Jakobsplatzes residieren das Münchener Stadt- und das ihm angeschlossene Filmmuseum, das mit Klassikern der Filmgeschichte ein buntes Publikum anlockt.

In der Fußgängerzone zwischen Marienplatz und Karlsplatz (Stachus genannt), Deutschlands meistfrequentierter Shoppingmeile mit den höchsten Ladenmieten, fällt zwischen all den großen Kaufhäusern und kleinen Geschäften ein architektonisches Highlight Münchens fast gar nicht auf: Hinter der reich mit Figurenschmuck ausgestatteten Fassade des Gebäudes an der Ecke Neuhauser/Ettstraße verbirgt sich die Jesuitenkirche St. Michael. Das größte renaissancezeitliche Gotteshaus nördlich der Alpen und steingewordene Symbol der Gegenreformation inspirierte die Sakralbaukunst in Süddeutschland. Der Innenraum der Kirche beeindruckt durch seine lichte Weite und das zweitgrößte Tonnengewölbe der Welt. In der Wittelsbachergruft unterhalb des Chors liegt Ludwig II. begraben.

## Geschichtsträchtige Mitte

Im Nordwesten des Marienplatzes ragen die beiden knapp 99 Meter hohen Türme des Liebfrauendoms auf. Diese Höhe ist die Richtschnur für Gebäude innerhalb des Mittleren Rings: Weil kein Bauwerk die Marke von 100 Meter Höhe überschreiten darf, prägt die Frauenkirche bis heute das Stadtbild. Der mächtige, spätgotische Backsteinbau lässt die Gebäude ringsumher winzig klein erscheinen. Dennoch wirkt der Dom schlicht. Die für gotische Kathedralen typischen Türmchen, Zierpfeiler und der Figurenschmuck fehlen. Die Strebepfeiler wurden nach innen verlegt.

Der berühmt-berüchtigte Odeonsplatz, an dem 1923 der Hitler-Ludendorff-Putsch im Kugelhagel der bayerischen Polizei endete, liegt nur einen kurzen Spaziergang vom Marienplatz entfernt. Das Ziel der Putschisten, die Feldherrnhalle, ist ein Werk Friedrich von Gärtners, das zwischen 1841 und 1844 nach dem Vorbild der Loggia dei Lanzi in Florenz entstand. Noch eine weitere Hommage an Italien ziert den Odeonsplatz: die in barockem Gelb gehaltene Theatinerkirche, deren wuchtige, zweitürmige Fassade die Westseite des Platzes beherrscht. Das Gotteshaus wurde nach dem Vorbild der Mutterkirche des Theatinerordens in Rom errichtet. Am Odeonsplatz beginnt auch die schnurgerade Ludwigstraße, die von der Feldherrnhalle zum Siegestor führt. Die klassizsistisch strengen Bauten, die sie säumen, sind italienischen Renaissancepalästen nachempfunden.

## Bayerische Prachtentfaltung

Die Münchner Residenz hat sich über die Jahrhunderte aus der Neuveste, einer Wasserburg, die die Wittelsbacher Herzöge ab 1385 nutzten, entwickelt. Generationen bayerischer Herrscher haben die ursprüngliche Festung im Stil ihrer Epoche erweitert, verändert und umgebaut. Im Laufe der Zeit entstand ein repräsentativer Schlosskomplex, der sich um zehn Innenhöfe gruppiert. Die jüngsten Erweiterungen gehen auf König Ludwig I. zurück. Unter Federführung seines Architekten Leo von Klenze entstanden an der Hofgartenseite der Festsaalbau und im Süden zum Max-Joseph-Platz hin der nach dem Vorbild des Florentiner Palazzo Pitti gestaltete Königsbau. Nach dem Ende der Wittelsbacher Herrschaft wurde die Residenz in ein Museum umgewandelt. Den Zweiten Weltkrieg überstanden nur die vor den ersten Bombenangriffen ausgelagerten Kunstschätze unversehrt. Die Anlage selbst musste wiederaufgebaut werden. Heute präsentiert sich die Residenz in altem Glanz. Mehr als 100 prunkvoll ausgestattete Räume und Säle laden zum Schauen und Staunen ein. Unter all der Pracht ragt das Antiquarium, der größte profane Renaissancesaal nörd-

Volle Prachtentfaltung: das Siegestor auf der Ludwigstraße (unten), Blick auf Theatinerkirche und Feldherrnhalle (oben).

Museen für jeden Geschmack: die Alte Pinakothek mit Chillida-Skulptur (links oben). Bier für jeden Geschmack im Oktoberfestzelt (links unten). Das Deutsche Museum bietet unterschiedliche Ausstellungen sowie ein Besuch der Sternwarte (rechte Seite oben).

lich der Alpen, heraus. Wände und Decken des 70 Meter langen Saals sind mit Fresken bedeckt.

## Große Kunst von der Antike bis zur Gegenwart

Wohl nirgendwo sonst in Deutschland findet sich so viel Kunst auf so engem Raum: Die drei Pinakotheken und das Museum Brandhorst auf dem Museumsareal in der Maxvorstadt decken alle Epochen der europäischen Kunstentwicklung vom Mittelalter bis zur Gegenwart ab. Die antiken Sammlungen am Königsplatz liegen auch nur einen Steinwurf weit entfernt.

Die im Stil eines italienischen Renaissancepalastes errichtete Alte Pinakothek zählt zu den weltweit bedeutendsten Galerien für die Werke alter Meister. Künstler wie Dürer, Raffael oder Leonardo da Vinci sind hier mit mindestens einem Meisterwerk vertreten. Die Rubens-Sammlung des Hauses gilt als größte der Welt. Bei ihrer Eröffnung im Jahr 1836 war die Pinakothek das modernste Museum der Welt.

Meisterwerke europäischer Maler des 19. Jahrhunderts zeigt der postmoderne Bau der Neuen Pinakothek. Ihre Anfänge gehen wie die der Alten Pinakothek auf Ludwig I. zurück, der in den 1850er-Jahren am gleichen Ort ein Haus für seine Sammlung zeitgenössischer Kunst errichten ließ. Bei ihrer Eröffnung war die Neue Pinakothek das erste Museum für moderne Kunst überhaupt. Das Gebäude wurde im Zweiten Weltkrieg zerstört, bis zur Eröffnung des Neubaus 1981 waren Teile der Sammlung im Haus der Kunst ausgestellt.

Die im Jahr 2002 eröffnete Pinakothek der Moderne ist das größte Museum für die Kunst des 20. und 21. Jahrhunderts in Deutschland. Der lichte, offene Bau des Architekten Stefan Braunfels beherbergt vier hochkarätige Sammlungen, die das ganze Spektrum modernen Kunstschaffens repräsentieren. Im Untergeschoss nennt das Museum für Angewandte Kunst die weltweit bedeutendste Sammlung von Industrial Design sein Eigen. Die Ausstellungsräume des Erdgeschosses teilen sich die Graphische Sammlung und das Architekturmuseum der Technischen Universität, das über neueste Tendenzen in der Architektur informiert. Im Obergeschoss wird die Entwicklung der modernen Kunst nachgezeichnet. Die Ausstellung umfasst herausragende Werke von Meistern der klassischen Moderne und der Gegenwart.

Kunst am Bau zeigt das 2009 eröffnete Museum Brandhorst: Seine Außenhülle besteht aus 36 000 farbigen Keramikstäben. Die Sammlung der Kunstmäzene Udo und Anette Brandhorst präsentiert Werke von Andy Warhol, Mario Merz, Sigmar Polke und anderen Künstlern der Avantgarde.

Ein kurzer Spaziergang führt von den Pinakotheken zum 2013 neu eröffneten Ägyptischen Museum und weiter zum Königsplatz mit seinen klassizistischen Museumsbauten: Die Glyptothek an der Nordseite präsentiert eine Sammlung griechischer und römischer Skulpturen, das Gebäude an der Südseite Zeugnisse antiker Kleinkunst. Die Propyläen im Westen sind dem gleichnamigen Torbau auf der Athener Akropolis nachempfunden.

Nur wenige Schritte hinter den Propyläen prunkt ein weiterer Tempel der modernen Kunst: Das um einen Anbau von Foster & Partners erweiterte Lenbachhaus vereint die umfassendste Sammlung von Werken der Künstlergruppe Blauer Reiter unter einem Dach.

Unter König Ludwig I., einem bekennenden Philhellenen, angelegt, wurde der Königsplatz von den Nazis als Schauplatz für monströse Aufmärsche missbraucht. Im Osten des Platzes ließen sie Prunkbauten wie den Führerbau, in dem heute die Hochschule für Musik und Theater residiert, einrichten. Nebenan erinnert das im Mai 2015 eröffnete NS-Dokumentationszentrum daran, dass der Nationalsozialismus in München seinen Anfang nahm. Die Ausstellung fordert die Besucher zu einer Auseinandersetzung mit dem NS-Regime, seiner Ideologie und ihrem Nachleben in der Gegenwart heraus.

## Ein Dorado für Technikfans

Schenkt man Statistikern Glauben, so führt das weltweit größte Wissenschafts- und Technikmuseum (Deutsches Museum) mit alljährlich rund 1,5 Millionen Besuchern auch die Liste der beliebtesten Museen Deutschlands an. Auf einer Ausstellungsfläche von 73 000 Quadratmetern werden historische Autos, Schiffe und Flugzeuge ebenso wie die neuesten Errungenschaften der Bio- und Nanotechnologie gezeigt. Im Kinderreich des Museums können sich die Kids im Labor als Forscher versuchen oder spielend den Umgang mit Maschinen erlernen. In vielen Abteilungen des Deutschen Museums laden interaktive Erlebniswelten zum Experimentieren und Anfassen ein.

## ECHTE SCHNÄPPCHEN

Viele Museen kosten sonntags nur 1 Euro Eintritt. Immer kostenlos sind das Museum für Abgüsse klassischer Bildwerke, das Geologische Museum und das Feuerwehrmuseum, die Kaiserburg im Alten Hof, die Rathausgalerie und die Sammlung Goetz. Auch die Ausstellungsräume der Artothek und die Kunstarkaden sind frei zugänglich. Freien Eintritt am eigenen Geburtstag hat man in allen Münchner Hallen- und Freibädern, im Olympiaturm, der Bavaria Filmstadt und in der FC Bayern Erlebniswelt. Die Beobachtergruppe der Sternwarte im Deutschen Museum bietet bei klarem Himmel jeden Dienstag- und Freitagabend kostenlose Führungen durch die Ostkuppel an – man darf dabei auch durch das Spiegelteleskop blicken. Günstig essen kann man beim Sim Sim Falafel, im Krua Thai, beim Pizzesco oder bei Caspar Plautz am frei zugänglichen Viktualienmarkt. Günstige Übernachtungen findet man in der Pension günstigschlafen24.de, im Hotel & Pension Fleischmann oder im Hotel Atlanta Garni.

## WEITERE INFORMATIONEN

www.muenchen.de, www.andechs.de

Auf dem Weg zur barocken Wallfahrtskirche St. Bartholomä am Königssee (oben). Bei Berchtesgaden bildet das sagenumwobene Watzmannmassiv eine fantastische alpine Kulisse (rechts).

# 12 Felsige Legende – Berchtesgadener Land

## Im hochalpinen Reich von König Watzmann

**Im Südosten Bayerns ragt das Watzmannmassiv 2713 Meter in die Höhe und das Berchtesgadener Land wie eine Halbinsel nach Österreich hinein. Die traumhafte Landschaft mit felsig-zerfurchtem Hochgebirge, saftigen Wiesen, rauschenden Wasserfällen und dem grünblauen Königssee schützen ein Nationalpark und ein UNESCO-Biosphärenreservat.**

Der Watzmann ist ein mächtiges Massiv, das in seiner markant-zerfurchten Gestalt geradezu nach einer Ursprungslegende schreit. Und natürlich hat man im Berchtesgadener Land eine passende Überlieferung zu bieten. Der Sage zufolge war Watzmann ein grausamer König, der mit Vergnügen Menschen und Tiere quälte. Als er jedoch eine ganze Bauernfamilie ermordete, traf ihn der göttliche Fluch und verwandelte ihn zusammen mit der Königin und seinen sieben Kindern zu den riesigen Felsen des Watzmannmassivs: dem 2713 Meter hohen Großen Watzmann, dem 2307 Meter hohen Kleinen Watzmann und dazwischen den Watzmannkindern.

Heute ist der Watzmann der unbestrittene König des Nationalparks Berchtesgaden, der die Hochgebirgsregion rund um das Massiv schützt. Deutschlands einziger Nationalpark in den Alpen bildet die Kernzone des 840 Quadratkilometer großen UNESCO-Biosphärenreservats Berchtesgadener Land. Der legendäre Gebirgsstock ist vor allem ein Revier für erfahrene Bergsteiger; und für Kletterer bietet seine 1800 Meter hohe Ostwand eine enorme Herausforderung. An diesem höchsten Felsabsturz in den Ostalpen ließen schon rund 100 Sportler ihr Leben.

### Ein bayerischer Fjord

Unterhalb der berüchtigten Wand ist der Königssee wie ein Fjord in die Lücke zwischen Watzmann und Hagengebirge eingebettet. Bereits seit über 100 Jahren gleiten hier Elek-

Die Arkaden am Berchtesgadener Schlossplatz sind mit Wandmalereien verziert (oben). Gegenüber ragt die Stiftskirche St. Peter und Johannes der Täufer aus dem 12. Jahrhundert auf (unten). Wildbäche wie hier in der Almbachklamm findet man im ganzen Berchtesgadener Land (rechts).

troboote über das Wasser. Auf ihrem Weg zwischen der Seelände in Schönau und der Halbinsel Hirschau, auf der die Wallfahrtskapelle St. Bartholomä mit den Kleeblattkuppeln steht, halten die Boote unterhalb der Brentenwand an und die Schiffsführer führen mit ihren Trompeten das berühmte Echo vor, das bis zu siebenmal ertönen kann. Es ist so klar, dass böse Zungen behaupten, dass es sich bisweilen besser anhöre als die Trompeterei der Kapitäne selbst.

Wer nicht im Biergarten bei St. Bartholomä hängen bleibt, sondern zur Südspitze des Sees nach Salet fährt, kann noch weiter an den Obersee spazieren. Zwischen 1000 Meter hohen Felswänden gelegen, ist er samt 500 Jahre alter Fischunkelalm der Inbegriff eines wunderschönen Bergsees. Eine reizvolle Variante zur Bootsfahrt ist die leichte Rundwanderung mit herrlichem Seeblick vom Parkplatz Königssee zum Malerwinkel, an dem verschiedenste Künstler unzählige Bilder geschaffen haben. Caspar David Friedrichs bekanntes Ölgemälde *Der Watzmann* von 1825 entstand hier übrigens nicht. Der große Romantiker malte es nach verschiedenen Vorlagen – er selbst war nie in den Alpen gewesen.

## Fürstpröpste und Könige

Berchtesgaden selbst entstand aus dem mehr als 900 Jahre alten Klosterstift Berthercatmen der Augustiner-Chorherren, das 1559 mitsamt seinen Ländereien zu einer Fürstpropstei erhoben wurde. Das heutige Gebiet des Berchtesgadener Lands entspricht in etwa dem kleinen Fürstentum, das nach der Säkularisation nach kurzem Hin und Her 1810 an Bayern fiel. Das junge Königreich erhielt damit auch das Salzbergwerk, das jahrhundertelang den Augustiner-Chorherren Wohlstand gebracht hatte. Die frommen Herrscher verbrauchten jedoch nicht nur vollständig ihre Einnahmen, wie Zeitgenossen mit einigem Unmut bemerkten, sondern häuften sogar noch Schulden an.

Vom guten und teuren Leben der Fürstpröpste zeugt unter anderem das ehemalige Stiftsgebäude der Augustiner-Chorherren, dessen Geschichte bis 1102 zurückreicht. Im Lauf der Zeit wurde es auch zur weltlichen Residenz der geistlichen Herrscher aus- und immer wieder umgebaut, sodass es neben einem romanischen Kreuzgang auch Gebäudeteile aus Gotik, Renaissance, Barock und Rokoko aufweist.

Der letzte Fürstpropst residierte Anfang des 19. Jahrhunderts im Renaissanceschlösschen

Adelsheim, das heute das Heimatmuseum beherbergt. Den bayerischen Königen gefiel jedoch die alte Residenz so gut, dass sie sie als Jagdschloss nutzten. Erst 1853 baute sich König Max II. eine Villa, in der der spätere »Märchenkönig« Ludwig II. als Kind seine Sommerferien verbrachte. Nach dem Ersten Weltkrieg lebte im Königlichen Schloss bis 1933 Kronprinz Rupprecht, der zwar politisch nicht mehr die Macht seiner Vorfahren besaß, aber noch über die Kunstwerke seiner Vorfahren verfügte und seine Residenz mit kostbaren Möbeln, Porzellan und unter anderem zwei Altarbildern von Tilman Riemenschneider ausstatten ließ. Zum Ensemble des ehemaligen Stiftsgebäudes gehört auch die Stiftskirche St. Peter und Johannes der Täufer, deren Bau auf das Jahr 1122 datiert. Im Inneren ist sie mit einem kunstvoll geschnitzten gotischen Chorgestühl ausgestattet.

### Die Menschheit als Affenzirkus

Jenseits von Geistlichkeit und Adel gruppiert sich Berchtesgadens Altstadt rund um den Marktplatz, dessen umliegende Häuser zum großen Teil aus dem Spätmittelalter und der frühen Neuzeit stammen. In der Metzgergasse zeigt das Hirschenhaus seit 1610 eine prachtvolle Renaissancefassade mit aufwendigen Lüftlmalereien. Affen halten hier den menschlichen Sündern den Spiegel vor. Nicht weit entfernt werden Besucher mit Overalls eingekleidet, bevor sie mit der Grubenbahn 1400 Meter tief in den Stollen des seit 1517 aktiven Salzbergwerks einfahren. Zu den Höhepunkten der Besichtigung gehören die rasante Rutschpartie auf der hölzernen Bergmannrutsche und die Fahrt über den unterirdischen Salzsee.

In luftiger Höhe liegt dagegen Berchtesgadens zwiespältigste Sehenswürdigkeit am Obersalzberg. Mit der Rolle von Adolf Hitlers »Bergfestung« in der Zeit des Nationalsozialismus setzt sich die *Dokumentation Obersalzberg* in einem Museum im ehemaligen »Führersperrgebiet« auseinander. Vom Obersalzberg fahren Busse über die spektakuläre Kehlsteinstraße hinauf zum Berggasthof Kehlsteinhaus. Am Parkplatz führt ein Tunnel zu einem Lift, der in den Repräsentationsbau aus der NS-Zeit hinaufsaust. Von dem exponiert gelegenen »Adlernest« hat man einen atemberaubenden Blick auf das Berchtesgadener Land – und natürlich auf König Watzmann.

### ECHTE SCHNÄPPCHEN

Ein kostenloser Besuch gilt natürlich dem wunderschönen Königssee. Der Malerwinkel-Rundweg ist eine kostenfreie und familientaugliche Wanderung, die am imposanten Aussichtspunkt Malerwinkel vorbeiführt. Wer eine bessere Sicht auf den Königssee und den Watzmann haben möchte, wählt die kostenlose 4–5-stündige Wanderung auf den Jenner. Etwas weniger anstrengend ist die kostenfreie Besichtigung der Wallfahrtskirche Maria Gern oder die des Alten Friedhofs mit den Gräbern von Romy und Magda Schneider. Gratis ist auch die Besichtigung der Enzianbrennerei Grassl, bei der man in die Kunst des Destillierens eingeweiht wird. Günstig essen kann man im Bauchgfui, und nicht nur leckeren Kaffee gibt's im Café Kostbar.

### WEITERE INFORMATIONEN

www.berchtesgadener-land.de,
www.koenigssee.com,
www.haus-der-berge.bayern.de,
www.marktschellenberg.de

Immer wieder bietet sich dem Wanderer Gelegenheit zur Rast an ausgesucht schönen Plätzen (oben). Zu den größten Attraktionen des Nationalparks für Jung und Alt gehört der Baumwipfelpfad, der in schwindelnde Höhen führt (rechte Seite unten). Bunt, fein und kostbar: Produkte aus dem JOSKA Glasparadies in Bodenmais (rechte Seite oben).

# 13 Nationalpark Bayerischer Wald

## Wo die Natur noch Natur sein darf

**Kein menschlicher Eingriff in das Werden, das Sein und das Vergehen der Natur! Dank dieser Regel hat sich der Bayerische Wald in der Kernzone des Nationalparks in vier Jahrzehnten zu einem regelrechten Urwald ausgewachsen. So konnte sich im hochzivilisierten Mitteleuropa ein Stück Wildnis entwickeln, ein intaktes Ökosystem, wertvolles Refugium für Flora und Fauna.**

Als die bayerische Staatsregierung 1970 im Bayerischen Wald den ersten deutschen Nationalpark begründete, war rund um Rachel und Lusen Schluss mit Kreissäge, Jagdgewehr und Schädlingsbekämpfung. Denn dort, wo vorher der forstwirtschaftliche Ertrag zählte, sollte nun die Natur ganz sich selbst überlassen bleiben – ein Experiment mit ungewissem Ausgang. Aber es hat funktioniert! Nach Sturmschäden wird nicht mehr »aufgeräumt«, denn irgendwann entsteht zwischen dem Totholz ganz von selbst wieder neues Leben. Und wo der Borkenkäfer im Nadelholz sein zerstörerisches Werk verrichtet hat, wächst ein junger, wenig anfälliger Mischwald nach.

### Das »grüne Dach« Mitteleuropas

Die Natur braucht Zeit, und die gibt man ihr im Nationalpark Bayerischer Wald, der seit der letzten Erweiterung eine Fläche von über 240 Quadratkilometern umfasst. Er erstreckt sich entlang der bayerisch-böhmischen Grenze und bildet zusammen mit dem tschechischen Nationalpark Sumava das größte Waldschutzgebiet Mitteleuropas (900 km$^2$).
Unter diesem weiten »grünen Dach« fühlen sich nicht nur diverse Wildtiere wie Wildkatzen, Fischotter und Biber, und auch Luchse und Wölfe, die längst vertrieben waren, wieder wohl. An die 800 000 Personen besuchen Jahr für Jahr die wunderbare ostbayerische Wildnis. Als erste Anlaufstellen empfehlen sich die beiden Nationalparkzentren Falkenstein und Lusen sowie die kleineren Infostellen beispielsweise beim Waldgeschichtlichen Museum St. Oswald, das seine sachkundigen Informationen so verpackt, dass auch der Spaß nicht zu kurz kommt.

## Waldnatur erleben

Im Nationalpark sind 300 Kilometer gut beschilderte Wanderwege ausgewiesen, dazu eine ganze Reihe von Erlebniswegen, so etwa der Urwaldsteig in Bayerisch Eisenstein, auf dem es abenteuerlich über Stock und Stein geht, oder der Seelensteig bei Spiegelau: ein Holzsteg durch den Mischwald, von dem sich ungewöhnliche Einblicke in den natürlichen Walderneuerungsprozess eröffnen. Mächtige Felsen und entwurzelte Baumriesen säumen die Rundwege durch das Felswandergebiet bei Schönbrunn am Lusen. Filze und Schachten – so nennen die »Waldler« Moore und Bergweiden – sind durch Erlebnispfade bei Oberfrauenau und Buchenau erschlossen.

Im gesamten Nationalpark herrscht zum Schutz von Flora und Fauna Wegegebot, und Hunde sind an der Leine zu führen. Statt wild zu parken, hält man sich an die zahlreichen Wanderparkplätze oder nimmt, umweltbewusst, gleich die erdgasbetriebenen IGEL-Busse, die von Mitte Mai bis Allerheiligen im Rachel-Lusen-Gebiet verkehren.

## Wildtiere und Baumwipfel

Unterwegs mit Kindern? Da ist der Besuch des Tierfreigeheges beim Nationalparkzentrum Lusen ein absolutes Muss! Auf dem weitläufigen Areal (ca. 200 ha) leben in naturnahen Gehegen und Volieren rund 40 heimische Säugetier- und Vogelarten, darunter Wolf und Braunbär, Luchs und Otter, Käuzchen, Bussard und Kolkrabe. Infotafeln erläutern die Lebensweise der Tiere wie auch ihre Funktion im Ökosystem Wald. Der sieben Kilometer lange Rundweg lässt sich nach Lust und Laune auf die Hälfte abkürzen, er ist auch für Kinderwagen und Rollstühle geeignet und im Winter geräumt. Hauptattraktion für schwindelfreie Naturabenteurer ist der weltweit größte Baumwipfelpfad. Beim Parkplatz des Nationalparkzentrums sieht man schon die spektakuläre Holzkonstruktion des Einstiegsturms (mit Lift), dann geht's los zum Waldspaziergang in luftiger Höhe. Der 1300 Meter lange Steg endet in 44 Meter Höhe bei der Aussichtsplattform mit grenzenlosem Blick über das bayerisch-böhmische Waldgebirge.

### ECHTE SCHNÄPPCHEN

Frei zugänglich sind alle Bewegungsparcours im Bayerischen Wald, ebenso das Besucherzentrum Haus der Wildnis (interaktive Ausstellung / Wurzelgang), das Haus Falkenstein (Pflanzen / Tiere) und das Hans-Eisemann-Haus (Natur Natur sein lassen). Gratis besuchen kann man das Tierfreigelände im Nationalparkzentrum Lusen, den KurErlebnispark in Grafenau und den Wildpark Buchet. Wer tiefer in die Themen eintauchen möchte, nimmt an den kostenlosen Führungen durch den Park teil oder folgt auf dem Bärenpfad Grafenau–Neuschönau über 15 Kilometer den Spuren der Bären. Im JOSKA Glasparadies in Bodenmais erlebt man gratis die Glasherstellung, oder man bestaunt kostenlos den Glaswald in Regen. Die Nutzung der Naturrodelbahnen Lohberg-Scheiben und Brennes-Mooshütte sind ebenfalls kostenlos.

### WEITERE INFORMATIONEN

**Nationalparkzentrum Falkenstein:** Haus zur Wildnis, Ludwigsthal, 94227 Lindberg, Tel. 09922 500 20

**Nationalparkzentrum Lusen:** Hans-Eisenmann-Haus, Böhmstr. 35, 94556 Neuschönau, Tel. 08558 961 50

**Waldgeschichtliches Museum, Tierfreigelände und Baumwipfelpfad:** www.nationalpark-bayerischer-wald.de

**Glasstraße:** www.die-glasstrasse.de, www.ostbayern-tourismus.de

# 14 Windzerzaust und meergeküsst – Texel

## Insel zwischen Wattenmeer und Nordsee

**»Holland im Kleinen« nennen Frau Antjes Landsleute ihr beliebtestes Urlaubseiland. Der gute Grund: Dort gibt es, außer großen Städten, so ziemlich alles, was das Königreich landschaftlich zu bieten hat – Strände, Dünen, Wälder, Weiden, Naturschutzgebiete und sogar einen Berg. Der ist zwar nur einen Tick höher als 15 Meter, aber immerhin, die Deiche überragt er.**

Windmühlen nutzten früher die Kraft des Wassers (unten links). Ungestört: grasende Kühe am Hafen (unten rechts). 30 km lang ist Texels Sandstrand von Nord nach Süd. Die Leuchttürme stammen aus dem 19. Jh. (rechte Seite oben). Historisch: der Marktplatz von De Koog (rechte Seite unten).

Die Bürger von Texel und ihre Schafe begegnen sich auf Augenhöhe – statistisch, versteht sich. Beide bevölkern ihre Insel mit jeweils knapp 14 000 Exemplaren. Ein Gleichgewicht, das allerdings zweimal im Jahr aus der Balance gerät: Im Frühjahr, wenn rund 11 000 weiße Lämmer über die grünen Weiden staksen. Und im Sommer, wenn die große Mehrheit der jährlich rund 670 000 Touristen kaum noch Raum lassen in Hotels, Pensionen und auf Campingplätzen. Viele kommen dann wegen der prächtigen insgesamt 30 Kilometer langen Strände an der Westküste, an denen die Wogen der Nordsee ausrollen. Aufs ganze Jahr gesehen reisen die meisten Besucher, überwiegend Niederländer und gut ein Viertel aus Deutschland, wegen der Naturschönheiten von Texel an.

### Ein Blütenmeer aus Strandflieder

Da sind vor allem die Dünen, am Strand noch weißsandig, in den hinteren beiden Reihen meist dicht bewachsen und oft in Wälder übergehend. 1851 durchbrach ein heftiger Sturm die Dünenkette an drei Stellen, an denen das Meer ins Land strömte. Der Muy wurde einige Jahre später wieder geschlossen, den »großen Slufter« wehte Flugsand zu, während der »kleine Slufter« bis heute offen ist und im Inland ein Minimeer geschaffen hat, das bei Flut weiterhin von der Nordsee teilweise überschwemmt wird.

Das Salzwasser wird offensichtlich vom Strandflieder geschätzt, der hier im Juli und August ein neues Meer erzeugt, ein Blütenmeer in Violett. Der Muy hingegen, der zu einem Strandsee wurde, erfreut sich unter Grau- und

Löffelreihern großer Beliebtheit. Vogelbeobachtungen sind generell recht beliebt bei den Urlaubern, deshalb hat die Vogelbescherming, eine nationale Ornithologen-Organisation, an mehreren Orten Ferngläser deponiert, die man mieten kann.

Auch die Pflanzenfreunde bitten zu Erkundungen. Texel ist in den Niederlanden zwar bekannt für seine Schneeglöckchenzucht, die meisten Botaniker ziehen aber eher wegen der Insel-Orchideen durch Wegesrain und Waldesruh. Rund ein Dutzend verschiedene Arten blühen auf der Insel, insbesondere in den Dünentälern und um den Muy herum. Laien werden aber nicht alle als Orchideen erkennen, deshalb sind geführte Wanderungen hilfreich. Das gilt generell für die rund 5300 Hektar großen Schutzgebiete, von denen etwa 4200 Hektar Fläche als Nationalpark klassifiziert sind.

### Zum Hai-Tätscheln nach Texel

Den Kern der Insel bilden eiszeitliche »Geschiebeaufschichtungen«, für Geologen ist das erkennbar am Hoge Berg, mit 15,3 Metern Texels Gipfel. Hier liegt der »Friedhof der Georgier«, jener Russen, die unter der Nazi-Besetzung einen Aufstand wagten und dabei umkamen. In dem hügeligen Gelände konnten auch einige architektonische Zeugnisse überleben, die Stolphöfe mit ihren charakteristischen Pyramidendächern, die dem steten Wind besser trotzen, die Erdwälle aus Grassoden, die einst Grundstücksgrenzen markierten, und die Schafscheunen, die wie ein in der Mitte durchgetrenntes Haus aussehen und Geräte aufnehmen, aber keine Schafe. Diese suchen bestenfalls den Windschatten der Bauten auf. Die größte Besucherattraktion Texels ist Ecomare, ein Museum, dass vornehmlich der maritimen Natur rings um die Insel gewidmet ist. Es entstand aus einer Station für verlassene Seehundbabys und verletzte Robben – eine Aufgabe, die nach wie vor im Mittelpunkt steht. Inzwischen werden jedoch auch ölverschmierte Seevögel versorgt, bald sollen zudem verletzte Schweinswale betreut werden können. Aus alldem entstand ferner ein Aquarium für die Nordsee-Fauna – und mutige Kinder lieben es, dort im offenen Bassin mal einen Hai zu tätscheln. Man muss ja nicht erzählen, dass es nur ein harmloser kleiner Hundshai war ...

### ECHTE SCHNÄPPCHEN

Der Schafbauernhof Schapenboerderij liegt in der Nähe von Den Burg. Er beherbergt u. a. 25 verschiedene Schafrassen, und man kann ihn täglich von 10–16 Uhr gegen ein kleines Entgelt besuchen: Im großen Stall ist alles zum Anfassen, und man darf ausgiebig Lämmchen streicheln und mit ihnen kuscheln; besonders spannend ist auch die Vorführung des Schaftreibens mit den Hirtenhunden. Auf dem mittlerweile unbemannten Leuchtturm De Cocksdorp kann man von März bis Oktober von 10–17 Uhr über 153 schmale Stufen zum Wahrzeichen von Texel (und beliebtesten Fotomotiv) hinaufsteigen: Von der Aussichtsplattform in 45 Metern Höhe hat man einen fantastischen Rundblick über den breitesten Strand von Texel, das Hinterland und hinüber zur Nachbarinsel Vlieland. In den Dünen des Nationaal Park Duinen van Texel gibt es zahlreiche öffentliche Wanderwege, die durch Pfähle mit unterschiedlich gefärbten Köpfen (für Strecken-, Rund-, Ruhegebietswanderwege und Naturlehrpfade) gekennzeichnet sind.

### WEITERE INFORMATIONEN

Offizielle Texel-Webseite: www.texel.net/de

Im Chinesischen Pavillon und Japanischen Turm von 1910 fanden das königliche Museum für Kunst und Geschichte Platz (oben links). Begehrtes Souvenir: das Manneken Pis (oben rechts). Unweit von einem der schönsten Plätze Europas, der Grand-Place (rechte Seite unten), laden die Fressgassen zum Mahl (rechte Seite oben).

# 15 Zentrum der Lebensart – Brüssel

## Neben europäischer Bedeutsamkeit hat Brüssel viel zu bieten

**Ob die prunkvolle Grand-Place oder das futuristische Atomium, ob das freche Manneken Pis oder Museen von Weltrang: Brüssel, Sitz von EU und NATO, ist nicht nur schön und nobel, sondern auch facettenreich. Das wissen auch Genießer: Mit einem Dutzend Sternerestaurants und zahlreichen Terrassenlokalen gilt Europas Metropole auch als ein Treffpunkt für Gourmets.**

Was vor lauter medialer Omnipräsenz in Vergessenheit geraten könnte: Brüssel ist eine alte Stadt. Ihre Anfänge gehen wahrscheinlich auf eine 580 gegründete Niederlassung am – heute überbauten – Flüsschen Senne zurück. Auf einer Insel ließ Herzog Karl von Niederlothringen im 10. Jahrhundert eine Pfalz errichten, um die herum sich die Siedlung entwickelte. Schon im frühen Mittelalter stieg sie zur Hauptstadt von Flandern auf und gelangte vor allem durch Tuchmacherei zu Wohlstand. Als Flandern im 14. Jahrhundert durch Heirat an Burgund fiel, blühte Brüssel auf und wurde zur Kunstmetropole. Wahrhaft goldene Zeiten brachen an, als der Habsburger Kaiser Karl V. Brüssel zur Hauptstadt seines Weltreiches erkor.

### Europas schönster Marktplatz

Zu einem vorübergehenden Einbruch der Erfolgsgeschichte kam es während der Eroberungskriege von Sonnenkönig Ludwig XIV. Der zentrale Marktplatz fiel der Zerstörungswut anheim, doch erstand er danach prächtiger als je zuvor. Die Grand-Place ist einer der schönsten Plätze Europas und UNESCO-Weltkulturerbe. Die reich geschmückten Giebelfassaden der Zunfthäuser bilden ein geschlossenes Barockensemble, durchbrochen vom gotischen Rathaus aus dem 15. Jahrhundert. Mit seiner reich gegliederten Fassade und dem großartigen Skulpturenschmuck blieb es als einziges Gebäude von Zerstörungen verschont und gehört heute zu den besterhaltenen weltlichen Bauten der Gotik. Der mit dem Standbild des

Erzengels Michael gekrönte Turm, von dem sich ein weiter Ausblick über die Stadt bietet (400 Stufen!), erhielt allerdings erst im 18. Jahrhundert seine endgültige Form.
Ein Wahrzeichen ganz anderer Art drückt sich nur einen Katzensprung entfernt in eine Nische: Manneken Pis, das berühmte Brunnenbübchen von Bildhauer Hieronimus Duquesnoy aus dem Jahr 1619, das sich ganz ungeniert vor aller Augen in das Becken unter ihm »erleichtert«. Es übertrumpft als Brüssels beliebtestes Fotomotiv und eigentliches Wahrzeichen sogar das Atomium – seit der Weltausstellung 1958 ein Symbol für das Zeitalter der Wissenschaft.

## Sakrale Juwelen und Museen von Weltklasse

Zu den innerstädtischen Blickfängen gehört auch die mächtige Kathedrale St. Michael und St. Gundula, Belgiens Nationalkirche, erbaut im Stil der französischen Gotik. Besucher bewundern die holzgeschnitzte Kanzel von 1699 und die wundervollen Glasfenster in Chor und Querschiff – allesamt Stiftungen großer Herrscher Europas. Ein weiteres Schmuckstück in der Sammlung bildet Notre-Dame-des-Victoires. Die Kirche stammt aus dem 15. und 16. Jahrhundert und gilt als eines der kostbarsten Beispiele hochgotischer Sakralbauten in ganz Belgien.
Ein Meisterwerk einer anderen Epoche stellt St-Jean-Baptiste-aux-Béguinage dar: Flämische Üppigkeit sichert der Fassade unter der belgischen Barockarchitektur Einmaligkeit.
Vom Reichtum der Stadt zeugen auch das gewaltige Palais du Roi, in dem seit Leopold II. nur noch königliche Empfänge abgehalten werden, wie auch die zahllosen Museen, die allein schon eine Reise wert sind: darunter das Museum für Alte Kunst, das Museum für Moderne Kunst und allen voran die Musées royaux des Beaux-Arts mit einer unglaublichen Fülle einzigartiger Kunstwerke aus sechs Jahrhunderten – und eigenem Trakt für den belgischen Surrealisten René Magritte. Von ganz anderer Art ist das Museum für Zentralafrika mit anthropologisch hochinteressanten Exponaten, während sich das Centre belge de la bande dessinée, untergebracht in einem Jugendstilbau des Architekten Victor Horta, weltberühmten Comic-Zeichnern wie Hergé und Morris widmet.

### ECHTE SCHNÄPPCHEN

Am besten besucht man Brüssel im Sommer dann, wenn die Politiker Urlaub machen – dann sind die Hotels wesentlich günstiger. Nachdem Brüssel auch die europäische Hauptstadt der Comics ist, findet man hier rund 50 Hauswände, die mit berühmten Comics bemalt sind – alle zusammen bilden die kostenlose Comic Strip Route. Kostenfrei und sehenswert sind zudem das Menneken Pis und das weibliche Gegenstück, die Jaenneke Pis (die aber zwecks unzüchtiger Besucher hinter Gittern sitzt), der Jubelpark, der Kunstberg, die Kathedrale St. Michael und St. Gundula, der Parc du Cinquantenaire und das Marc Sleen Museum. Und unbedingt über den Grand Place schlendern – das UNESCO-Weltkulturerbe liegt im Herzen der Stadt und ist für seine vielen Gebäude im gotischen und barocken Stil bekannt. Gut und günstig kann man in der Frittenbude Fritland Brussels (die besten Pommes der Stadt), auf dem Food Market am Kanal, im Tonton Garby (besten Sandwiches in Brüssel) oder im Matonge (günstige wechselnde Tagesgerichte) essen.

### WEITERE INFORMATIONEN

**Offizielle Webpräsenz:**
www.belgien-tourismus.de,
www.brusselsinternational.be

Die Sigismundsäule auf dem Schlossplatz erinnert an den König, der Warschau 1596 zur Hauptstadt erklärte (rechts). Geschichte zum Anfassen im Museum des Warschauer Aufstands (rechte Seite unten). Bronzetafel zum Kniefall des Bundeskanzlers von 1970, einer Geste zur Versöhnung mit Polen (rechte Seite oben).

# 16 Geliebte Widersprüche – Warschau

## Ein Streifzug quer durch die Epochen

**Auf Schritt und Tritt wird der Besucher in der polnischen Hauptstadt an die leidvolle Geschichte erinnert, an lange Phasen von Fremdherrschaft und Unterdrückung. Daneben gibt es ein ganz anderes, junges Warschau, das in vielen neuen Szenevierteln beiderseits der Weichsel die pralle Lebenslust des 21. Jahrhunderts und einer neuen, optimistischen Generation widerspiegelt.**

Wo schlägt das Herz dieser Stadt, wo trifft man sich, wenn man das erste Mal zu einem Bummel durch die polnische Metropole aufbrechen will? An der Sirene auf dem Altmarkt, dieser legendären Figur, die für vielfache Zerstörung, vor allem aber für Hoffnung und Wiederaufbau steht? An der barocken Sigismundsäule vor dem Schloss, die an den König erinnert, der Warschau vor über 400 Jahren zur Hauptstadt gemacht hat? An einer der vielen Gedenkstätten, die an das unfassbare Leid ihrer Bewohner erinnern, an den Warschauer Aufstand, an die Helden im Getto?

Ein guter Ausgangspunkt ist auch der Pilsudski-Platz vor dem Denkmal des Unbekannten Soldaten. Es ist allen Opfern des Zweiten Weltkriegs gewidmet und liegt sowohl gegenüber dem traditionsreichen »Hotel Victoria« als auch vis-à-vis vom spektakulären Metropolitan-Gebäude des Stararchitekten Norman Foster. Ein idealer Startpunkt: Denn das gesamte Ensemble, zu dem auch das Nationaltheater und die Gärten hinter dem Ehrenmal gehören, spiegelt so viel Geschichte, so viel Symbolik wider, dass der Fremde sofort angetan ist von der Stadt, ihrer Vergangenheit, ihren Kontrasten.

## Wirrwarr am Weichselufer

»Eine seltsame Stadt, voller Unordnung, aber auch voller Stolz und voller Widersprüche«, hat die populäre Schauspielerin Agnieszka Grochowska über ihre Heimatstadt gesagt. Drei Tage reichen kaum, um sich durch das städtebauliche Wirrwarr treiben zu lassen, durch die neue Altstadt, die nach der totalen Zerstörung liebevoll wieder aufgebaut wurde, über den alten Königsweg, der vom Schloss durch die Vorstadt nach Süden führt, vorbei am Uni-Campus, an Nobelhotels, die heute so verheißungsvoll glänzen wie zuletzt vor fast 100 Jahren.

In Saska Kepa, einem In-Viertel auf der östlichen Seite der Weichsel, hat sich flirrendes Leben entfaltet, in hippen Bars, Multikulti-Restaurants und Boutiquen. Und nicht weit entfernt liegt das idyllische Altstadt-Gewirr, Lieblingsrevier der Touristen, das sie gern aus dem Fiaker heraus fotografieren. Weiter im Norden befanden sich die einstigen jüdischen Wohnviertel, dort waren auch das Getto und der »Umschlagplatz«, von dem die Transporte in die Vernichtungslager abgingen; er hat seinen schrecklichen deutschen Namen behalten. Ein paar Schritte entfernt steht das neue gläserne Museum der polnischen Juden.

## Königsroute und historischer Kniefall

Kontraste: Hier die Karmeliterkirche am Trakt Królewski, der Königsroute, ein Gotteshaus, das wie aus Italien versetzt wirkt und tatsächlich nach Bildern von Canaletto wieder aufgebaut wurde, weil es keine Bauzeichnungen mehr gab. Dort der »Constitutionsplatz«: Häuser aus kommunistischer Zeit, die an das alte Ostberlin erinnern. Zwei Trambahn-Stationen weiter südlich hängt Jung-Warschau in Kneipen mit alternativem Flair ab. Und, schier unglaublich, die Ferrari-Vertretung hat sich im ehemaligen Büro der kommunistischen Arbeiterpartei breitgemacht.

Warschau, mit 1,7 Millionen Einwohnern halb so groß wie Berlin, nimmt nicht einen der ersten Ränge im europäischen Städtetourismus ein. Die Vergangenheit ist bitter, und an vielen Orten sind die Narben und die Mahnungen gegenwärtig. Aber die Lebensfreude von heute und das Kulturleben können es mit jeder anderen Metropole in Mitteleuropa aufnehmen: die Jazzszene, die Theater, die Filmfestivals und Chopin-Wettbewerbe ziehen hochkarätige Künstler an.

Ein wichtiger Ortstermin steht noch aus: Hinter dem Jüdischen Museum versteckt sich ein kleines Relief, das Willy Brandt bei seinem Kniefall im Dezember 1970 am Mahnmal für die Opfer des Gettos zeigt. Eine sehr alte Dame sitzt auf einer Bank davor. Sie lächelt: »Viele Leute kommen nicht hierher. Es ist eine neue Zeit, es geht uns gut. So möge es bleiben für immer!«

### ECHTE SCHNÄPPCHEN

Viele Museen sind einmal in der Woche kostenfrei, wie z. B. das Königsschloss, der Łazienki-Park und das Wilanów-Palais. Bei einem Besuch des zweigeschossigen Gartens auf dem Dach der Warschauer Universitätsbibliothek hat man einen Gratis-Ausblick über die Altstadt, die man danach gleich erkunden sollte. Für viel Entspannung sorgt die viele Kilometer lange Promenade am Zentralufer der Weichsel mit schönen Aussichtspunkten, Trampolinen, dem Strand und Fähren zum anderen Flussufer. Im multimedialen Springbrunnenpark kann man in den Sommermonaten umsonst die Lasershows mitverfolgen. Kostenlose thematische Wanderungen mit einem lokalen Reiseleiter werden von der Orange Umbrella Free Tour oder von Free Walkative angeboten. Filmliebhaber besuchen im Sommer die kostenlosen Open-Air-Kinos in verschiedenen Bezirken, in Parks und an den Stränden. Im Winter stehen für Fans des Eislaufs mehrere kostenlose Eisbahnen bereit.

### WEITERE INFORMATIONEN

**Polnisches Verkehrsamt:**
www.polen.travel.de
**Informationen zu Warschau**
(auf Englisch): www.warsaw-life.com, www.warschau.info/praga

# 17 Alte Seele mit jungem Flair – Krakau

## Südpolnisches Zentrum der Künste

**Wer Krakau nicht gesehen hat, kennt Polen nicht. Dieses geflügelte Wort könnte zutreffender nicht sein. Nirgendwo anders im Land werden Kultur und Geschichte so liebevoll gepflegt wie in der alten Königsstadt. Dabei zeigt sich Polens südliche Metropole keineswegs museal oder verstaubt. Im Gegenteil: Die vielen jungen Einwohner sorgen für eine frische Atmosphäre.**

Der Burgberg Wawel wirkt abends besonders schön (unten links). Jazz-Konzert in der urigen Atmosphäre eines Kellerlokals (unten rechts). Die Marienkirche thront am Rande des Rynek Główny (rechte Seite oben). Das Salzbergwerk von Wieliczka birgt die Kapelle der heiligen Kinga (rechte Seite unten).

Als die UNESCO 1978 die ersten zwölf Stätten des Welterbes der Menschheit kürte, fand sich manche Überraschung auf der Liste. Die Altstadt von Krakau gehörte dazu. Damals kannten nur wenige Touristen Polens zweitgrößte Stadt aus eigener Anschauung.
Diese Zeiten sind lange vorüber. Mittlerweile hat es sich herumgesprochen, dass Krakaus historische Mitte ein Juwel der Städtebaukunst ist. Doch noch immer reiben sich viele Besucher verwundert die Augen, wenn sie erstmals den Rynek Główny betreten. Der Hauptmarkt ist nicht nur einer der größten, sondern gilt vielen auch als einer der schönsten Stadtplätze Europas. In seiner Mitte stehen die Tuchhallen, deren Renaissancefassaden eher in eine italienische denn in eine polnische Stadt zu passen scheinen. An der Ostecke des Platzes zieht die gotische Marienkirche mit ihren beiden ungleich hohen Türmen die Blicke auf sich. Zu jeder Stunde bläst ein Trompeter von oben sein Signal in alle vier Himmelsrichtungen.

### Versteckte Plätze der Hoch- und Alltagskultur

Der Rynek Główny ist zu fast jeder Tageszeit belebt und strahlt dennoch eine würdevolle Ruhe aus. Die umliegenden Cafés bieten Gelegenheit zur Stärkung, bevor es hineingeht ins Gassengeviert. Verlaufen ist so gut wie ausgeschlossen, da der Stadtplan einem Schachbrett gleicht. Neben der Marienkirche mit dem kostbaren Hochaltar von Veit Stoß gibt es 18 weitere Kirchen in der Altstadt, darunter die der Franziskaner, deren Besuch allein wegen des in Farben schwelgenden Fensters des Jugendstil-

künstlers und Multitalents Stanisław Wyspiański (1869–1907) lohnt.
Im Czartoryski-Museum hängt eines der anrührendsten Leonardo-da-Vinci-Bilder, *Das Mädchen mit dem Hermelin*, garantiert ohne Besucherpulk davor. Andere Stätten der Hochkultur verstecken sich hinter unscheinbaren Eingängen, so der Innenhof des Collegium Maius. Die Atmosphäre der nach Prag zweitältesten Universität Mitteleuropas ist dort besonders bezaubernd.
Entdeckergene zahlen sich aus in Krakaus historischem Zentrum. In jedem Straßenzug öffnen sich Tore zu Hinterhöfen oder Treppen in Untergeschosse. Wer ein wenig neugierig ist und seine Schritte dorthin lenkt, wird immer wieder belohnt – sei es mit einer originellen Boutique, einem gemütlichen Jazz-Club oder einer innovativen Galerie.

## Spurensuche im alten jüdischen Viertel

Wie ein Magnet zieht der Wawel die Besucherströme nach Süden. Der über der Weichsel thronende Burgberg war einst die Residenz der polnischen Könige, von denen die meisten dort ihre letzte Ruhestätte gefunden haben. Bei Sonnenschein weist die golden glitzernde Kuppel der Sigismundkapelle den Weg. Der Besuch gehört für jeden Polen zum Pflichtprogramm. Jenseits des Wawel und des Grüngürtels Planty, der die Altstadt umringt, erreicht der Spaziergänger bequem das Viertel Kazimierz. Wo vor dem Zweiten Weltkrieg 64 000 Juden lebten, waren nach deren Vertreibung durch die Nationalsozialisten jahrzehntelang nur noch wenige Spuren jüdischen Lebens zu finden. Kazimierz verfiel. Heute erlebt das Viertel seine Wiedererweckung: Alte Synagogen öffnen ihre Türen, Restaurants bieten koschere Speisen, zwei jüdische Friedhöfe gemahnen an die Vergangenheit. Doch der Blick geht nicht nur zurück: Jeden Sommer zieht das jüdische Kulturfestival internationale Künstler und Besucher an und bringt Leben in die Straßen.
Darüber hinaus hat sich Kazimierz zum In-Viertel der Stadt gewandelt. In den Kneipen und Bars rund um den Plac Nowy schlägt der Puls des jungen Krakau. Studenten und Künstler lieben es, dort den Tag ausklingen zu lassen. Abendliche Flaneure werden gerne willkommen geheißen, auch wenn sie nur zur Stippvisite in Krakau sind.

## ECHTE SCHNÄPPCHEN

Mit der Krakow Card hat man freien Eintritt in bis zu 37 Museen und freie Fahrt mit den öffentlichen Verkehrsmitteln. In der Innenstadt kann man so insgesamt 17 Kirchen besichtigen, inklusive der mittelalterlichen Marienkirche mit ihren beiden ungleichen Türmen. Kostenlos ist der Besuch auf der Royalen Burg Wawel. Am Fuß des Wawelbergs hat sich der Drache Smok eingenistet, den man gratis besuchen kann. Die Krakauer Free Walking Tours organisiert kostenfrei eine klassische Mittelaltertour oder eine ins jüdische Viertel, wo man die Synagogen und den Friedhof besucht. Im heutigen Szeneviertel Kazmierz wird Piwo (das polnische Bier) im Maßbecher für nicht mal 3 Euro verkauft. Zudem findet man hier und auch in den Gassen der Altstadt urbane Kunst an jeder Ecke. Das ehemalige Konzentrationslager Ausschwitz-Birkenau lässt sich ebenfalls auf eigene Faust erkunden: Ausschwitz selbst ist nicht kostenfrei, aber Birkenau und der Shuttle dorthin.

## WEITERE INFORMATIONEN

**Krakau Travel Touristinformation:**
www.krakau.travel
**Allgemeine Informationen:**
www.krakau-reisefuehrer.de

# 18 Die unterschätzte Schöne – Prag

## Tradition, Tragödie und neues Tempo

**Die tschechische Metropole ist »eine Verführerin mit tausend Schleiern«, wie Miloš Forman gesagt hat. Und sie lässt einen nicht mehr los, befand Franz Kafka, einer der großen Söhne der Stadt, vor mehr als 100 Jahren. Bis heute ist Prag eine Stadt voller Magie. Ihr Herz schlägt unter goldenen Dächern, in historischen Kaffeehäusern, Kellerkneipen und im alten Jüdischen Viertel.**

Das Wenzelsdenkmal steht für Freiheit und Einheit (unten links). Begegnung mit Kunst und Geschichte bei einem Einkaufsbummel (unten rechts). In goldenem Licht: Nachtspaziergang über die Karlsbrücke (rechte Seite oben). Der Altstädter Brückenturm über dem ersten Brückenpfeiler stammt aus dem 14. Jh. (rechte Seite unten).

Die kleine Galerie, in der es vergilbte Fotos, neue Grafik und böhmisches Kristallglas zu kaufen gibt, passt zum Burgviertel und seinen engen Gassen. Und die alte Dame, die ein aus der Zeit gefallenes Deutsch spricht und anrührend erzählt von der bitteren Vergangenheit und der lebensfrohen Gegenwart, passt zu diesem Laden. Diese zufällige Begegnung wiederum passt zu Prag, dieser vibrierenden und zugleich an so vielen Stellen melancholisch wirkenden Metropole.

Auch das »Grand Café Orient«, nur ein paar Schritte vom Platz der Republik entfernt, gilt als ein solcher Platz, an dem sich die Zeiten und Welten begegnen. Das »Oriental«, ein Hort des Kubismus und eine Herberge der Nostalgie, ist eines der sechs oder sieben erhaltenen unter den legendären Kaffeehäusern, in denen sich einst die Elite der deutsch-jüdisch-österreichisch-tschechischen Dichter, Denker und Komponisten getroffen hat. Für die Prager Journalistin Bára Procházková bis heute ein inspirierender Ort.

Aharon Ester gehört zu den engagierten Mitgliedern der kleinen jüdischen Gemeinde von Prag, die einmal eine der größten in Europa war. Der junge Historiker führt Besucher auf dem Friedhof aus dem 15. Jahrhundert zum Grab des Rabbi Löw, einer Symbolfigur des mystischen Prag. Für die Gäste sortiert Aharon Eindrücke aus den sechs Synagogen der Josefstadt, dem ehemaligen Wohnviertel der Juden, er ordnet Stilrichtungen, Jahreszahlen, einstige Bedeutung. In der Pinkas-Synagoge

jedoch, vor den Zeichnungen der Kinder aus dem KZ Theresienstadt, die sie kurz vor ihrer Ermordung gemalt haben, bleibt nur stumme Fassungslosigkeit.

Jan-Hus-Denkmal und Teynkirche am Altstädter Ring (unten). Das Palais Lobkowitz auf der Prager Kleinseite ist Sitz der Deutschen Botschaft (ganz unten).

## Treffpunkt Wenzelsplatz

Drei Orte, drei Menschen, die für Prag stehen, für die einzigartige Poesie dieser Stadt und für die Verbindung aus Tragödie, Tradition und

neuem Tempo. Und doch sind diese Begegnungen allenfalls Mosaiksteine. Denn das Bild der tschechischen Hauptstadt changiert in vielen Farben: von goldglänzend bis zu jenen dunklen Tönen, die an die Schreckenszeit der deutschen Besetzung und die lange Unterdrückung im kommunistischen System erinnern. Sogar in der Josefstadt und am Wenzelsplatz, den beiden bekanntesten Schauplätzen schlimmer Zeiten, hat sich fröhlicher Alltag durchgesetzt. Jugend aus aller Welt turnt auf dem Denkmal des heiligen Wenzel herum, der Ikone für Einheit und Freiheit aller Tschechen. Koschere Lokale wie das »King Solomon« in der Nähe der Synagogen sind bei den Feinschmeckern der Stadt so beliebt wie andere kreative Küchen. Und die Pariser Straße, der Prachtboulevard des Viertels, hat sich zu einer Meile teurer Boutiquen entwickelt.

## Sightseeing per Straßenbahn

Drei Tage reichen für das Gesamtkunstwerk Prag kaum aus, obwohl die Stadt kompakt ist mit ihren 1,2 Millionen Einwohnern auf einer Fläche von gut 500 Quadratkilometern. Die Straßenbahn stellt hier die ideale Ergänzung zum lustvollen Sich-treiben-Lassen dar. Die Tramlinie 22 zum Beispiel verbindet nicht nur einige herausragende Sehenswürdigkeiten zwischen dem Burgviertel auf der Kleinseite, wie das westliche Ufer der Moldau genannt wird, und der Neustadt auf der anderen Seite. Eine solche Fahrt ermöglicht immer auch einen Seitenblick auf den Alltag der Prager.

Die berühmte Karlsbrücke allerdings, Wahrzeichen und historisches Bindeglied beider Seiten, ist nur Fußgängern zugänglich, und das in der Regel auch nur im gedrängten Miteinander von Pragbesuchern aus aller Welt. Man mag das alltägliche Spektakel auf dieser 520 Meter langen Brücke touristisch nennen. Aber so ein Spaziergang macht einfach Spaß, er gehört zu Prag wie der Fischmarkt zu Hamburg oder die Tower Bridge zu London. Zwischen den Heiligenfiguren auf beiden Brücken wird Jazz geboten, Scherenschneider, Maler, Schmuckdesigner

und ein geschätztes Dutzend T-Shirt-Verkäufer lenken kurzfristig vom Blick auf die Moldau und die Türme an ihren Ufern ab: ein sympathischer Rummelplatz mit Traumkulisse.
Viele Prag-Besucher bringen ihre Klischees mit an die Moldau. Das Folklore-Bild vom kleinen Volk, das sich mit List, Tücke und Humor über schwere Zeiten der Unterdrückung hinweggesetzt hat, manifestiert sich in liebenswerten Figuren wie dem braven Soldaten Schwejk, dem Überlebenskünstler aus Jaroslav Hašeks Schelmenroman, oder dem Vater-Sohn-Duo Spejbl und Hurvínek, holzgeschnitzte Philosophen des Alltags. Was sich heutzutage eher in Werbetafeln vor Schwejkschen Kellerkneipen oder auf Postkarten findet, hat ja über Jahrzehnte tatsächlich einen wesentlichen Teil des Volkscharakters gespiegelt: Mit hintergründigem Humor und einer offenbar angeborenen Pfiffigkeit haben sich die Schwejks, also vor allem die kleinen Leute dieses Landes, durch schwere Zeiten gerettet.

## Symbol der Hoffnung

Im Frühling blüht die Stadt auf wie zu keiner anderen Jahreszeit. Im Park hinter dem Palais Lobkowicz, der deutschen Botschaft auf der Kleinseite, lassen die üppig-grünen Bäume kaum die Sicht auf den Balkon zu, von dem Hans-Dietrich Genscher am 30. September 1989 den 4000 DDR-Flüchtlingen im Garten die Freiheit verkünden konnte: »Wir sind gekommen, um Ihnen mitzuteilen ...« Der Rest seiner berühmt gewordenen Rede ging damals im Jubel der Botschaftsasylanten unter. Ein Fall für die kollektive Gänsehaut.
Für die tschechische Journalistin Bára, die in Hamburg Politik und Osteuropa-Kunde studiert

David Černý schuf die Bronze im Hof des Kafka-Museums (oben links). Eine Institution: »Brauerei und Restaurant U Fleků« (oben rechts). Das Tanzhaus, 1996 von Frank Gehry erbaut, setzt moderne Akzente (unten rechts). Das Uhrwerk der astronomischen Uhr am Alten Rathaus wurde 1410 gebaut (unten links).

hat, ist das alles Geschichte. Sie war damals zehn Jahre alt, heute wirkt sie wie eine moderne Frau, die kosmopolitisch lebt und denkt, eine typische Vertreterin ihrer Generation. Sie liebt Kaffeehäuser mit Patina wie das »Orient«. Mehr als 100 Jahre nach der ersten Eröffnung und über 20 Jahre nach der Renovierung fühlen sich in Báras Lieblingstreff wieder viele Literaten und Lebenskünstler zu Hause – darunter sind heute auch solche, die ihre Zeitung zum Kaffee vorwiegend auf dem Laptop lesen.

## Heimat der Künstler

Auch das »Louvre« oder das »Slavia«, ebensolche Institutionen, die über alle Stürme der Geschichte hinweg die Wohnzimmer renommierter Musiker und Autoren waren, gehören zu Báras Stammlokalen. Dort haben sie, ob Genies oder verkrachte Existenzen, Karten oder Billard gespielt und die Welt verändert, zumindest bis zum nächsten Morgen: Komponisten wie Bedřich Smetana, Dichter wie Rainer Maria Rilke und natürlich Franz Kafka. Mit seiner Geburtsstadt verband Kafka zeit seines kurzen Lebens eine ambivalente Liaison. »Prag lässt nicht los. Dieses Mütterchen hat Krallen«, hat er schon als Neunzehnjähriger behauptet.
Der Dichter, dessen Werke erst nach seinem Tod Kult und Mythos wurden, ist in einem Denkmal gegenüber der Spanischen Synagoge im alten Judenviertel verewigt, das strenge Liebhaber dieses Weltliteraten als gewöhnungsbedürftig empfinden. Immerhin bezeichnet es einen historisch-symbolischen Ort. Hier verläuft die Grenze zwischen den Vierteln Altstadt und Josefov im Dreieck zwischen jüdischer, protestantischer und katholischer Bevölkerung und Kultur. Außerdem hat die Familie Kafka an mehreren Adressen in der unmittelbaren Umgebung gewohnt.
Rundgänge auf Kafkas Spuren und durchs jüdische Quartier mit seinen vielen Synagogen und dem Friedhof aus dem frühen 16. Jahrhundert bieten viele Stadtführer an. Man kann sich dem Zauber des ehemaligen Gettos und der 12 000 Grabsteine aber auch ebenso gut allein überlassen.
Die berühmten Gräber des Rabbi Löw oder des Bürgermeisters, Mäzens und Rabbiners Mordechai Maisel und anderer bis heute verehrter Gelehrter und Geistlicher sollte man leicht finden können, weil davor immer Trauben von gläubigen Juden aus der ganzen Welt stehen, die nach der Sitte ihrer Vorväter einen Stein auf die Grabstelen legen.

## Anziehungspunkt Altstädter Rathaus

Die Beharrlichkeit Prags, von der schon Franz

Davidstern am Rathaus des jüdischen Viertels Josefov (oben). In großzügiger Architektur: Prager Jugendstilcafés (unten links). Originelles Souvenir vom Havelmarkt: Holzmarionetten in Tracht (unten rechts). Am Rathausplatz laden Kutschen zu einer Stadtrundfahrt ein (rechte Seite oben). Moldaublick von der Kampa-Insel (rechte Seite unten).

Kafka schrieb, wird aber auch an anderen Stellen offenbar. Etwa in den *pivnices*, den klassischen Bierlokalen der Stadt. Nirgendwo kommt man der Seele und dem Herzen der Moldau-Metropole so nahe wie in diesen immer noch größtenteils verräucherten Kellerkneipen. In manchen, wie dem rustikalen »U vystřelenýho oka« – auf Deutsch »Zum ausgeschossenen Auge« – tobt das Leben schon am frühen Morgen. Anderswo, etwa im gediegenen »U Medvídků«, treffen sich die Prager und Besucher aus aller Welt spätestens gegen Mittag, um zum Budweiser oder zum selbst gebrauten Dunkelbier eine halbe Ente mit *knedlíky*, hausgemachten Speck- oder Kartoffelknödeln, zu genießen.
Die meisten Genüsse und Prager Sehenswürdigkeiten und Wahrzeichen müssen mit vielen Menschen geteilt werden: Die Kneipen sowieso, da bringt ja wirklich erst ein volles Haus die richtige Atmosphäre. Aber auch andere Attraktionen werden sehr umlagert wie die Gassen rund um den schönsten Jugendstilpalast, das Gemeindehaus Obecní dům mit seinem feinen Café oder der Platz vor dem Altstädter Rathaus mit der Astronomischen Uhr, an der zu jeder vollen Stunde der Tod die zwölf Apostel paradieren lässt.

## Karlsbrücke ohne Trubel

Die kulturelle und die kulinarische Vielfalt, die gelassene Freundlichkeit seiner Bewohner und durchaus das, was man Magie nennen darf, der Zauber der goldenen Kuppeln und hundert Türme, haben Prag zu einem Spitzenplatz im europäischen Städtetourismus verholfen. Kein Wunder, dass dabei auch vielerorts die Preise explodiert sind.
Das Preisniveau in den Hotels beiderseits der Moldau, in den besseren Restaurants, aber auch in den Kellerlokalen und den legendären Cafés ist seit der sanften Revolution in die Höhe geschnellt. Wer einfache Prager Bürger in ihrer alltäglichen Umgebung oder auch in ursprünglichen *pivnices* treffen will, muss schon in die Vororte fahren.
Generell aber gilt: Frühmorgens oder am Abend, wenn die Karlsbrücke und das goldene Dach des Nationaltheaters im nebligen Dunst verschwimmen oder im warmen Licht der letzten Sonnenstrahlen glänzen, verzaubert sich die sonst so bunte Stadt in eine »Verführerin mit tausend Schleiern«, wie der Prager Miloš Forman, Regisseur des märchenhaften Mozartfilms *Amadeus*, seine Stadt genannt hat. In solchen Momenten gehört sie für kurze Zeit dem fantasiebegabten Besucher ganz allein.

## ECHTE SCHNÄPPCHEN

Eine günstige Anreise ist mit dem Flixbus möglich. Der Besuch der prächtigen Innenräume der Prager Burg kostet zwar Eintritt, aber das imposante und weitläufige Gelände samt Gärten kann man gratis erkunden (Ausweis nicht vergessen). Zum Areal der Burg gehört auch das Goldene Gässchen. Ein Besuch im malerischen Viertel Nový Svět (deutsch: neue Welt) ist ebenfalls umsonst wie auch die Vyšehrad (deutsch: Prager Hochburg) inklusive ihrer zwei Kirchen und dem bedeutenden Friedhof. Vom Petřín, einem Hügel am linken Ufer der Moldau, kann man neben den schönsten Aussichten auch historische Gebäude und Gärten bewundern. Die Besichtigung der Prager Rathausuhr ist kostenlos. Auch der Eintritt in die vielen majestätischen Kirchen ist in der Regel kostenfrei, genauso wie die Besichtigung der Kunstwerke des Bildhauers David Černýsind in den Straßen Prags. Der Blick vom Nationaldenkmal am Veitsberg ist fast wie vom Prager Fernsehturm, aber umsonst. Gratis ist auch der Besuch der Kirche Maria vom Siege mit einem Mini-Museum.

## WEITERE INFORMATIONEN

**Offizielle Prag-Seite:** www.prague.eu
**Touristische Informationen:** www.myczechrepublic.com/de/prag; www.tourias.de

# 19 Die Zukunft kann kommen – Budapest

## Nach K.-u.-k.-Monarchie und sozialistischer Dürre blüht Ungarns Hauptstadt auf

**Die Millionenstadt an der Donau hat viele Facetten: Da gibt es einerseits die Zeugen der Doppelmonarchie Österreich-Ungarn mit ihren noch immer sichtbaren Errungenschaften, andererseits das Erbe trüber Ostblockzeiten. Heute erlebt Ungarns Kapitale den Wandel zu einer angesagten Destination für coole Städtetrips und trendige Partys. Besucher haben die Wahl …**

Die Donau teilt Budapest nicht, sie verbindet die beiden einst selbstständigen Teile Buda auf der westlichen und Pest auf der östlichen Seite: seit Jahrhunderten der beste Platz, um mit prachtvollen Bauten die Macht des einstigen Königreichs Ungarn zu untermauern. Große Brücken waren notwendig, um die breite Donau zu überwinden, wie die Elisabethbrücke oder die 375 Meter lange Kettenbrücke. Rund 50 Meter oberhalb der Donau dominiert der Burgberg das hügelige Buda. Mit der historischen Standseilbahn Sikló geht es gemächlich in einer Steigung von 48 Prozent auf das breite Plateau. Der Burgpalast selbst entstand erst im 18. Jahrhundert, er beherbergt heute die Nationalgalerie sowie das Historische Museum. Hinter dem Burgtheater beginnen die Kopfsteinpflastergassen von Buda. Tagsüber wimmelt es hier von Touristen, doch abends ist ein romantischer Bummel stimmungsvoll, besonders, wenn er eine der Weinstuben in der Fortuna utca mit einbezieht. Als weitere Höhepunkte Budas gelten die Matthiaskirche mit den typischen gelbgrünen Dachziegeln sowie die Fischerbastei im Zuckerbäckerstil mit genialer Aussicht auf die illuminierte Kettenbrücke.

Straßenbahn auf der Freiheitsbrücke (rechts). Der Burgpalast in Buda, das größte Gebäude der Stadt, dominiert das Donaupanorama (rechte Seite oben). Eindrucksvoll sind auch Nationalgalerie und Burgtheater in Buda (rechte Seite unten).

MDCCCVI

## Der Glanz der Gründerzeit

Das Budapest von heute ist eine lebendige Stadt der Gegensätze. Im Vergleich zum hügeligen Buda präsentiert sich das flache Pest auf der östlichen Donauseite als »Paris des Ostens« mit seinen riesigen Boulevards wie der 2,3 Kilometer langen Andrássy út, die stadtauswärts bis zum Stadtwäldchen führt. Diese Prachtstraße, die tatsächlich an die Champs-Élysées erinnert, findet ihren Abschluss im weitläufigen Heldenplatz mit dem Millenniumsdenkmal, aufgestellt 1896 zur Erinnerung an die Landnahme durch die Magyaren 1000 Jahre zuvor. Das kulturelle Stadtleben ist gleich zweimal präsent mit der Kunsthalle und dem Museum der bildenden Künste. Gründerzeitbauten säumen das Viertel entlang der eleganten Flaniermeile Andrássy út und repräsentieren das stolze Selbstbewusstsein der Stadt zur Zeit der letzten Jahrhundertwende.

Damals blühte Budapest förmlich auf und trieb den Fortschritt voran: 1896 eröffnete hier die erste Metro Europas. Die im Stil des Historismus gestaltete pompöse Staatsoper am Beginn des Boulevards zählt zu den schönsten Opernhäusern Europas. Weitere kleine Bühnen in unmittelbarer Umgebung der Staatsoper beleben die Theaterszene. Die große Ringstraße überquert den Boulevard und führt bis zum repräsentativen Westbahnhof (Nyugati pu), der ein Jahrhundert nach seinen Glanzzeiten so baufällig wurde, dass erst eine Rekonstruktion unter Federführung einer Fast-Food-Kette Ende der 1980er-Jahre seinen Fortbestand sicherte. Der wichtigere Ostbahnhof (Keleti pu) am anderen Ende der Ringstraße empfängt die EuroCity-Züge aus München oder Bratislava.

## Die versunkene Welt der Kaffeehäuser

Die Vielfalt an klassischen Kaffeehäusern verbindet Budapest mit Wien und Prag, so mancher Einwohner kehrte einst regelmäßig in sein verlängertes Wohnzimmer ein und schlürfte einen Einspänner, eine Melange oder einen starken Mokka. Bis zu 600 Cafés soll es in Budapest zu Beginn des 20. Jahrhunderts gegeben haben, nur ein Bruchteil konnte sich in die Neuzeit retten aus der K.-u.-k.-Epoche, die rückblickend humorvoll mit »Kaffee und Kuchen« ausgeschrieben wird. Ein Prachtexemplar ist das »New York Café« in einem einstigen Versicherungspalast, dem heutigen »Boscolo Hotel«. Berühmt ist vor allem das damals weniger elitäre »Café Gerbeaud« am Platz Vörösmarty tér.

Das Parlament liegt direkt am Donau-Ufer (unten). Die Kaffeehäuser wie das »Café Gerbeaud« in Budapest stehen denen in Wien in nichts nach (rechte Seite oben). Budapest bietet Leihräder an jeder Ecke (rechte Seite unten).

Längst hat die Globalisierung Einzug gehalten in der Haupteinkaufsstraße Váci utca, die parallel zur Donau verläuft und dabei die breite Rákóczi út überquert, die Verlängerung der Elisabethbrücke gegenüber des Gellért-Hügels und seiner Zitadelle. Zwischen Souvenirshops, Antiquitätenhändlern und den Modeläden der westlichen Welt sind in den Nebengassen hin und wieder Kunsthandwerkbetriebe und einheimische Geschäfte auszumachen wie etwa der traditionelle Porzellanhersteller Herend, dessen Geschirr bis heute viele Tafeln in den Königshäusern ziert. Anders als in Prag oder Wien befinden sich in diesem Stadtteil viele historische Gebäude nicht im besten Zustand, man sieht mehr Patina als Perfektion, eher authentischen Charme als überzeichnetes Retro.

## Budapester Erfindung: die »Ruinenbars«

Zum Pflichtprogramm zählt der Besuch der Großen Markthalle am südlichen Ende der Váci utca. Von außen an ein Bahnhofsgebäude oder eine Messehalle erinnernd, eröffnet sich im Innern eine Wunderwelt: Allerlei Sorten Obst und Gemüse wie die unvermeidlichen Zwiebeln, Paprika und scharfen Gewürze werden hier feilgeboten – die Hauptzutaten der ungarischen Küche mit ihren typischen Gerichten wie Gulasch, Lecsó, Rostbraten oder dem importierten Wiener Schnitzel. Leichtere Speisen ergänzen seit geraumer Zeit das Angebot, ungarische Küche muss nicht mehr deftig sein. Am besten beobachtet man das rege Treiben in der Halle bei einem *langos* genannten Fladenbrot im Obergeschoss der Marktgalerie.
Rund um die Markthalle haben sich immer mehr Bars etabliert, in denen sich Budapest abends von seiner jungen, spannenden Seite zeigt. Das Nachtleben spielt sich nicht nur in edlen Klubs ab wie in der »Hotel Buddha-Bar«, sondern auch in den sogenannten »Ruinenbars«, das sind häufig mehrstöckige Clubs in leer stehenden Gebäuden, gern künstlerisch dekoriert. Eine Ausgehszene mit vielen Clubs und Pubs hat sich in den letzten Jahren in der Straße Király utca breitgemacht, die vom zentralen Platz Deák Ferenc tér parallel zur Andrássy út führt.

## Im August wird eine Insel zur Partyzone

Das Parlament am Donauufer von Pest wirkt in seinem Stil der englischen Neogotik wie eine zu groß geratene Kopie der Londoner Houses of Parliament ohne Big Ben, dafür mit einer 96 Meter hohen Neorenaissance-Kuppel sowie byzantinischen und venezianischen Einflüssen. Wo heute die ungarische Nationalversammlung tagt, kann man die Krönungsinsignien besichtigen. Weiter nördlich lädt die 2,5 Kilometer lange Margareteninsel inmitten der Donau zu Ausflügen ein, ob am Strandbad, im Thermalbad des »Grand Hotels« oder auf Landauer-Fahrrädern für bis zu vier Personen.
Budapest zeigt sich den Besuchern als trendige Stadt, die sich nicht an ihr historisches Erbe klammert, sondern sich immer wieder neu erfindet. Zu den Superlativen im Veranstaltungskalender zählt das einwöchige Sziget-Festival im August, wenn 400 000 Besucher auf der nördlich gelegenen Insel Óbudai Sziget das größte Musikfestival Mitteleuropas feiern und Budapest in eine einzige Partyzone verwandeln.

## ECHTE SCHNÄPPCHEN

Budapest erreicht man sehr günstig mit dem Flixbus. Mit der Budapest Card fährt man kostenlos mit allen öffentlichen Verkehrsmitteln und hat freien Zugang zu den Museen. Als Bürger der EU (unter 26 Jahre) erhält man jeden dritten Samstag im Monat freien Eintritt in viele Einrichtungen. Man kann die Stadt auch kostengünstig per Fahrrad erkunden. Der Budaer Burghügel ist kostenlos über eine romantische Treppe erreichbar. Gratis ist natürlich auch ein Spaziergang zum Gipfel des Gellértbergs mit Ausblick auf die Donau und dem Budavár-Palast, dessen Garten frei zugänglich ist; die besten Aussichtspunkte findet man hier oben bei einem Spaziergang entlang der Fischerbastei. Lokale Unternehmen bieten zudem den ganzen Tag über verschiedene kostenlose Stadtrundfahrten an. Im Großen Markt kann man günstig exquisite lokale Köstlichkeiten probieren.

## WEITERE INFORMATIONEN

**Budapest Festival and Tourism Center:** Mozsár u. 16., H-1066 Budapest, Tel. (00361) 486 33 00, www.budapestinfo.hu
**Széchenyi-Bad:** Állatkerti körút 9–11, H-1146 Budapest, Tel. (00361) 363 32 10, www.szechenyibad.hu

Fußläufige Shoppingmöglichkeiten (oben links). Die romantische Ljubljanica durchquert die Altstadt (oben rechts). Die »Tromostovje« genannten drei Brücken führen bis zur Franziskanerkirche am Prešerenplatz (rechte Seite unten). Die Fassade der Bibliothek von Jože Plečnik (rechte Seite oben).

# 20 Das kleine Prachtstück – Ljubljana

## Ein städtebauliches Juwel wartet auf seine Entdeckung

**Die Metropole in der Mitte Sloweniens zählt mit ihren 280 000 Einwohnern zu den kleinsten Hauptstädten Europas, aber sie hat es wahrlich in sich: ein bezauberndes Stadtbild kombiniert mit mediterraner Gelassenheit und überbordender Kreativität. 2016 wurde Lubljana der Titel »Green Capital of Europe« verliehen.**

Die früher auf Deutsch »Laibach« genannte Stadt an der Ljubljanica steht auf den Überresten der römischen Siedlung Emona, die vor 2000 Jahren als militärische Festung erbaut wurde.

Die spätere Zugehörigkeit zu Böhmen und besonders zum Habsburger Reich (fast ununterbrochen von 1278 bis 1918) ist in der architektonischen Entwicklung noch heute gut sichtbar: Neben vereinzelten gotischen Bauten prägen vor allem Barockfassaden mit verzierten Portalen die überschaubare Stadt. Die mediterrane Atmosphäre verdankt sie dem gemäßigten Klima und der ausgelassenen Stimmung am malerischen Ufer der Ljubljanica, die von mehreren Brücken überquert wird und sich über 40 Kilometer durch Slowenien schlängelt.

### Das schöne Stadtbild, von Erdbeben erschüttert

Gerne wird Ljubljana mit Prag verglichen, wenngleich in kleinerem Maßstab. Das mag an der hoch oberhalb des Zentrums thronenden Burg liegen, romantisch erreichbar per Standseilbahn. Mehrere Ausstellungen berichten in der Ljubljanski Grad über die Geschichte des Landes bis zur Unabhängigkeitserklärung, ein virtueller Spaziergang führt durch die Entwicklungsetappen der Burg. Zu den älteren Teilen der Festung gehört die spätgotische St.-Georgs-Kapelle. Ein Highlight im wahrsten Sinne des Wortes stellt der Uhrturm dar: Früher diente er als Brandmeldeposten, heute können Besucher bei klarem Wetter von dort aus ein Drittel des Staates Slowenien überblicken.

# *Das kleine Prachtstück – Ljubljana*

Das aktuelle Erscheinungsbild der schmucken Stadt geht auf zwei schicksalsschwere Ereignisse zurück. Das Rathaus und andere Renaissancegebäude sowie die Vielzahl der Barockbauten wie Brunnen, Herrenhäuser und Kirchen entstanden nach dem Erdbeben von 1511. Als Höhepunkt der Barockkunst gilt der besonders im Inneren prächtig verzierte St.-Nikolaus-Dom aus dem 18. Jahrhundert. Nach einem weiteren Erdbeben 1895 setzte sich der Jugendstil als stilprägende Richtung durch, etwa zwischen Altstadt und Bahnhof entlang der Miklošičeva cesta mit ihrem prächtigen »Grand Hotel Union« oder bei der Drachenbrücke über der Ljubljanica.

## Geballte Attraktionen

Die slowenische Hauptstadt entwickelt sich immer mehr zu einem lebendigen Kunst- und Kulturzentrum mit einer Vielzahl von Kunsthandwerkboutiquen, Museen und Galerien; die meisten davon befinden sich in der Neustadt westlich des Flusses. Als Trendsetter gilt das kunterbunt gestaltete alternative Zentrum Metelkova Mesto nordöstlich der Altstadt. Gastronomisch dominieren in Ljubljana italienische Einflüsse ebenso wie Balkan-Traditionen. So stehen meist deftige Gerichte mit Fleisch oder Fisch auf den Speisekarten. Anders als etwa in Serbien sind die Lokale Nichtraucherzonen. Einen natürlichen Standortvorteil haben da schon immer der große Markt und die Marktkolonnaden geboten.
Ljubljana wirkt heute als fröhliche Stadt, die zu guter Laune anregt; die vielen Radfahrer und Fußgänger erzeugen ein Bild von Leichtigkeit fernab von jedem hauptstädtischen Pomp. Dass Ljubljana zu drei Vierteln aus Grünflächen besteht, unterstützt diesen Eindruck. Beliebt ist vor allem der Tivolipark um das gleichnamige Schloss oder der Botanische Garten mit seinen über 4500 Pflanzenarten. Beide Parks bestehen seit gut 200 Jahren. Dank der Pionierrolle in der nachhaltigen Entwicklung seiner Umweltressourcen trägt Ljubljana 2016 den Titel »Umwelthauptstadt Europas«.
Die geringe Landesgröße bringt es mit sich, dass das zentrale Ljubljana ein geeigneter Ausgangspunkt für Erkundungen ist. So liegen etwa die berühmten Höhlen von Postojna nur 55 Kilometer entfernt, und sogar das pittoreske Hafenstädtchen Piran am schmalen adriatischen Küstenstreifen ist zügig erreichbar. Und mal ehrlich: Wo sonst in Europa kann man alpine und mediterrane Atmosphäre innerhalb eines Tages erleben?

## ECHTE SCHNÄPPCHEN

Ljubljana erreicht man sehr günstig per Flixbus oder mit der Deutschen Bahn (Super-Sparpreis nach Slowenien). In der Stadt gibt es überall kostenloses WLAN. Einige der größten Museen und Galerien bieten jeden ersten Sonntag im Monat freien Eintritt. Zudem gibt es das ganze Jahr über eine breite Palette kostenloser Festivals und Freilichtveranstaltungen. Frei zugänglich sind u. a. der Burghügel, die Dreierbrücke, der Dom St. Nikolaus, der Park Tivoli, die Uferanlagen vom Fluss Ljubljanica, der Botanische Garten, der einzigartige alternative Komplex »Metelkova« und die römische Stadtmauer. Auf der Burg von Ljubljana sind der Innenhof und ein Aussichtspunkt kostenlos zu besichtigen – am besten und gratis erreicht man sie zu Fuß (10–15 Min.). Montags bis samstags ist der zentrale Marktplatz und sonntags ist der Antiquitätenmarkt in der Uferstraße Breg frei zugänglich. Kostenlos ist auch die Beförderung mit den Elektrofahrzeugen »Kavalir«. Direkt bei der Tourist-Information kann man günstig Fahrräder leihen.

## WEITERE INFORMATIONEN

**Touristisches Informationszentrum:**
Adamič-Lundrovo nabrežje 2, SI-1000 Ljubljana, Tel. (003861) 306 12 15, www.visitljubljana.com/de

# 21 Lebensqualität und Lifestyle – Wien

## Reiche Vergangenheit und pulsierende Gegenwart

**Die Donaumetropole wurde schon mehrere Male zur »lebenswertesten Stadt« gekürt. Reisende finden hier ein einzigartiges Event- und Freizeitangebot vor: Dutzende Museen und Kirchen, 22 000 Hektar Grünfläche innerhalb der Stadt und eine Küche, die wirklich schmeckt. Besser könnte es gar nicht gehen.**

Das internationale Beratungsinstitut Mercer zeichnete Wien in den Jahren 2009 und 2010 als »lebenswerteste Stadt der Welt« aus. Und das vor 221 anderen Metropolen. Was Wien so spitze macht, sind seine vorteilhaften wirtschaftlichen und sozialen Bedingungen, sein exzellentes medizinisches Versorgungssystem und sein gutes öffentliches Verkehrsnetz, seine vielfältigen Freizeitangebote sowie sein unvergleichlicher Wald- und Wiesengürtel. Die Wiener können also zu Recht stolz auf ihre Stadt sein.

Sie selbst nehmen aber auch an jedem Detail im urbanen Leben Anteil. Ob das Blumenbeet auf dem viel befahrenen Gürtel wirklich gut gejätet ist, checken sie beim Vorbeisausen. Und wenn die Auslagenscheiben am Graben nicht richtig gut geputzt sind, fällt ihnen das auch auf. Ihre eigene Stadt lässt sie einfach nicht los: Zwei Damen ziehen da zum Beispiel im Schwimmbecken die Runden und unterhalten sich über eine gar knifflige Frage im Kreuzworträtsel: »Stadtviertel im 8. Bezirk, 13 Buchstaben. Wie könnte das denn heißen?« Hin und her überlegen sie, gehen in Gedanken den ganzen Bezirk ab, vom Rathaus die Josefstädter Straße hinauf, vorbei am Theater, über den Jodok-Fink-Platz, einen der schönsten Plätze von Wien mit der imposanten Maria-Treu-Kirche. Der Name für das »Grätzl« lässt sich jedoch nicht und nicht finden. Vielleicht fällt er ihnen erst dann ein, wenn sie selbst

»Schanigärten« nennen sich die Restaurantterrassen im Freien (unten).

durch die verwinkelten Gässchen der historisch gewachsenen Vorstadt gehen und in der »Alten Backstube« aus dem Jahr 1701 auf einen Millirahmstrudel mit Vanillesoße einkehren.

## Wiens »Grätzeln« möbeln auf

Vom Freihaus- zum Karmeliterviertel, vom Franziskaner- zum Schleifmühlviertel ziehen diese ursprünglich alten Dörfer vor den Toren der historischen Innenstadt Reisende wie auch Besucher von anderen Bezirken an. »Grätzeln« umfassen manchmal nur einige Häuserblöcke und haben fließende Grenzen. Sie werden deshalb populär, weil in ihren Hinterhöfen nette Lokale, Galerien und Bars aufsperren.

Wien schlummerte bis in die frühen 1980er-Jahre im Dornröschenschlaf dahin. Zu schwer lastete der eine Stunde vor der Stadt beginnende Eiserne Vorhang auf der Donaumetropole. Aber dann kam die »Waldheim-Affäre«, und die Stadt stellte sich ihrer Vergangenheit. Der Eiserne Vorhang wurde 1989 ebenfalls hochgezogen. Wien begann sich punktuell als »Event City« zu positionieren. Das »Bermudadreieck« um die Ruprechtskirche, Wiens ältestes Gotteshaus, und die Synagoge in der Seitenstettengasse verschlang jedes Wochenende Tausende von Jugendlichen, die auf der Suche nach gutem Bier und cooler Musik hier gekentert waren. Und auf einmal wurden sich die Wiener bewusst, welch großen Nachholbedarf sie hatten. Das Donauinselfest entlang dem neu geschaffenen Entlastungsgerinne startete im Jahr 1983 als musikalischer Versuchsballon. Mit fast drei Millionen Besuchern avancierte es inzwischen zum größten Freiluftspektakel in ganz Europa.

Mit der Neujahrsnacht verhielt es sich ähnlich. Als Bürgermeister Helmut Zilk den Jahreswechsel 1989/90 in Wien verbrachte, musste er mit Schrecken feststellen, was die Stadt ihren Gästen zu Silvester bot: »Nur Hunger und Glasscherben.« Alle Restaurants ließen nach Weihnachten ihre Rollläden herunter. Wenn Reisende also an Mitternacht das Neue Jahr mit dem Klang der Pummerin am Stephansplatz einläuten wollten, fanden sie erstens nichts zu essen und zu trinken, und zweitens mussten sie aufpassen, dass sie nicht auf den Scherben von Flaschen ausrutschten, die fidele Wiener ins Stadtzentrum mitgebracht und dann fallen gelassen hatten. So entstand die Idee, einen Silvesterpfad durch die Innere Stadt anzulegen.

Die Punschhütten hatten schon in der Adventszeit heiße Schwipsgetränke ausgeschenkt. Und nach und nach erkannten auch viele Gastbetriebe in der Inneren Stadt, dass sich bei 700 000 Besuchern ein beachtlicher Umsatz machen lässt. Da Musik im urbanen Leben eine zentrale Rolle spielt, stellte man auch zehn Bühnen an den besten Plätzen der Innenstadt auf.

Im Jahr 2001 kam dann noch das Museumsquartier dazu: 60 000 Quadratmeter für die Kunst in unmittelbarer Nähe vom »Kunsthistorischen« und »Naturhistorischen« und der Hofburg. Institutionen wie das Leopold Museum eröffneten hier, das die weltweit größte Egon-Schiele-Sammlung birgt, sowie das Museum Moderner Kunst Stiftung Ludwig, in dem die besten Werke österreichischer Nachkriegskunst ein Heim gefunden haben. Aber Besucher schätzen das Museumsquartier nicht nur wegen seines kulturellen Angebots. In der warmen Jahreszeit werden die Innenhöfe zum verlängerten Wohnzimmer.

Das Treppenhaus des Kunsthistorischen Museums könnte einem monumentalen italienischen Palazzo entsprungen sein (oben). Die Konfiserie Dürnberger in der Neubaugassen fertigt ihre eigenen Rumpastillen (unten).

Romantik pur – die lauschigen Parklauben der Hermesvilla (unten links). K. u. K. könnte auch für »Kaffeehaus und Konditorei« stehen: Besucher lukullischer Hochburgen haben die Qual der Wahl. Sollen sie sich für einen Guglhupf, einen Punschkrapfen oder ein Plundergebäck entscheiden (oben rechts)? Ein Muss jedenfalls ist ein Stück der weltberühmten Torte im »Sacher-Eck« (oben links). Der Zuschauerraum der Wiener Oper hat eine tadellose Akustik (rechte Seite unten). Die Donauinsel bietet Liege- und Spielflächen für jedes Alter (rechte Seite oben).

## In Wien tut sich jeden Monat etwas

Kaum eine Woche verstreicht, in der nicht irgendeine Veranstaltungsreihe stattfindet: von »wean hean«, dem Wiener-Lied-Festival bis hin zu den Tanzwochen, dem Jazz-Fest und den großen Wiener Festwochen, in dem ein wahres Feuerwerk an Theater- und Musikproduktionen über die Stadt hereinbricht.

Als die Habsburgermonarchie in Einzelstaaten zerfiel, galt Wien in den Bundesländern als Wasserkopf, dem Agrarprodukte zugeliefert werden mussten. Das Bild des Wasserkopfes mag auf den ersten Anblick vielleicht erschreckend wirken, doch der Kopf eines Landes kann nicht groß genug sein. Denn ein Hirn braucht ja viel Platz zum Denken. Im 21. Jahrhundert versucht sich Wien, auch als Zentrum für Wissenschaft und Forschung zu positionieren, als Plattform für kreatives Schaffen. Das Institute of Science and Technology, Österreichs erste Eliteuniversität, machte im Jahr 2008 im gleich vor der Stadt gelegenen Ort Gugging seine Pforten auf. Bis 2026 sollen hier etwa 1000 Spitzenwissenschaftler und Doktoranden in circa 100 Forschungsgruppen arbeiten.

## Die grüne Lunge

Die Eliteuni liegt im Wienerwald, in der grünen Lunge der Stadt. Auf 105 645 Hektar rankt er sich im Westen und Süden um die Stadt. Wer hier jemals spazieren ging und dann zum Beispiel eine Wanderung in den Green Mountains im amerikanischen Bundesstaat Vermont antrat, wird sich schmerzlich nach Wien zurücksehnen. Nach einer halben oder dreiviertel Stunde bergauf und bergab gibt es allerlei Leckerbissen, die den durch die Sauerstoffzufuhr verursachten Hunger schnell stillen: Leberknödelsuppe, Bauernschmaus, Apfelstrudel und ein Viertel Weiß gespritzt machen auch die müdesten Knochen wieder munter.

»Eine Stadt kann man nicht essen«, sagt die Psychotherapeutin mahnend, wenn eine emigrierte Wienerin darüber nachdenkt, wieso sie beim Heimatbesuch alle traditionellen Delikatessen in sich hineinstopfen will. Und wer kann es ihr auch verdenken? Schließlich sehen die barocken Kirchenkuppeln wie gewundene Schlagobersgupfe auf einem Windgebäck-Baiser aus, und zu Weihnachten riecht das ganze Zentrum nach heißem Rum und Gewürzen. Auch für jene, die das ganze Jahr hier leben, ist das »Papperl« (die Mahlzeit) ein wichtiges Lebenselixier. Schon in der Früh wird daran gedacht, was zu Mittag gegessen wird, und am Nachmittag stehen noch die Einkäufe für ein ordentliches Abendessen an. Zwischendurch liegen Verlockungen immer in Reichweite. Wiens Bäckereien haben in den letzten Jahren an vielen Standorten Filialen eröffnet. Bei

U-Bahn- und Straßenbahnhaltestellen haben sie Verkaufsstände aufgemacht. Ein Punschkrapfen vom »Anker« und ein Rehrücken vom »Felber« lindern den Heißhunger zwischendurch – von den diversen »Würstelständen« ganz zu schweigen. Und in den Hunderten Restaurants der Stadt wird genau darauf geachtet, was in den Topf kommt. Nur das feinste Rindfleisch für den Tafelspitz und die beste Powidl-Marmelade für die Germknödel.

## Offen für alle

Bewohner der Stadt begegnen Reisenden oft mit ausgesuchter Höflichkeit. Ist es noch ein Erbe der Kaiserzeit, dass Titel eine wichtige Rolle spielen? Der »Herr Ingenieur« hat gerade mal sein Abitur in einer technischen Fachrichtung gemacht, runzelt aber die Stirn, wenn man seine Anrede vergisst. Frauen, die am Standesamt promovierten, bestehen darauf, mit »Frau Doktor« angesprochen zu werden. Aber manchen Verkäufern und Verkäuferinnen kommt es gar nicht in den Sinn, eine Kundin überhaupt zu siezen. Nur die dritte Person ist erlaubt. Bei Nachbestellungen wird deshalb die Frage gestellt: »Darf es noch etwas sein, die Dame?«

Die Wiener haben jedoch eine zärtliche Beziehung zu Objekten, die sich im Laufe des Stadtlebens verdient gemacht haben. Als die Straßenbahnlinie 65 in ein neues Streckennetz überführt und als Nummer 1 wiedergeboren wurde, sagten ihre Schaffner mit einer zentralen Durchsage Lebewohl: »Der Bahnhof Favoriten verabschiedet sich von der 65er-Linie. Viel Glück im neuen Leben!«
Nur auf dem Fußballplatz lassen Wiener überschüssige Energie raus. Das Lokalderby Rapid gegen Austria erhitzt die Gemüter.
Wer Schimpfwörter im Wiener Dialekt lernen will, sollte das Gerhard-Hanappi- oder das Ernst-Happel-Stadion besuchen. »Renn doch, du Ohrwaschelkaktus!« ist noch eine feine Ausdrucksweise. »Hau di üba d'Heiser, du Karachl« fällt schon etwas deftiger aus. Beim Fußball werden die Wiener zu Zweckpessimisten. »Rapid spielt diese Saison echt schlecht«, meint da ein eingefleischter Fan, hofft jedoch inständig, dass die Hütteldorfer bis zum Ende des Jahres wieder »ein Leiberl reißen«.

## Eine Stadt zum Leben

Wien ist eine Wohlfühlstadt. Wohl auch, weil die Metropole schon seit Jahrzehnten »rot« ist. Die sozialdemokratische Stadtregierung hat darauf geachtet, dass die Fahrpreise für öffentliche Verkehrsmittel moderat, das Essen auf Rädern für Senioren mit Mindestpension erschwinglich und die Extrawoche im Spital zum Auskurieren einer Krankheit selbstverständlich bleiben. Und dass die Parks, Bäder, Theater und Konzerthallen in Schuss gehalten werden. In der satirischen Fernsehsendung »Wir sind Kaiser« kam einst H. C. Strache, Bundesvorsitzender der ultrarechten FPÖ, auf Besuch bei Majestät Robert Heinrich I. Er erklärte, wie er in Wien einiges ändern würde. Daraufhin schaute ihn »Kaiser Robert« nur mal lange an und fragte dann bei seinem Hofkanzler nach, an welcher Stelle Wien in Sachen Lebensqualität denn läge. Als man dem »Kaiser« die Pole-Position bestätigte, fragte er Strache nur ungläubig: »Und das will er ändern?«

### ECHTE SCHNÄPPCHEN

Wien erreicht man günstig per Flixbus oder mit der Deutschen Bahn. Die Fläche rund um den Prater ist das ganze Jahr über frei zugänglich – fast täglich kann man hier gratis verschiedene Auftritte diverser Straßenmusiker und Künstler bestaunen. Viele Museen bieten täglich freien Eintritt, andere immer am ersten Sonntag des Monats. In der Innenstadt finden täglich kostenlose Walking Tours von Locals statt oder man nutzt eine günstige (Schnitzeljagd-)App. City-Bikes können jeden Tag rund um die Uhr ausgeliehen werden, dabei ist die erste Stunde immer gratis. Auf dem Wiener Naschmarkt ist sowohl Schauen als auch Naschen umsonst. Im Schikaneder, Wiens ältestem Kino, kann man jeden Sonntag gratis um 20.15 Uhr den Tatort anschauen. Und die Donauinsel ist der perfekte Ort, um zu entspannen; zudem findet dort jedes Jahr im Juni das größte kostenlose Freiluft-Festival Europas statt. Der Besuch des Stephansdoms und des Zentralfriedhofs sind Klassiker für jeden, der Wien kostenlos erleben möchte. Auch der Lainzer Tiergarten ist umsonst.

### WEITERE INFORMATIONEN:

www.wien.info
www.austria.info
interactive-tours.eu/de

Bunt, verspielt und expressionistisch: Das Hundertwasserhaus in Wien ist ein Traum von Freiheit. Jenseits der Norm und geradlinigen Erscheinung schuf der Architekt ein Haus für »Menschen und Bäume«. Die 1985 angelegte Dachterrasse wuchs zu einem Park heran.

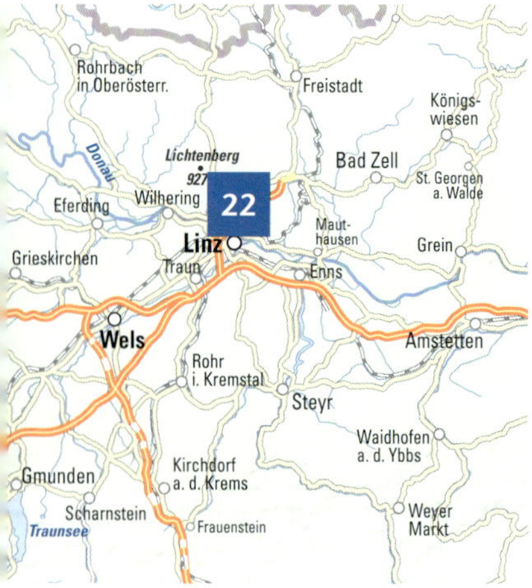


# 22 Österreichs Klösterreich – Stifte rund um Linz

## Barocke Pracht, so weit das Auge reicht

**Österreich ist insgesamt reich mit Kunst- und Kulturschätzen gesegnet, in der landschaftlich reizvollen Umgebung von Linz aber sogar überreich. Dort reihen sich so viele Klöster, Stifte und Kirchen aneinander wie kaum anderswo. Es sind Orte der Andacht und der Stille, aber auch Paläste des Glaubens von »dröhnender Pracht«, in jedem Fall aber gigantische Schatztruhen, die uraltes Kulturgut bewahren.**

Stift St. Florian, eines der ältesten Stifte Österreichs (unten). Detail aus der Stiftskirche Schlierbach, einem Hauptwerk des österreichischen Barock (rechts oben). 230000 »lesbare Schätze« besitzt die Bibliothek des Stiftes Kremsmünster (rechts unten).

Wer ein Herz für prachtvolle Kirchenräume und kostbare Kunstschätze hat, ist in der Umgebung von Linz richtig. Dort sind zahlreiche Klöster und Kirchen zu entdecken, die nicht nur Orte zum Beten und Fasten sind, sondern auch prunkvolle Juwele der Baukunst darstellen.

Kremsmünster ist mit Abstand die imposanteste Klosteranlage. Das mächtige, auf einer Terrasse über dem Kremstal thronende Benediktinerstift ist ein Klosterdistrikt mit sechs Höfen und riesigen Gärten. Begonnen hat alles 777 mit einem Jagdunfall. Gunther, der Sohn des Bayernherzogs Tassilo, war von einem wilden Eber angefallen und tödlich verletzt worden. Zum Andenken an seinen Sohn ließ der Herzog an dieser Stelle ein Benediktinerstift und das Gunthergrab errichten – so besagt es die Legende.

Das Stift erlebte im Laufe der Zeit große Veränderungen. Die erste romanisch-gotische Stiftskirche wurde Ende des 17. Jahrhunderts mit üppigen Stuckarbeiten und Deckenfresken barockisiert, aus dieser Zeit stammt auch der Prälatenhof. Und dann, Mitte des 18. Jahrhunderts, entstand das erste Hochhaus Europas, der siebenstöckige »Mathematische Turm« mit Sternwarte. Herzstück des Stiftsgebäudes ist

der Prälatentrakt, von dem aus man zur Kirche, zu den Kunstsammlungen und zur Schatzkammer mit dem Tassilokelch kommt. Das rund 25 Zentimeter hohe Gefäß aus vergoldetem Kupfer soll anlässlich der Hochzeit von Tassilo mit Prinzessin Liutpirc gefertigt worden sein.
Im Kaisersaaltrakt befinden sich besonders prunkvolle Räume: der Wintersaal, das Kaiser- oder Gobelinzimmer und der über zwei Stockwerke reichende Kaisersaal. Das lang gezogene Gebäude nebenan beherbergt das Refektorium, die Sommerabtei und die Bibliothek mit über 100 000 Bänden.
Kremsmünster besitzt aber noch eine außergewöhnliche Sehenswürdigkeit: den prunkvollen, von Arkadengängen umgebenen Fischbehälter, dessen Mitte Brunnenfiguren zieren.

Der prachtvolle Marmorsaal im Stift St. Florian (unten). Detail aus der Stiftskirche Wilhering (rechte Seite oben). Die barocken Wallfahrtskirche am Pöstlingberg (rechte Seite unten).

## Gesamtkunstwerk St. Florian

Das Stift St. Florian ist eine Art barockes Gesamtkunstwerk. Seine Entstehung geht auf den heiligen Florian zurück, einen Beamten der römischen Provinz Noricum. Als ruchbar wurde, dass er dem christlichen Glauben angehörte, wurde er in der Enns ertränkt. Der mit einem Stein beschwerte Leichnam tauchte jedoch am Ufer wieder auf. An dieser Stelle entstand ein Wallfahrtsort und später ein Kloster.
Tatsächlich stammen die ältesten Mauerteile aus dem 4. Jahrhundert, später hat man an dieser Stelle eine romanische und eine gotische Kirche errichtet. Der große Aufschwung kam, als der Kaiser 1683 zum Dank für die Errettung von den Türken eine Wallfahrt zum Grab des heiligen Florian unternahm. Damals wurde Carlo A. Carlone (1635–1708) mit dem großzügigen Ausbau in barockem Stil beauftragt. Nach seinem Tod führte Jakob Prandtauer die Arbeiten zu Ende.
Die Stiftsbasilika ist vor allem für ihren Innenraum von »dröhnender Pracht« berühmt. Riesige Halbsäulen, hoch gelegene Fenster und die 36 Meter hohe Kuppel, überreicher Stuck und Fresken schaffen eine überwältigende Raumwirkung. Der Hochaltar aus rotem Salzburger Marmor ist als dreistöckiger Aufbau konzipiert. Prunkstück ist die große Orgel, auf der schon der junge Anton Bruckner (1824–1896) aufhorchen ließ. Der damalige Probst erkannte sein Talent und machte ihn zum Organisten. In der Nähe seines Lieblingsinstrumentes liegt der »Musikant Gottes« auch begraben: Sein Sarkophag steht in der Gruft unter der Orgel.
Die Stiftsgebäude sind um drei Höfe angeordnet. Der große Innenhof zählt zu den schönsten Barockensembles überhaupt. Berühmt ist die siebenachsige Freitreppe. Sie war das letzte Werk Carlones. Prandtauer vollendete das Werk, die beiden in den Kaisergang führenden Treppen gelten als sein Meisterwerk. Benutzt allerdings wurden sie nur selten. Zu den Kaiserzimmern stiegen nur zweimal gekrönte Häupter und ein Papst hinauf. Heute kommen viele Besucher, um in den Bruckner-Gedenkzimmern den bescheidenen Hausrat des Meisters zu besichtigen.
Im Südflügel erstreckt sich über das zweite und dritte Geschoss der große Marmorsaal, auch er ein Meisterwerk Prandtauers. Die mit pracht-

vollen Fresken geschmückte Stiftsbibliothek im Südflügel beherbergt wertvolle Schätze: 135 000 Bücher, mehr als 800 Inkunabeln und über 800 Handschriften, die bis ins 9. Jahrhundert zurückreichen.

### Wilhering: die schönste Rokokokirche

Die schönste Rokokokirche Österreichs besitzt das Zisterzienserstift Wilhering. Die 1146 gegründete Kirche samt Kloster fiel 1733 einem Großbrand zum Opfer. Und das nicht durch Zufall: Ein Landarbeiter hatte ein zwölfjähriges Mädchen gezwungen, den Brand zu legen. Das Mädchen wurde als Brandstifterin entdeckt und wäre beinahe auf dem Scheiterhaufen gelandet, da kam die Wahrheit ans Licht, und nicht das Kind, sondern der wahre Brandstifter endete in den Flammen.

Beim Wiederaufbau geriet die Kirche zu einem architektonischen Juwel. Die Architektur des Wiener Theateringenieurs Andrea Altomonte (1699–1780) bewirkte, dass sie weniger zu einem ernsten Gotteshaus als zu einem heiteren Festsaal wurde. Diesen Eindruck verstärken die rund 800 fröhlichen, in Stuck gearbeiteten oder gemalten Engel, die den Innenraum bevölkern, die Altarblätter von Martino Altomonte (1657–1745) und die Deckengemälde von dessen Sohn Bartolomeo Altomonte (1694–1783).

### Schlierbach: Barock und Käse

Das Zisterzienserstift Schlierbach blickt auf eine wechselhafte Geschichte wie kaum ein anderes zurück. Im 14. Jahrhundert als Frauenkloster gegründet, wechselte es zu Beginn des 17. Jahrhunderts das Geschlecht und wurde zu einem Männerkloster. Die große Architektenfamilie Carlone verschönte es später mit üppigem Barock.

So bescheiden das Stift von außen auch wirkt, so sehr überrascht es im Inneren. Die um 1700 ausgestaltete Kirche gilt mir ihrem üppigen Stuckschmuck als Hauptwerk österreichischen Barocks. Die Stuckaturen beschränken sich nicht nur auf Girlanden, Putten und Blattwerk, sie umfassen auch überlebensgroße Figuren. Auch der Hochaltar ist eine Pracht: An seinem dreistöckigen Aufbau schrauben sich gedrehte vergoldete Säulen himmelwärts.

Was das Kloster heute bekannt macht, sind jedoch die köstlichen Produkte seiner Käserei. Höchst erfolgreich ist auch die Glasmalereiwerkstätte. Sie hat schon Glasfenster für die Verkündigungskirche in Nazareth oder die Europakapelle in Brüssel produziert.

### ECHTE SCHNÄPPCHEN

Ausgiebige Spaziergänge kann man im frei zugänglichen Schlosspark und im Bauernbergpark unternehmen, und interessante Metallskulpturen sind im Donaupark zu bewundern. Der Pöstlingberg bietet mit seinen 539 Metern einen tollen Gratis-Ausblick, und man kann dort gleich noch die frei zugängliche barocke Wallfahrtskirche besuchen. Tipps für die schönsten Stadtwanderwege mit vielen Sehenswürdigkeiten gibt's auf der Linztourismus-Webseite. Und der Pleschinger See ist ein Naherholungsgebiet und sowohl im Sommer als auch im Winter ein frei zugängliches Ausflugsziel.

### WEITERE INFORMATIONEN:

www.linztourismus.at
www.oberoesterreich.at

Die Festung Hohensalzburg thront majestätisch über der Stadt Salzburg (oben). Blick über den Mirabellgarten (rechts oben). Der Residenzplatz mit dem aus dem 17. Jahrhundert stammenden Residenzbrunnen (rechts unten).

# 23 Magische Mozartstadt – Salzburg

## Die Bühne der Welt

**Schnürlregen, Gedränge und Geschiebe in den engen Gassen, Konservative in grünen Lodenumhängen und Society-Tiger, dazu auch noch gesalzene Preise: All das ist Salzburg. Aber das ist nicht das Wichtigste. Was wirklich zählt und was Salzburg zu Salzburg macht, das ist die Kunst. Sie ist international, elitär, auf höchster Ebene. Das Beste vom Besten. Sie macht die Stadt zur Bühne der Welt.**

Wer im Hochsommer, noch dazu zur Festspielzeit, nach Salzburg kommt, den erwartet Kunstgenuss auf höchster Ebene. Die Stadt selbst aber, die noch um die Wende zum vorigen Jahrhundert so idyllisch war, dass sie Literaten und Künstler geradezu magisch anzog, spielt nur eine Nebenrolle, und das nicht einmal gut. Die Gassen schwarz vor Menschen, in den Auslagen Mozartkugeln und Touristenkitsch, die Cafés und Restaurants überfüllt. Und das, obwohl es eigentlich viel zu sehen gäbe.

Jederzeit sonst verströmt die Altstadt einen unwiderstehlichen Charme. Der imposante barocke Dom, der nicht zufällig an den Petersdom in Rom erinnert, der Domplatz, alljährlich Bühne für den legendären »Jedermann«, das Kleine Festspielhaus aus den Jahren 1924 bis 1925, das Große Festspielhaus, das Clemens Holzmeister 1956 bis1960 erbaute, die barocke Felsenreitschule mit der nahen Pferdeschwemme, das malerische Gassenlabyrinth mit der Getreidegasse, und alles gekrönt von der majestätischen Festung Hohensalzburg – dieses Ensemble hat Salzburg zu Recht das Prädikat »Rom des Nordens« beschert. Dass es im Jahr 1997 zusammen mit Schloss und Park Schönbrunn in Wien als erster Ort Österreichs in die Liste des UNESCO-Weltkulturerbes aufgenommen wurde, erscheint daher nur logisch.

SALZBURG MUSEUM

## Amadeus, Amadeus

Waren früher für die Entwicklung Salzburgs die Machtpolitik der Erzbischöfe und die reichen Erträge aus der Salzwirtschaft bestimmend, begründen heute zwei andere Faktoren den Ruhm der Stadt: die Fügung, dass Wolfgang Amadeus Mozart (1756–1791) hier geboren wurde, sowie die Salzburger Festspiele. Dass Mozart seine Geburtsstadt nach einem Streit mit dem Erzbischof und dem legendären Fußtritt des Grafen Arco verlassen hat und nur ein einziges Mal widerwillig zurückkam, um seine junge Frau Constanze seinem Vater vorzustellen, der ihm wegen dieser unerwünschten Heirat übrigens bitterbös war, ist längst kein Thema mehr. Mozart wird als berühmter Sohn der Stadt gefeiert, er ist ihr größter Devisenbringer, sein Geburtshaus in der Getreidegasse und das Wohnhaus der Familie, das »Tanzmeisterhaus« am heutigen Makartplatz, sind Pilgerstätten.

Die Salzburger Judengasse mit Blick auf den Turm des Alten Rathauses (unten). Die von Bildhauer Jakob Adlhart geschaffenen Masken vor dem Großen Festspielhaus (rechts oben).

## Die Salzburger Festspiele

Wenn im Juli und August zu Füßen der mächtigen Festung Hohensalzburg die Abendroben knistern und der Ruf »Jedermann« über den Domplatz hallt, steht fest: Jetzt ist Salzburg die Hauptstadt der europäischen Kultur.

Die Salzburger Festspiele wurden 1917 von Max Reinhardt (1873–1920) gegründet – in einer Zeit, in der die Donaumonarchie gerade zusammenbrach und in der auch Schauspieler und Sänger hungerten. Reinhardts Plan war es, die arbeitslose Zeit der Künstler zu überbrücken und im Sommer für jede Inszenierung die am besten geeigneten Kräfte nach Salzburg zu holen. Mit an der Wiege der Salzburger Festspiele standen der Komponist Richard Strauss und der Dichter Hugo von Hofmannsthal (1874–1929). Dieser formulierte auch das Programm für Salzburg: »Oper und Schauspiel, und von beidem das Höchste.«

So wurden die Festspiele 1920 mit Hofmannsthals »Jedermann« eröffnet. Die Schauspieler verzichteten damals auf ihre Gage, nur Werner Krauß, der den Tod und den Teufel spielte, bestand auf einem Honorar in Form einer Salzburger Lederhose. Das ist heute anders.

Inzwischen haben die Salzburger Festspiele eine wechselvolle Geschichte hinter sich. Bis zum Anschluss Österreichs an das Deutsche Reich waren sie noch ein Sammelpunkt internationaler Künstler, die die neuesten und gewagtesten künstlerischen Strömungen in Musik, Kunst, Theater und Bühnenbild nach Salzburg brachten. Max Reinhardt, Arturo Toscanini und Bruno Walter prägten den Aufführungsstil. Die Nationalsozialisten aber setzten dem Wirken dieser Künstler ein jähes Ende, denn sie verein-

nahmten die Festspiele für ihre eigene Kulturpolitik. Die Salzburger Festspiele haben auch das überlebt.
Nach dem Zweiten Weltkrieg kam Herbert von Karajan (1908–1989) und brachte neuen Glanz nach Salzburg. Nach seinem Tod 1989 setzte man auf Avantgardistisches statt Altbewährtes. So entwickelten sich die Festspiele zu einem Kunstereignis, das wie kaum ein anderes einen Bogen zwischen Klassik und Moderne spannt. Wer in Salzburg Kunstgenüsse erleben will, muss jedoch nicht auf die turbulente Zeit des Hochsommers warten. Kunst vom Feinsten gibt es das ganze Jahr über. Den Jazz-Herbst zum Beispiel, die Mozartwoche im Januar und dazu noch eine Unzahl anderer Veranstaltungen. Und, natürlich, die 1967 von Herbert von Karajan gegründeten Osterfestspiele.

## Der Mirabellgarten

Geradezu ein Muss ist der Besuch des Mirabellgartens. Allein der Blick vom Rosenhügel über das kleine Parterre zu der grünen Kuppel und den beiden Türmen des Doms und dann weiter auf die mächtige Festung Hohensalzburg ist ein Bild von erhabener Schönheit. Was den Mirabellgarten in Salzburg aber vollends zu einem der interessantesten Gärten Österreichs macht, ist sein imperialer Glanz. Überreiche Blumenparterres mit 100 000 blühenden Pflanzen, Balustraden, Skulpturen und Brunnen, Rosengarten, Heckentheater und Zwerglgarten, all das lässt das Barock wieder erstehen. In all seiner üppigen, sinnlichen Lebensfreude. Sinnliche Lebensfreude stand auch am Anfang des prachtvollen Parks. Der mächtige Fürsterzbischof Wolf Dietrich von Raithenau (1559–1617), ein hochgebildeter Mann mit scharfem Verstand, war der Meinung, es sei nur eine Frage von kurzer Zeit, bis die katholische Kirche den Zölibat abschaffen würde. Als er sich in die hübsche Salome Alt verliebte, zögerte er daher nicht, 1606 mit dem Bau eines Schlosses für sie zu beginnen. Es geriet überaus prachtvoll. Und Salome, als Geliebte des Kirchenfürsten von ihrer Familie verstoßen, fühlte sich in der würdigen Umgebung mit ihren zehn überlebenden von insgesamt 15 Kindern wohl. Ihr Glück aber war nur von kurzer Dauer. 1612 wurde Wolf Dietrich zur Abdankung gezwungen und auf der Festung inhaftiert. Salome Alt musste mit ihren Kindern flüchten. Das Liebespaar sah sich nie wieder. Das Schloss ging an Markus Sittikus, den Neffen und Nachfolger des gestürzten Erzbischofs. Er liebte es nicht, nannte es aber trotzdem »Mirabell«, eine Zusammensetzung der italienischen Worte für »bewundernswert« und »schön« – Attribute, die immer noch zutreffen – für das Schloss, heute Schauplatz romantischer Hochzeiten, und für den Garten.

### ECHTE SCHNÄPPCHEN

Salzburg erreicht man günstig per Flixbus oder mit der Deutschen Bahn. Im Künstlerhaus kann man kostenfrei Schätze aus der Kunstszene bewundern. In der Stadtgalerie Lehen gibt es jährlich sechs Ausstellungen bei freiem Eintritt. Sowohl im Stadtwerk Lehen als auch im Volksgarten finden im Sommer kostenlose Kinoabende statt. Bei einem Spaziergang nach Maria Plein kann man neben der Basilika auch einen wunderschönen Blick auf Salzburg genießen. Parallel zu den Festspielen finden jedes Jahr die Siemens Fest>Spiel>Nächte auf dem Salzburger Kapitelplatz statt: Dort werden täglich vergangene und aktuelle Festspielproduktionen kostenlos auf einer großen LED-Wall präsentiert.

### WEITERE INFORMATIONEN:

www.salzburg.at
new.siemens.com

Die Reihe bunter Hausfassaden säumt das Ufer des grünen Inn (oben). Atemberaubend: die Bergisel Schanze von der Architektin Zaha Hadid von oben (rechts).

# 24 Die Schöne im Gebirg' – Innsbruck

## Landeshauptstadt vor spektakulärer Kulisse

**Zu ihren Füßen der grüne Inn und in ihrem Rücken die grandiose Bergkulisse der Nordkette: Allein die Lage der Tiroler Landeshauptstadt ist schon faszinierend. Innsbruck ist aber nicht nur eine besonders schöne, sondern auch eine liebens- und lebenswerte Stadt. Außer, wenn der Föhn von der Nordkette herunterbläst. Dann herrschen auch mitten im Winter sommerliche Temperaturen – und alle haben Kopfweh.**

Im Rücken Innsbrucks ragt majestätisch die Bergkette der Karwendel-Nordkette auf. So wirkt die Stadt, die immer eine wichtige Funktion in der Verbindung des Nordens mit dem Süden als Handels- und Kulturstadt hatte, geradezu beschützt von steinernen Wächtern. Vielleicht waren sie es auch, die dafür sorgten, dass Innsbruck über all die Jahrhunderte seine Kunstschätze bewahren konnte. Die spektakuläre Kulisse für die prachtvollen Bauten zu beiden Seiten der Maria-Theresien-Straße bilden sie auf jeden Fall.

Der Spaziergang durch diese Hauptgeschäftsstraße in die Innsbrucker Altstadt beginnt an der Triumphpforte. Sie ist ein besonderes Bauwerk, das Maria Theresia 1765 aus Anlass der Hochzeit ihres Sohnes Leopold mit der spanischen Infantin Maria Ludovica errichten ließ. Während der Hochzeitsfeierlichkeiten starb jedoch plötzlich und unerwartet Kaiser Franz I., der Mann Maria Theresias, und so sind zwar die Reliefs der Südseite der Vermählung gewidmet, die auf der Nordseite jedoch der Trauer um den geliebten Gatten.

Nach der Triumphpforte reiht sich ein herrliches Barockpalais an das andere. Es beginnt mit dem bedeutendsten Profanbau Tirols, dem Alten Landhaus, das in den Jahren 1725 bis 1728 als Versammlungsort der Tiroler Landstände errichtet wurde. Hochinteressant ist

Die Bergstation der Hungerburgbahn, entworfen von Zaha Hadid (unten). Die Annasäule in der berühmten Maria-Theresien-Straße (ganz unten). Das Wahrzeichen der Stadt, das »Goldene Dachl« (rechts oben).

daneben auch das Fugger-Taxis-Palais aus dem 17. Jahrhundert mit seiner Barockfassade und dem Fries von grotesken Fratzen, das lange auch als Poststation diente.
Die 1706 errichtete Annasäule erinnert an den Spanischen Erbfolgekrieg und den Abzug der Bayern am Annatag 1703. Hoch oben auf der Säule wirkt die Madonna so zart und luftig, als wollte sie gleich in Richtung Nordkette entschweben. Entschwebt ist sie samt den vier weiteren Statuen am Sockel tatsächlich, zu sehen sind nur Kopien, die echten Statuen

sind im Alten Landhaus. Ein paar Schritte geht es noch durch die Herzog-Friedrich-Straße mit hübschen alten Häusern und Laubengängen, dann ist die wichtigste Sehenswürdigkeit der Stadt erreicht.

## Golden strahlt das Wahrzeichen der Stadt

Das eigentliche Wahrzeichen Innsbrucks ist das »Goldene Dachl«. Es ist ein kunstvoll gefertigter Erker, den Kaiser Maximilian um 1500 an die alte Burg anbauen ließ, damit er die auf dem Platz stattfindenden Turniere in aller Ruhe beobachten konnte. Die Legende, »Friedl mit der leeren Tasche« habe es errichten lassen, um zu beweisen, dass er doch über Geldmittel verfügte, hält sich dennoch hartnäckig.
Aber so oder so, das »Goldene Dachl« ist ein Meisterwerk mittelalterlicher Handwerkskunst. Seine schlanken Säulen und Pfeiler, Fresken und Reliefplatten und die 2657 vergoldeten Dachplatten machen es zu einem echten Juwel. Kopfzerbrechen haben der Wissenschaft allerdings zwei Dinge bereitet: Das eine war die Frage, wer der »eselsohrige Gaukler« sein könnte, der in einem Relief dargestellt ist. Dieses Rätsel ist mittlerweile gelöst: Alles deutet darauf hin, dass Maximilian seinen Vater, Kaiser Friedrich III., als Hofnarr mit Eselsohren und Narrenglöckchen darstellen ließ. Und auch das zweite große Rätsel, das Schriftband, das die Moriskentänzer – Morisken sind spanische, zum Christentum bekehrte Moslems, deren Geheimnis übrigens noch nicht gelüftet ist – verbindet und deren Zeichen fälschlich als hebräischen Ursprungs angenommen wurden, scheint geklärt. Erhard Maroschek, ein Historiker aus dem Außerfern, fand nach jahrelangem Studium die Lösung in dem Text aus dem Johannes-Evangelium, Kapitel 8, Vers 12: »Ego sum lux mundi qui sequitur me non ambulabit in tenebris sed habebit lucem vitae dicit dominus« – »Ich bin das Licht der Welt. Wer mir nachfolgt, wird nicht in der Finsternis umhergehen, sondern er wird das Licht des Lebens haben, spricht der Herr.«

In der Altstadt sind noch das Helblinghaus mit Rokokofassade und hübschen Erkern sowie der Stadtturm mit seiner großen Zwiebelhaube zu besuchen, der nach Überwindung von 148 Stufen einen faszinierenden Überblick über die Stadt bietet. Durch die enge Altstadt führt dann die Hofgasse zur kaiserlichen Hofburg. Sie wurde im Kern schon um 1460 erbaut, Maria Theresia ließ sie später im Rokokostil ausbauen. Mehrere Schauräume zeigen interessante Stuckarbeiten, Tapisserien und Gemälde. In dem anschließenden Dom zu St. Jakob sind besonders das Gnadenbild »Mariahilf« und die schöne Innenausstattung sehenswert.

## Die Olympiastadt

Innsbruck war bereits zweimal Austragungsort der Olympischen Winterspiele, 1964 und 1976. Erstere galten als die »Spiele der langen Wege«, denn zu den Alpinen in der Axamer Lizum, zu den Nordischen in Seefeld oder zu den Bobfahrern in Igls war es vom Zentrum Innsbruck aus relativ weit. Die Bevölkerung von Colorado lehnte zehn Jahre später die Austragung der Olympischen Winterspiele des Jahres 1974 in Denver wegen der hohen Kosten und der zu befürchtenden Umweltzerstörung ab. Als Ersatzort erhielt Innsbruck den Zuschlag. Dafür sprach, dass die Sportstätten von 1964 noch intakt waren und es relativ geringer Investitionen bedurfte, um den Olympiaort wieder fit zu machen. Innsbruck baute die Sportstätten aus und um, erweiterte das Olympische Dorf – heute sozialer Wohnungsbau mit Freizeitzentrum, Hauptschule und Hallenbad – und sorgte für städtebauliche Maßnahmen. Was jedoch fehlte, war Schnee. Das österreichische Bundesheer musste aus dem Wipptal 20000 Kubikmeter Schnee heranschaffen, trotzdem zeigte sich die gefürchtete Abfahrtsstrecke am Patscherkofel lang als weißes Band inmitten einer »grünen« Landschaft. Pünktlich eine Woche vor Beginn der Spiele setzte dann doch kräftiger Schneefall ein.

Von den Wettkampfstätten sind auch heute noch viele aktuell, allen voran die Kunsteisbahn Igls, in der die Bob- und Rodelwettbewerbe ausgetragen wurden, und das Bergiselstadion, in dem die Eröffnung stattfand. Eine international viel beachtete Veränderung erlebte die Bergiselschanze. Sie wurde 2003 nach Plänen der Londoner Architektin Zaha Hadid neu errichtet. Heute gilt das elegante, sich schlangenartig hochwindende Bauwerk als echtes Meisterstück, es wurde auch mit dem Österreichischen Staatspreis für Architektur ausgezeichnet. Es ist ein Highlight für Besucher.

2017 stand die Bewerbung für die Winterspiele 2026 zur Diskussion. Die Tiroler lehnten ab. Ihre Begründung: zweimal reicht.

### ECHTE SCHNÄPPCHEN

In der Innsbrucker Innenstadt gibt es so einige Foto-Spots wie die Triumphpforte, die Annasäule, das Helbighaus und nicht zuletzt das Goldene Dachl umsonst. Ausgedehnte Spaziergänge führen in die Sillschlucht. Sportlicher geht es beim kostenlosen Klettern an der Martinswand oder beim Wandern auf der Nordkette zu. Jeden Sonntag kommen Familien ab einem Kind gratis in die Hofburg. In den warmen Monaten legen mittwochs DJs umsonst am Sonnendeck direkt am Innufer bei der Unibrücke auf. Gratis Vintage-Postkarten gibt's im Seilbahn-Museum auf der Hungerburg in der Talstation der Nordkettenbahnen. Im Kostnix Laden Innsbruck darf man sich bei jedem Besuch einen Gegenstand aussuchen, den man brauchen kann.

### WEITERE INFORMATIONEN

www.innsbruck.info

Die Sporgasse, eine der lieblichsten Gassen der Grazer Altstadt (oben). Der Felsensteig: 260 Stufen führen als Zickzackweg vom Schlossbergplatz hinauf zum Uhrturm auf dem Schlossberg (rechts).

# 25 Geheime Liebe Österreichs – Graz

## Die Stadt, die mit dem Süden flirtet

**Graz ist eine Stadt, in der sich der Charme des Südens und die Bodenständigkeit des Nordens innig umarmen, heißt es. Wer einen Spaziergang durch die Innenstadt unternimmt, kann das nur bestätigen. Was die Stadt mit der größten erhaltenen Altstadt Mitteleuropas darüber hinaus so interessant macht, ist ihr Mut zur Innovation. Als Kulturhauptstadt 2003 hob sie regelrecht ab – in Richtung Zukunft.**

Geheime Liebe Österreichs, Pensionopolis, beschauliche Universitätsstadt: Die Liste der Beinamen für Graz ist lang. Tatsächlich war in der liebenswerten Murmetropole die Welt in Ordnung, solange die Straßenbahnen grün und das Kernöl auf den steirischen Käferbohnen dickflüssig waren. Das Forum Stadtpark wurde als Zentrum der deutschsprachigen Literatur gerühmt, und auch sonst drehte sich viel um Kultur. Der »steirische herbst« galt als Paradebeispiel für ein Avantgarde-Festival, die »Diagonale« als viel beachtete Schau des heimischen Filmschaffens und die »styriarte« als Garant für Musik auf höchster Ebene. Das ist zwar bis heute so, verändert hat sich aber trotzdem viel.

Im Jahr 2000 wurde Graz wegen seiner einzigartigen Altstadt in die Liste des Weltkulturerbes aufgenommen. Das brachte viel an Aufmerksamkeit. Der wirklich große internationale Durchbruch kam aber 2003 mit der Ernennung zur Kulturhauptstadt. Als solche ist das in enger Umarmung mit dem Süden liegende Graz auch noch eine Beziehung mit der modernen Architektur eingegangen. Das war kein flüchtiger Flirt, sondern eine ernste Beziehung. Und eine hochbrisante Mischung. Denn der Gegensatz zwischen den alten Bauwerken und der modernen Architektur war auf Anhieb faszinierend. Tatsächlich blieb kein Stein auf dem anderen. Der Hauptplatz und die Fußgängerzonen wurden geliftet. Das Murufer, zu dem früher

kein vernünftiger Grazer jemals hinuntergestiegen wäre, wurde zu einer romantischen Promenade. Zu alledem bot Graz internationalen Künstlern die Möglichkeit, ihre Projekte umzusetzen: der New Yorker Kunst-, Design- und Medienstar Vito Acconci gestaltete die Murinsel, und die britischen Architekten Cook und Fournier entwarfen das ultra-schrille Kunsthaus. Beide Projekte haben sich seither zwar als wenig alltagstauglich erwiesen, die Grazer haben sich aber an sie gewöhnt.

## Die Altstadt: ein Erlebnis

In der verwinkelten, zur Gänze in ihrer alten Bausubstanz erhaltenen Altstadt gibt es jede Menge zu entdecken. Ausgangspunkt für einen Spaziergang ist der Hauptplatz, dessen eine Seite das mächtige Rathaus bildet und in dessen Mitte Erzherzog Johann, der »Steirische Prinz«, wacht. Ein paar Schritte sind es zur Sackstraße, dem ältesten Teil von Graz. Hier stehen zahlreiche alte Bürgerhäuser und Palais mit verwinkelten Höfen und italienisch angehauchten Arkaden. Das Haus der Geschichte (Nummer 16) ist unbedingt sehenswert, es ist Teil des fantastischen Universalmuseums Joanneum. Nebenan, im Haus Nummer 18, wurde der Thronfolger Erzherzog Franz Ferdinand geboren, dessen Ermordung 1914 in Sarajevo zum Ersten Weltkrieg führte.

Der »Friendly Alien«, das ultraschrille Kunsthaus, das im Zuge der Ernennung von Graz zur Kulturhauptstadt entstand (unten). Das Landhaus, einst Sitz der Landstände, zählt mit seinen Arkadengängen zu den bedeutendsten Renaissancebauten Mitteleuropas (rechts oben).

## Hinauf auf den Schlossberg

Über die 260 Stufen des Felsensteigs (weniger Sportliche nehmen den Lift) geht es auf den Schlossberg. Mit jedem Schritt wird die Aussicht auf die bezaubernde Dachlandschaft der Altstadt faszinierender. Vom Uhrturm, dem Wahrzeichen der Stadt, bietet sich schließlich ein Blick rundum. Verwirrend sind seine Zeiger: Die großen zeigen die Stunden und die kleinen die Minuten an!

Vom Uhrturm führt die Fahrstraße, die ursprünglich als Zugang zur Festung und zur »Liesl«, dem Glockenturm, diente, bergab. Vom Karmeliterplatz, dem Ort diverser Events, geht es dann in die Sporgasse. Das 1566 erbaute Palais Saurau verdient einen Blick nach oben: Hier ragt die bemalte Holzfigur eines Türken mit gezücktem Schwert aus einer Luke – zur Erinnerung an die Bedrohung durch die türkischen Reiterscharen.

Durch die Hofgasse führt der Spaziergang zum Franziskanerplatz mit der Statue des Kaiser Franz II./I., zum Schauspielhaus und zur Alten Universität. Die Domkirche gegenüber ließ Kaiser Friedrich III., der Graz zur Residenzstadt ausbaute, im spätgotischen Stil errichten. Der Innenraum dieser mächtigen Kirche hat in all den Jahrhunderten nichts von seiner Feierlichkeit verloren.

## Rund um den Dom

Interessant ist auch die Umgebung des Doms. Von der Kaiserlichen Burg sind zwar nur noch Reste erhalten, ein Besuch lohnt sich aber trotzdem. Zum einen wegen der berühmten gotischen Doppelwendeltreppe im Treppenturm, dann wegen des jüdischen Grabsteins aus dem

14. Jahrhundert im Innenhof, und schließlich wegen der Ehrengalerie im zweiten Burghof, die eine Reihe von Porträtbüsten berühmter Steirer umfasst. Der große bronzene Pfirsichkern des Pischelsdorfer Künstlerpaars Anne und Peter Knoll markiert dort die geografische Mitte der Stadt – ein Kuriosum.

Hinter dem Dom führt ein schmales Gässchen zu dem geradezu florentinisch anmutenden Mausoleum Kaiser Ferdinands II., das als Hauptwerk des Manierismus gilt. Sehenswert ist das Landplagenbild an der Südseite des Doms, ein Fresko, das die drei Plagen Türken, Pest und Heuschrecken darstellt. Es ist einer der ganz großen Kunstschätze des Landes.

Die Burggasse bergab und dann durch die dunkle, romantische Abraham-a-Sancta-Clara-Gasse weiter geht es zum malerischen Glockenspielplatz. Dort öffnen sich jeden Tag um 11, 15 und 18 Uhr im Giebel des Eckhauses zwei Fenster, und ein holzgeschnitztes Steirerpaar dreht sich im Tanz zu alten Volksweisen.

Vom Färberplatz führen Passagen mit hübschen Innenhöfen zur Herrengasse, zu dem Renaissancebau des Landhauses mit seinen prachtvollen Arkadengängen, Sitz des steirischen Landtages. Das Zeughaus nebenan hat seinen ursprünglichen Charakter als mittelalterlicher Magazinbau mit Balkendecken, Holztäfelung und Originalbeleuchtung bewahrt. Es ist eines der ganz wenigen unversehrt erhaltenen Rüsthäuser der Welt, mit Waffenbeständen des 16. und 17. Jahrhunderts – Harnische, Helme, Blank-, Stangen- und Feuerwaffen, insgesamt 29 000 Stück.

Weiter Richtung Mur stehen im Kälbernen Viertel um den Kapaunplatz mittelalterliche Häuser dicht gedrängt. Die Marktstände, die kleinen Läden und Lokale, das alles wirkt, als sei die Zeit stehen geblieben. Diesen Eindruck vermitteln auch die 1520 vollendete Franziskanerkirche und die kleine Jakobskapelle, ein Juwel der Gotik. Und das reizende, enge Franziskanergässchen scheint überhaupt wie mit liebevoller Hand aus Süditalien hierher versetzt.

Wer nach dem Spaziergang eine Rast einlegen will, hat die Qual der Wahl: Die vielen Cafés und Lokale der Altstadt machen Graz zu einem riesigen Schanigarten, zur Genuss-Hauptstadt Österreichs und zu einer in jeder Hinsicht »offenen Stadt« mit mediterranem Flair.

### ECHTE SCHNÄPPCHEN

Ein Besuch der historischen Altstadt ist natürlich kostenlos, gratis WLAN gibt es dazu in der gesamten Innenstadt. Mit ein wenig Kondition und Muskelkraft geht es umsonst auf den Schloßberg. Alle Kirchen mit ihren teils tollen Innenhöfen sind gratis, ebenso wie die Grazer Burg mit der berühmten Doppelwendeltreppe. Vom Kalvarienberg hat man einen tollen Ausblick auf den hinteren Teil des Schloßbergs, und vom sagenumwobenen Hausberg Schöckl genießt man trotz seiner niedrigen Höhe einen einzigartigen Fernblick.

### WEITERE INFORMATIONEN:

www.graz.at
www.austria.info

Das Landeszeughaus, im 17. Jahrhundert als Waffendepot errichtet, beherbergt auch heute noch 32 000 Exponate.

Hoch romantisch: das Untere Tor in die Oberstadt von Bregenz (oben). Die Bar am Fischersteg ist ein beliebter Treffpunkt – besonders an warmen Sommertagen (rechts).

# 26 Berühmter Festspielort – Bregenz

## Die Stadt zwischen Berg und See

**Wie viele Städte, die an einem See liegen, besitzt auch Bregenz seit jeher eine besondere Atmosphäre. Die Landeshauptstadt des »Ländle« liegt auf einem Plateau zu Füßen des 1064 Meter hohen Pfänders, das terrassenförmig zum Ufer des Bodensees abfällt. Schon allein das ist reizvoll. Wirklich berühmt geworden ist sie aber für ihre fulminanten Festspiele. Alles gute Gründe, die hübsche Stadt zu besuchen.**

Die Stadt, die sich in die Ostbucht des Bodensees schmiegt, war ursprünglich ein keltischer Ort. Um 15 v. Chr. fiel er an die Römer, und damit begann der Aufstieg zu einem wichtigen Handelszentrum und Verkehrsknotenpunkt samt Hafen. Das versuchten die neuen Besitzer auch zu schützen. Die Römer umgaben ihr »Brigantium« mit starken Mauern, die 300 Jahre lang standhielten. Dann aber kamen die Alemannen, ließen sich im Gebiet zwischen Rhein, Bodensee und Lech nieder – und blieben. Bis heute, das kann man sogar hören. In Vorarlberg werden alemannische Dialekte gesprochen, mit vielen »sch« und »ä«. Und so gut wie jeder Satz endet mit »oder« – woher das kommt, ist allerdings eine bisher ungeklärte Frage.

### Historische Altstadt

Das im Dreiländereck Deutschland–Schweiz–Österreich gelegene wirtschaftliche und kulturelle Zentrum Bregenz hat eine Ober- und eine Unterstadt. Ein Spaziergang zu Ersterer führt auf dem kopfsteingepflasterten Stadtsteig zu dem wappengeschmückten und mit einem mumifizierten Haifisch als Glücksbringer versehenen Unteren Tor. In der Bregenzer Altstadt scharen sich schöne alte Bürgerhäuser um den wuchtigen Martinsturm. Der Turm mit seiner auffallenden, schindelgedeckten Zwiebelhaube

In der Bregenzer Oberstadt reiht sich ein Altstadt-Juwel an das andere (unten). Die schwimmende Seebühne, übrigens die größte der Welt, ist die Sensation der Stadt (ganz unten). Lichtinstallation von Gerry Ammann am Bodensee in Bregenz (rechte Seite oben). Wasserratten, Sportbegeisterte, Sonnenanbeter und Flanierer, sie alle fühlen sich am Bodensee wohl (rechte Seite unten).

war früher einmal ein Getreidespeicher. Sein Innenleben ist auch heute noch interessant: In seinem Untergeschoss befindet sich die im Kern romanische Martinskapelle, im Obergeschoss gibt ein Museum Einblicke in die Stadtgeschichte, und in der ehemaligen Türmerwohnung werden Sonderausstellungen gezeigt. Ganz oben wartet noch ein besonderes Erlebnis: Von der Aussichtsplattform bietet sich ein herrlicher Blick über die Stadt und den See.

Neben dem Martinsturm gibt es in der hübschen historischen Altstadt, deren verwinkelte Gässchen eine angenehme, heimelige Atmosphäre verströmen, noch einiges zu sehen: den Fachwerkbau des Rathauses, Teile der alten Stadtmauern und das romantische barocke Deuringschlössle am Ehre-Guta-Platz mit dem Montfortbrunnen. Der Platz wurde nach der Bettlerin Guta benannt. Sie soll 1407 zur Zeit der Appenzeller Kriege, als Bregenz von Schweizern belagert wurde, ein Gespräch belauscht haben, in dem die Belagerer den Angriff auf Bregenz planten. Rechtzeitig konnte sie die Verteidiger warnen, und so wurde die Stadt gerettet. Das haben ihr die Bregenzer nie vergessen. Aus Dankbarkeit rief der Stadtwärter jahrelang vom Martinsturm jeden Abend um 19 Uhr »Ehret die Guta« in die Stadt hinaus.

Angenehm ist die Atmosphäre auch in der Unterstadt. Dort ragen zwar vereinzelt weiße Hochhäuser und moderne Bauten hoch, die Fußgängerzone säumen aber Boutiquen, Cafés und nette Lokale. Buntes Treiben herrscht Dienstag und Freitag am Kornmarktplatz, dem früheren Getreidemarkt, beim Wochenmarkt für frisches Obst und Gemüse. Westlich des Hafens, von dem aus im Sommer die schneidige »Weiße Flotte« zu ihren Rundfahrten in See sticht, lädt die von hohen, Schatten spendenden Bäumen gesäumte Uferpromenade mit ihren Cafés zum gemütlichen Flanieren ein. Für den Abend, wenn die Sonne rot am Horizont verschwindet, bieten sich die »Sunset-Stufen« oder die Bar am Fischersteg an, um die wunderbare Atmosphäre des Sees und der umliegenden Berge besonders gut zu genießen.

## Die Festspiele und andere Kulturschätze

Das absolute Highlight von Bregenz ist das Festspiel- und Kongresshaus mit seiner vorgebauten schwimmenden Seebühne, übrigens der größten der Welt. Sie wird jedes Jahr zum Schauplatz für das viel beachtete »Spiel auf dem See« der Bregenzer Festspiele, das mit imposanten Bühnenbildern, hervorragender Akustik und fantastischer Atmosphäre das Publikum bezaubert. Für die 1946 übrigens

auf zwei Kieskähnen im Bregenzer Gondelhafen begründeten Festspiele versammeln sich Jahr für Jahr die besten Sänger, berühmtesten Dirigenten und renommiertesten Orchester am Bodensee. Was das Publikum besonders fasziniert, sind die höchst ausgefallenen Bühnenbilder, die sich wie schwimmend über die Oberfläche des Sees erheben und die von Wellen umspielt werden. *Die Zauberflöte, Turandot, Carmen* und *Rigoletto* waren die großen, viel beachteten Produktionen der jüngeren Vergangenheit.

Auch die zeitgenössische bildende Kunst hat in Bregenz einen spektakulären Rahmen. Im Jahr 1997 wurde in der Unterstadt das von dem Schweizer Architekten Peter Zumthor gestaltete Kunsthaus Bregenz eröffnet. Es ist ein »gläserner Kubus«, ein mit geätzten Glasplatten verhüllter Würfel, in dem sich der See und der Himmel spiegeln. Er reflektiert das Licht wie ein Leuchtkörper immer anders und lässt es auch in die Innenräume einfließen, in denen wechselnde Ausstellungen zu Architektur und Design gezeigt werden – Themen, die gerade in Vorarlberg einen hohen Stellenwert besitzen.

Ein architektonisches Meisterwerk stellt auch das neue vorarlberg museum, der Abschluss der Kulturmeile mit Kunsthaus und Landestheater an der Nordseite des Kornmarktes, dar. Der 2013 eröffnete Neubau vollführt einen Spagat zwischen Vergangenheit und Gegenwart. Für den spektakulären Neubau wurden in den öffentlich zugänglichen Bereichen Materialien wie Eiche, Lehm und Messing verwendet. Das Atrium zieht sich teilweise bis zum Dachgeschoss durch, es besitzt die größte Lehmputzwand Europas mit einer Höhe von 23 Metern. Gezeigt werden 160 000 Objekte zum Thema »Vorarlberg als gewordene und werdende Kulturlandschaft«, Ausgrabungsfunde aus Frühgeschichte und Römerzeit ebenso wie kunsthistorische Kostbarkeiten.

Wer nach den Stadtspaziergängen Stadt und See aus der Vogelperspektive sehen möchte, kann dies am Pfänder tun. Der 1064 Meter hohe Hausberg bietet einen überwältigenden Rundblick über den ganzen Bodensee bis hin zu insgesamt 240 Berggipfeln Österreichs, Deutschlands und der Schweiz. Zu bezwingen ist der Pfänder leicht, nämlich per Kabinenseilschwebebahn. Bei der Bergstation gibt es eine Adlerwarte mit Greifvogel-Flugschau und einen Alpenwildpark, von dort ist es dann nur noch ein Fußweg von fünf Minuten zum Gipfel und zum grandiosen Rundblick.

## ECHTE SCHNÄPPCHEN

Den Pfänder kann man in einer 3,5-stündigen Wanderung gratis erklimmen. Interessant sind auch die kostenlosen Sendemast-Führungen. Wer es einfacher mag, wählt einen Spaziergang an der Seepromenade, flaniert durch die Oberstadt oder besucht die Herz-Jesu-Kirche, die St.-Nepomuk-Kapelle, die Pfarrkirche St. Gallus oder das Kloster Mehrerau. Die Publikumstribüne der Seebühne ist tagsüber frei zugänglich, sodass man jederzeit kostenlos einen Blick auf das spektakuläre Bühnenbild werfen kann. Beim Besuch des Kunsthauses empfiehlt sich ein Kombiticket, mit dem man auch das Vorarlberg Museum entdecken kann. Leckeres gibt's gut und günstig im BAHI – Café & Coworking und im Augustin.

## WEITERE INFORMATIONEN:

www.bregenz.at
www.austria.info

# Europas Süden

## Wanderparadiese, Wein und Meer

Der Weg am Tiber lädt zu einem Spaziergang in den Sonnenuntergang durch Rom (links). Kleine Pariser Cafés laden im Viertel Montmartre zu gemütlichen Pausen ein (rechts oben). Der Wasserfall Cascata do Risco ein beliebtes Wanderziel auf Madeira (rechts unten).

Die berühmte Isola Bella vor der Uferpromenade von Stresa (oben). Abend in den Gassen von Cannobio (rechts oben). Ein barockes Gesamtkunstwerk: der Palazzo Borromeo auf der Isola Bella (rechts unten).

# 27 Zwei Länder, ein See – Lago Maggiore

## Am Rand der Alpen

**Am Lago Maggiore beginnt der Süden, taucht man ein in eine mediterrane Welt: mild das Klima, üppig die Vegetation, optimistisch das Lebensgefühl. Doch das ist nur die eine, die Postkartenansicht des »langen Sees«. Die andere ist sein Hinterland mit Rustici statt Hotelkästen, sterbenden Dörfern, verlassenen Almen und einer ungezähmten Natur.**

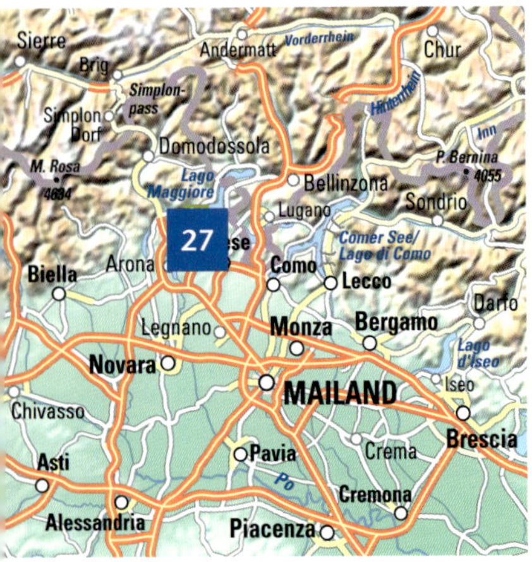


Er hat gleich drei Namen, einen lateinischen (»lacus verbanus«), einen italienischen (Lago Maggiore) und einen deutsch-schweizerischen (Langensee). Groß ist er, »maggiore«, und auch lang, wie die eidgenössischen Eroberer im 15. Jahrhundert gleich erkannten. Rund 170 Kilometer beträgt die Uferlänge, 216 Quadratkilometer groß ist die Wasserfläche, nach heftigen Regenfällen mitunter noch etwas größer, wie man in Locarno weiß, wo die Piazza Grande dann regelmäßig unter Wasser steht. Das nördliche Fünftel des Sees gehört zum Schweizer Kanton Tessin, der Rest zu Italien. Mitten im Wasser verläuft die Grenze zwischen den italienischen Regionen Piemont und Lombardei; am Westufer liegen die beiden größten Städte: Locarno und Verbania, von dem der See seinen alten Namen hat.

### Kontraste am Lago Maggiore

Der große oder lange See ist Alpenwelt und mediterranes Wunder, Bella Italia fast zum Greifen nahe. Eine Welt, über die Hermann Hesse vor bald hundert Jahren schrieb: »Sobald man die Nähe der Hotels und die paar beliebtesten Ausflugsstraßen hinter sich lässt und in das steile, rauhe Bergland eindringt, dann ist man außerhalb Europas und außerhalb der Zeit …« Eine Welt- und Zeitreise am Lago Maggiore? Ja, und dabei ist der Weg von der Uferpromenade

Wallfahrtsort und Ausflugsziel: die Einsiedelei Santa Caterina del Sasso am Ostufer des Lago Maggiore (unten). Augen- und Gaumenschmaus: piemontesische Genüsse (rechts oben). Schifffahrt auf dem Lago Maggiore (rechts unten).

in Verbania bis ins Val Grande, von der hektischen Betriebsamkeit unserer Zeit in die Stille einer weltabgeschiedenen, vom Menschen verlassenen Bergwelt keine 15 Kilometer weit. So ist dieser Landstrich ein kleiner Kosmos, der entdeckt werden will: schlendern am Seeufer, zwischen alten Villen und wunderschönen Parkanlagen, den nostalgischen Charme der Ferienorte erkunden, von dem schon unsere Großeltern träumten, einen sommerlichen Wolkenbruch erleben, der mit seiner Wucht an asiatische Monsunregen denken lässt, das karge Hinterland durchstreifen, per pedes, seine karge Urtümlichkeit spüren und vielleicht sogar den einen oder anderen Gipfel über dem Val Cannobina oder dem Val Grande besteigen. Der Lago Maggiore – eine fast schon exotische Landschaft am Rand der Poebene, an der Südabdachung der Alpen.

## Einwanderer schlagen Wurzeln

Früher galt das Attribut »exotisch« auch für viele Besucher des Sees, die reich, dazu oft extravagant waren, gestern wie heute trifft es auf die bezaubernde Parkflora seiner Ufer zu. Denn die stammt teilweise tatsächlich aus exotischen Regionen. Manche der Kulturpflanzen, wie beispielsweise die Kastanie, kamen mit den Römern hierher. Die Araber brachten Zitronen nach Italien, aus der Türkei stammen der Kirschlorbeer und die Hyazinthen. Um die Mitte des 17. Jahrhunderts wurde die Magnolie am Lago Maggiore heimisch, später dann die Azalee und die Kamelie. Besonders fremdartig wirkt die Araukarie, die ihre Heimat im südlichen Südamerika hat, wogegen die Agave am Lago Maggiore bereits so häufig anzutreffen ist, dass man sie glatt für eine heimische Art (und keine mexikanische) halten könnte.
Reisen ist kein Privileg der Hautevolee mehr, sondern längst demokratisiert und profaner geworden. Selbst in Stresa, dem berühmtesten Urlaubsort am See, tut man sich schwer, etwas vom Glanz vergangener Tage in die Zukunft hinüber zu retten. Was um Locarno und Ascona so (schweizerisch) aufgeräumt daherkommt, hat hier bereits einige Flecken, und südlich von Arona herrscht Tristesse, stehen gesichtslose Neubauten neben Industrieruinen. Reiches Italien – armes Italien!

## Das »insubrische Meer«

Trotzdem: Ein Naturwunder ist dieser See, der weit hinausgreift ins flache Land, darin mit dem Benacus vergleichbar. Allerdings

fehlen ihm die steilen Felsufer des Gardasees; bereits im nördlichsten Teil dominieren die großen Linien, steht Weite vor Enge, was dem Lago Maggiore ja auch die Bezeichnung »insubrisches Meer« eingetragen hat. Im Sommer, wenn die Berge im Panorama hinter einem Dunstschleier verschwinden, ist die Illusion eines offenen Horizonts am stärksten. Insubrisch, abgeleitet von einem Keltenstamm, der vor Beginn unserer Zeitrechnung hier siedelte, steht aber auch für Alpenrandlage, und das bedeutet: große jährliche Niederschlagsmengen (zum Vergleich: Brissago 2133 mm, München 811 mm). Die fallen aber fast nur als Regen, Schnee ist selten, wirkt der See doch im Winter wie ein riesiger Wärmespeicher, im Sommer dafür als Kühlanlage. Dann weht vormittags meist ein sanfter Südwind, die Inverna, während an den Nachmittags- und Abendstunden die Tramontana für Erfrischung sorgt. Im Spätherbst und im Winter ist der Nordföhn ziemlich häufig, ein Gegenstück zu jenem Sausewind, der in München und Luzern für Kopfweh und gesteigerte Aggressivität sorgt. Der Effekt jenseits der Alpen ist der gleiche: Die Berggipfel rücken (scheinbar) näher, es herrscht kristallklare Sicht und der Schnee – falls überhaupt welcher liegt – zieht sich bald in höhere Lagen zurück.

## Ein Kardinal und ein Dichter

Wer den Lago Maggiore wirklich kennenlernen will, muss sein Hinterland erkunden, jene vergessenen Täler und Höhen, fast so unbekannt wie die Rückseite des Mondes. Was für ein Kontrast zu den Parks und Gärten an den Seeufern! Oben am Berg schufteten die Bauern, während sich die Reichen und Mächtigen auf der Isola Bella ein Stelldichein gaben. Die Inseln vor Stresa waren damals Besitz der Borromeo. Berühmtester Spross dieser einflussreichen Familie, die ihre Wurzeln in Mittelitalien hat, war Carlo Borromeo (1538–1584). Er thront heute als 20 Meter hohe Bronzestatue über dem Städtchen Arona; der 1610 heiliggesprochene Kardinal und Erzbischof von Mailand ging in die Geschichte durch seine unversöhnliche, rückwärts gewandte Haltung beim Konzil von Trient ein, wodurch die Glaubensspaltung zementiert wurde.

Vorwärts schaute dagegen ein anderer, dem seine Heimat kein Denkmal errichtete, der aber trotzdem berühmt geworden ist: Dario Fo (1926–2016). Der Schauspieler und Dichter wurde 1997 mit dem Nobelpreis für Literatur ausgezeichnet; dass er sich zeitlebens mit den einfachen Leuten solidarisierte, bewies er auch bei der Preisverleihung: »Die Macht, und zwar jede Macht, fürchtet nichts mehr als das Lachen, das Lächeln und den Spott.«

### GÜNSTIGE TIPPS

Eine preiswerte Unterkunft ist das Ostello Verbania, schon für um die 20 Euro pro Nacht buchbar, ähnlich wie das Hotel Spagna in Arona (das Zwei-Sterne-Haus ist nur wenige Gehminuten vom Aquadventure Park bzw. vom Lago di Varese entfernt). Auf der Suche nach guten Schnäppchenhotels stehen noch andere Optionen offen: Zum Preis von ca. 60 Euro pro Nacht genießt man im Hotel Alpi in Baveno Drei-Sterne-Komfort, und das Boutiquehotel Sirio in Dormelletto ist ein Drei-Sterne-Haus für um die 55 Euro pro Nacht (Preise saisonabhängig). Günstige Sehenswürdigkeiten sind der Verzasca Dam, die Piazza Motta in Ascona (CH), die Piazza Grande und der Kamelienpark in Locarno (CH) oder die Sacromonte e Santuario Madonna del Sasso in Orselina (CH). Günstig(er) Essen kann man in Ascona in der Grotte Baldoria, im Le Bistrot Otello und im La Curt Bandida bzw. in Brissago im Ristorante Pizzeria Portico. Lecker und günstig speist man in Stresa im La Piazetta und im Ristorante Centrale sowie in Verbania / Intra in der La Latteria und in Viggiona bei Usignolo.

### WEITERE INFORMATIONEN:

www.illagomaggiore.it
www.isolelagomaggiore.com

# 28 Rot, gebildet und fett – Bologna

## Eine der schönsten und interessantesten Städte Italiens

**Rossa, dotta e grassa nennen sie ihre Liebhaber, die schöne backsteinerne Stadt: »rossa«, rot, steht für die Ziegeldächer der Bauten aus roten Backsteinen (und für die politische Richtung), »dotta«, gebildet, für die erste Universität des Kontinents und schließlich »grassa«, fett, für den fruchtbaren Boden um sie herum und für die hervorragende, nicht unbedingt leichte Küche.**

Dass es den knapp 376 500 Bolognesi im Großen und Ganzen gut geht, ist der Stadt anzumerken, in Italien zählt man sie daher zu den großen Genießern des Landes. Wer das Zentrum des im Jahr 2000 von der UNESCO zur Kulturhauptstadt erklärten Bologna endlich erreicht hat, staunt nicht schlecht über den mittelalterlichen Charakter, der durch strenge Sanierungskonzepte wundervoll erhalten werden konnte. Und dass es auch bei schlechtem Wetter (oder gleißender Sonne) nicht ungemütlich wirkt, dafür sorgen mehr als 40 Kilometer Bogengänge (»portici«). Auffällig sind die dunkelroten Stoffrollos vor den Fenstern, die grünen, braunen oder grauen Fensterläden und die roten (»rosso bolognese«) oder ockerfarbenen Häuserfronten, wenn sie nicht nacktes Backsteinrot zeigen. Die Zeit weniger gut überdauert hat der bröckelnde Sandsteinschmuck an den meisten Ziegelfassaden. Schuld trug der Smog über Bologna, der mithilfe von autofreien Zonen bereits mit einigem Erfolg bekämpft wird. Freunde Lukullus' lassen sich von Bolognas Restaurants gern verführen, auch wenn die Pastasauce »à la bolognese« nicht jedermanns Geschmack ist! Serviert wird in nüchtern-modernen Hallen oder eng-heimeligen historischen Gebäuden, oft mit begrünten, nach Rosen duftenden Innenhöfen.

Es gibt Reisende, die nur der kulinarischen Genüsse wegen nach Bologna kommen (unten). Der bronzene Neptun ist ein wahrer Hingucker am Rande der Piazza Maggiore (rechts).

Die barocke Wallfahrtskirche Madonna di San Luca lohnt den Aufstieg (oben). Den Palazzo dell' Archiginnasio besucht man meist wegen des spektakulären Anatomischen Saales (unten). Palazzo dei Notai (links im Bild) und Palazzo Comunale (Rathaus und Museum) an der abendlich beleuchteten Piazza Maggiore (rechte Seite oben). Die Basilica Santo Stefano mit Bauten aus dem 12. Jahrhundert (rechte Seite unten).

## Rings um die Piazza Maggiore

Die Regionalhauptstadt der Emilia Romagna lässt sich wunderbar zu Fuß erkunden: Die Altstadt innerhalb des ersten Mauerrings ist fast durchgehend Fußgängerzone, in deren Mitte liegt die von Arkadenbogen eingefasste Piazza Maggiore mit den ältesten Bauten der Stadt. In Erwartung des neuen Jahres versammeln sich die Bolognesi am 31. Dezember ab 22 Uhr auf ihrem Lieblingsplatz zu einem großen Fest, das von der Stadt finanziert wird: Die Glocke des Arrengo-Turmes läutet, wie bei allen Festlichkeiten, die im »Salon« Bolognas gefeiert werden, Sektkorken knallen. Fast die gesamte Südseite der Piazza Maggiore nimmt die wichtigste Kirche der Stadt ein: nicht der Dom, der unauffällig in der Via Indipendenza um die Ecke zu finden ist, sondern San Petronio. An der dreischiffigen Kirche (1390–1673) hat man nicht gespart, große Künstler wie der Toscaner Jacopo della Quercia (Portalskulpturen 1425–1438) und Giovanni da Módena (in der Kapelle des reichen Seidenhändlers Bolognini: die »Reise der drei Könige nach Bethlehem«, vierte Kapelle links, 1420) wurden für die aufwendigste gotische Ausstattung einer Kirche in Italien verpflichtet.

Die gesamte Westseite der Piazza Maggiore nimmt der immense, in den ältesten Teilen festungsgleiche Rathauskomplex des Palazzo Comunale ein, auch Palazzo d'Accursio genannt. Der im 13. und 14. Jh. errichtete Palast mit der bronzenen Statue von Papst Gregor XIII. an der Fassade wurde hervorragend restauriert. Von oben genießt man eine grandiose Aussicht auf die Piazza Maggiore. Das Obergeschoss bildet quasi den musealen Teil des Palastes, hier ist ein bedeutendes Museum untergebracht: die Städtischen Kunstsammlungen. Bolognas »Bauch«, der Mercato di Mezzo, der erste überdachte Markt der Stadt, verbirgt sich nordöstlich der Piazza Maggiore in den Pescherie Vecchie und bietet wunderbar verlockend dekorierte Spezialitätenläden (z. T. mit Imbiss).

## Anatomiesaal der ältesten Universität Europas

Hinter dem Chor von San Petronio erstreckt sich der Palazzo dell'Archiginnasio, in der Renaissance (16. Jh.) errichtet. Ein prachtvoller Gebäudekomplex, in dem die Biblioteca Comunale eingerichtet wurde, eine der großartigsten und umfangreichsten Sammlungen von Handschriften. Der Innenhof ist im Sommer der heimelige Rahmen für »Bologna

sogna« (Bologna träumt): Serenaden und Konzerte im kleinen Rahmen, um die sich die Bologneser reißen. Zwei Treppen führen im Innenhof hinauf: rechts für die »legisti«, die Juristen im Zivilen und Kanonischen Recht, links für die »artisti«, Studenten der schönen Künste. Besucher kommen über die Treppe der »artisti« zum Teatro Anatomico, dem berühmten mit Holz verkleideten Anatomie-Vorlesungssaal (17. Jh.). Von besonderer Eindringlichkeit sind die beiden Holzfiguren rechts und links der Kanzel: enthäutete Menschengestalten, an denen man Muskeln, Sehnen, Nerven erkennen kann.

## Neptun und die schiefen Türme

Nach Norden setzt sich die Piazza Maggiore in der Piazza Nettuno fort, dazwischen steht der hübsche Gebäudekomplex des Palazzo di Rè Enzo (1244–1246), in dem von 1249 bis zu seinem Tod 1272 Renzo, der illegitime Sohn Kaiser Friedrichs II., gefangen gehalten wurde. Davor steht der kraftvolle bronzene »Nettuno« von Giambologna. Er gilt als eines der Wahrzeichen Bolognas.

An der Piazza di Porta Ravegnana erheben sich die beiden schiefen Türme (1109–1119), Bolognas zweites Wahrzeichen. Sie neigen sich aufeinander zu, als suchten sie aneinander Halt. 97,6 Meter hoch ist die Torre Asinelli mit einer Neigung von 2,2 Metern, nur 47 Meter hoch die Torre Garisenda, die sich bereits beim Bau zu neigen begann, weshalb sie nach etwa 200 Jahren gekürzt wurde und jetzt eine Neigung von 3,2 Metern aufweist. Von solchen Geschlechtertürmen soll es in Bologna im Mittelalter an die 500 gegeben haben, heute sind noch weitere 20 im Stadtkern zu sehen. Wer gut zu Fuß ist, kann die Torre Asinelli erklimmen: über 498 Stufen! Lohn ist ein grandioser Rundblick.

## Die heimelige heilige Piazza Santo Stefano

Hinter den schiefen Türmen beginnt an der Piazza della Mercanzia mit dem alten Handelspalast die mittelalterlich-enge Via Santo Stefano, die sich erst an der dreieckigen Piazza Santo Stefano weitet. An jedem zweiten Wochenende findet dort bis weit in die benachbarten Gassen hinein ein gut besuchter Antiquitätenmarkt statt – eine schönere Kulisse hätte man schwerlich finden können: die reich verzierten Renaissancepaläste der wohlhabendsten Senatoren der Stadt und der mehrteilige Kirchenkomplex von Santo Stefano. Seit alters her ist dies der heilige Platz Bolognas.

In der Antike stand hier ein Tempel der Göttin Isis, heute besteht der Bereich aus fünf Kirchen, durch die man sich einen ruhigen Gang gönnen sollte. Zum Ausruhen und Abschiednehmen locken nebenan die Caffès des Corte Isolani.

Mehrere Kooperativen aus Denkmalpflegern, Architekten und Geldgebern haben sich in den letzten Jahren in Bologna gebildet, die sich um historische Bausubstanz kümmern und etwa die »corti«, Innenhöfe von Wohnblöcken, miteinander zu Passagen verbinden. Ein besonders schönes Beispiel ist dieser Corte Isolani, der sich hinter dem Palazzo Bolognini an der Piazza Santo Stefano versteckt.

### ECHTE SCHNÄPPCHEN

Bologna erreicht man günstig per Flixbus oder mit der Deutschen Bahn. Mit den Free-Walking-Tours der TourScanner kann man das Beste der Stadt besichtigen. Ein Besuch im Kircheninnenraum der Basilika San Petronio ist gratis. Ausgewählte Bereiche im Palazzo dell'Archiginnasio sind frei zugänglich wie der Innenhof und das Treppenhaus samt Gängen. Kostenfrei ist natürlich ein Spaziergang durch das Stadtviertel Quadrilatero und durch die wunderbaren Arcaden. Noch frei zugänglich ist die Basilica Santo Stefano. Für die günstige Kaffeepause geht's ins Caffè Terzi und zum günstigen Essen ins Sfoglia Rina.

### WEITERE INFORMATIONEN

Welcome Bologna: Piazza Maggiore 1,
Tel. 051/647 21 13
www.bolognawelcome.com

# 29 Metropole mit 3000 Jahren Geschichte – Rom

## … und ewig lockt die Stadt

**»Caput mundi«, »Haupt der katholischen Kirche«, »Stadt der sieben Hügel«, »Ewige Stadt«: Rom trägt viele Namen – zu Recht. Denn die Fülle einzigartiger Kunstschätze aus 3000 Jahren Geschichte, ihre Bedeutung als Zentrum der katholischen Kirche und das rege Leben sowie die unvergleichliche Atmosphäre in Straßen, Gassen und Plätzen macht die Stadt zu einer der faszinierendsten Metropolen der Welt.**

Rom, die »Ewige Stadt«, zieht Besucher aus aller Welt in ihren Bann und hinterlässt tiefgreifende Eindrücke – für alle Zeiten. Kaum eine andere Metropole kann sich rühmen, schon seit Jahrhunderten magischer Anziehungspunkt für Besucher aus aller Welt zu sein. Ob an Kunst, Kultur oder Geschichte Interessierte, ob Pilger oder Klerus, ob Liebhaber der römischen Lebensart. Sie alle kamen und kommen in die Tiberstadt, um Geschichte zu sehen und zu fühlen, wie es sonst auf der Welt – an einem einzigen Ort vereint – kaum möglich ist. Wie einst dem Dichterfürsten Goethe ergeht es vielen Besuchern heute: Der erste Kontakt mit greifbarem Altertum bleibt unvergessen, haben doch sämtliche Epochen der Antike faszinierende Bauwerke und einzigartige Artefakte hinterlassen. Verschieden gut erhalten, erzählen sie immer ihre ureigene Geschichte. Auch wenn vom Rom der Etrusker nur karge Spuren über die Jahrhunderte gekommen sind, so hinterließ das rätselhafte Volk mit den dunklen Wurzeln ausgerechnet ein Bauwerk, das bemerkenswerterweise bis zum heutigen Tag gemäß seiner ursprünglichen Bestimmung genutzt wird: die Cloaca Maxima, das unversehrte Abwassersystem. Weitere Zeugnisse sind viel kleinerer Natur: Schmuck, Bronzen,

Der Ponte Fabricio führt über den Tiber ins einstige jüdische Ghetto (unten). Die prächtigen Mosaiken der gotischen Santa Maria Maggiore erinnern an Byzanz (rechts).

XYSTVS EPISCOPVS PLEBIDEI

Die Caracalla-Thermen dienen im Sommer als Opernkulisse (oben). Berninis Fontana dei Quattro Fiumi auf der Piazza Navona (unten). Wie ein Blick in eine andere Zeit: der Hinterhof Arco degli Acetari in der Nähe des Palazzo Cancelleria (rechts oben). Beliebte Tour: mit der Vespa auf den Gianicolo (rechts unten).

Begräbnisutensilien, Tonsarkophage oder Büsten – alles zu sehen in der Villa Giulia. Schönste Bauten aus der römischen Republik, die bis zur Ermordung von Julius Cäsar 44 v. Chr. dauerte, sind die beiden entzückenden Tempel auf dem Foro Boarium, während der Ponte Fabricio von den Fußgängern noch heute als Brücke über den Tiber genutzt wird.

## Das Goldene Kaiserreich

Die beeindruckendsten Zeugen der Antike stammen aus der imperialen Ära der Stadt, die mit Kaiser Augustus 27 v. Chr. ihren Anfang nahm. In dieser glanzvollen Zeit bis zur Teilung des Reiches in Ost- und Westrom entwickelten die Herrscher der verschiedenen Dynastien eine wahre Bauwut: Ergebnis ist auch der gewaltige und weltweit einzigartige Pantheon-Rundtempel, das wohl am besten erhaltene Bauwerk der Antike – beauftragt von Kaiser Hadrian, dem Erbauer der Engelsburg, einem anderen Wahrzeichen Roms. Der größte antike Bau, den es bis heute zu bestaunen gibt, das Kolosseum, entstand unter Kaiser Vespasian, während das Forum Romanum, das politische, gesellschaftliche und wirtschaftliche Herz der Metropole, von verschiedenen Kaisern beständig erweitert wurde, wie auch die Kaiserforen und die faszinierenden Trajansmärkte.

## Eine neue Ära

Doch all die Pracht der Tempel und die Machtdemonstration der Siegestore halfen nicht, denn Rom war ein anderes Schicksal beschieden. Das Christentum hielt Einzug und läutete eine neue Ära ein, durch Kaiser Konstantin den Großen und dessen Sieg an der Milvischen Brücke über den Usurpator Maxentius, der noch den alten Göttern huldigte. Konstantin, der sich mit dem Konstantinsbogen verewigte, besann sich durch eine Traumvision eines Besseren und zog mit dem christlichen Kreuz auf den Standarten in die Schlacht – es ist die erste, die im Zeichen des christlichen Herrn geschlagen wurde. Diesem Sieg ist zu verdanken, dass das Christentum bald schon zur Staatsreligion und Rom das neue Zentrum des neuen Glaubens wurde. Kirchen über Kirchen wurden zu Ehren des einzig wahrhaftigen Gottes erschaffen. Sie nur annähernd aufzuzählen ist kaum möglich, heißt es doch, Rom habe mehr Kirchen als das Jahr Tage. Pflicht sind auf jeden Fall die sieben großen Basiliken, darunter allen voran natürlich Sankt Peter, der Nabel der katholischen Welt, heute nur noch zweitgrößte

Kirche der Welt; dann Roms Bischofskirche San Giovanni in Laterano, San Paolo fuori le Mura im byzantinischen Stil und das Gotik-Juwel Santa Maria Maggiore.

### Weltberühmte Kunstgalerien und Antikensammlungen

Wem jetzt noch nicht der Kopf schwirrt, der besucht noch Roms Museen, die zu den bestbestückten der Welt zählen. Die Auswahl ist überreich: Allein schon die Fülle der Vatikanischen Sammlungen einigermaßen zu bewältigen, bräuchte wohl Wochen und Monate – die Sixtinische Kapelle und die Stanzen des Raffael noch nicht eingerechnet –, ganz zu schweigen vom Besuch der weltberühmten Kunstgalerien Spada, Doria Pamphili, Borghese, Venezia und Barberini, und die Antikensammlungen Villa Giulia, das Kapitolinische und das Römische Museum. »Qual der Wahl«, so müsste der Wahlspruch der Stadt heißen, die zwingt, klare Schwerpunkte zu setzen – oder zurückzukommen. Für diesen Fall sollte man sicherheitshalber eine Münze in den berühmtesten Brunnen der Welt werfen, die Fontana di Trevi, ganz wie es der Brauch verlangt. Für uns das Sinnbild des sinnlichen Roms, verdienten die monumentalen Wasserspiele kurioserweise kaum die Aufmerksamkeit von Dichterfürst Goethe. Dem schien das Ganze zu überladen, wie im Übrigen die Bauten des Mittelalters, der Renaissance und des Barock ganz im Allgemeinen.

### Römisches Leben

Viel lieber nahm Goethe am römischen Leben teil, das er wiederum in all seiner Üppigkeit aufs Höchste schätzte. Er saß auf der schon damals von Fremden sehr frequentierten Piazza Navona mit dem herrlichen Vier-Ströme-Brunnen, trank dort vielleicht seinen Espresso, wie er es auch gern im berühmten »Caffé Greco« tat, das nur fünf Minuten von seiner Wohnung nahe der Piazza del Popolo entfernt lag, wo er auch täglich alle Facetten des römischen Lebens ausgiebig studieren konnte.

Heute ist die Gegend eher bekannt für Luxus-Shopping, allen voran die hochpreisige Via Condotti, die Stichstraße, die zur berühmten Spanischen Treppe führt, Roms vielleicht beliebtestem Fotomotiv. Von so viel Kultur entspannen lässt es sich perfekt in dem einen oder anderen Stadtteil, der nicht so zentral liegt. Authentische Trattorie und Ostarie zuhauf gibt es rund um den Campo de' Fiori, im Trastevere und in erst in neuerer Zeit erschlossenen Vierteln wie dem Testaccio – einst ein antiker Müllberg – oder im studentisch geprägten San Lorenzo, wo die Preise noch moderat sind. Hier befinden sich auch die angesagten Clubs und Diskotheken – wenn man nach einer langen Sightseeingtour noch dazu fähig sein sollte. Wie man sieht, bleibt einem nichts anderes übrig als zurückzukehren, nach Rom, in die »Ewige Stadt«.

### ECHTE SCHNÄPPCHEN

In den Wintermonaten sind Reisen nach Rom am günstigsten, bequem per Schlafwagen des Nachtzugs. Jeden ersten Sonntag im Monat ist der Eintritt ins Kolosseum kostenlos, und an jedem letzten Sonntag des Monats kann man von 9–14 Uhr (außer Ostern, 29. Juni und Weihnachten) gratis in die Sixtinische Kapelle und in die vatikanischen Museen. Frei zugänglich sind u. a. Petersplatz und Petersdom, die Brücken über den Tiber, die Kirchen, die Spanische Treppe und das Pantheon. Gratis geht es auch in die Villa Borghese, ins Palazzo Venezia, in die Nationalgalerie und in viele Museen wie das Nationalmuseum. Über die Via dei Fori Imperiali in Richtung Kolosseum kann man das Forum Romanum fast so sehen, als wäre man drin. Einen tollen Gratis-Ausblick gibt's von den Terrassen des Pincio. Für den Durst kann man die vielen Trinkwasserbrunnen nutzen, die sehr gutes Wasser bieten. Und günstiger als Bier ist in Rom der Wein.

### WEITERE INFORMATIONEN

www.turismoroma.it

**Roma Archeologia Card:**
www.rome.info/museums/cards

**Roller- und Fahrradverleih:**
www.bicibaci.com/de

# 30 Sehen und sterben? – Neapel

## Im Schatten eines Vulkans lebt es sich bewusster

**Wer unter der ständigen Bedrohung eines Vulkanausbruchs lebt, hat eine andere Einstellung zum Leben, genießt eher jeden Tag mit allem, was er bringen mag – behaupten manche Neapolitaner. Reisende sollten sich vor allem in Acht nehmen vor Taschendieben, Neapel dennoch keinesfalls aus dem Programm streichen, sondern einfach noch besser auf Kamera, Papiere und Geldbörse aufpassen!**

Den stärksten Eindruck von Neapel, mit knapp einer Million Einwohnern die drittgrößte Stadt Italiens, gewinnt man vom Hausberg Vomero aus. Man schaut auf ein überraschend geordnetes historisches Zentrum (und auf das Meer hinaus), was aber ganz einfach zu erklären ist: Die schon griechische Siedlung (um 800 v. Chr.) wurde unter Roms Herrschaft wie üblich ordentlich eingeteilt, in gleich drei parallel zum Meer angeordnete »decumani« und dazu quer verlaufende »cardini«. Heute ist das pochende Herz Neapels – griechisch Nea Polis, neue Stadt, im Kern hauptsächlich vom blumigeren spanischen Barock geprägt. Und wurde 1995 als Ganzes in das Weltkulturerbe der UNESCO aufgenommen.

Doch nicht nur Griechen und Römer hinterließen ihre Spuren. Unter anderen waren die Staufer hier, Friedrich II. ließ die Stadtmauer erneuern und die Universität schon 1224 gründen, Karl von Anjou machte der Stauferkrone 1268 ein Ende, 1442 wiederum eroberte Alfons von Aragon die Stadt und legte sie mit Sizilien zum Königreich Neapel zusammen. Knapp 100 Jahre später entstanden wegen der immer größer werdenden spanischen Bevölkerung (Soldaten und ihre Familien) die Quartieri Spagnoli, die spanischen Viertel zu Füßen des Vomero.

Neapel klotzt geradezu mit großartigen Palästen und großen Plätzen wie der Piazza Plebiscito vor dem früheren Königspalast (unten). Die Eisen-Glas-Konstruktion der Galleria Umberto I (1887–1890) ist kreuzförmig angelegt, ihre Glaskuppel ist 60 Meter hoch (rechts).

Hübsch ist das Renaissance-Tor des Castel Maschio Angioino (oben). Nordwestlich von Neapel liegt die Höhle der Sibylle von Cumae (unten). Nicht nur von Pizza verstehen die Neapolitaner viel, auch von anderen kulinarischen Genüssen (rechte Seite oben). Junge Straßenkünstlerinnen geben ein kleines Konzert (rechte Seite unten).

Den Habsburgern folgten die Bourbonen und 1806 setzte Napoleon seinen Schwager Murat als Vizekönig ein, der bereits 1815 durch den Wiener Kongress abgesetzt wurde, der das Königreich beider Sizilien wiederherstellte. Dem machten erst die Truppen Garibaldis 1860 ein Ende. Im Zweiten Weltkrieg von den Alliierten bombardiert – danach begann das anstrengende Zeitalter der Camorra, auch im 21. Jahrhundert gilt sie als der größte Arbeitgeber in Neapel, das ein wichtiger Warenumschlagplatz für Süditalien ist und ein Verkehrsknotenpunkt, auch aufs Meer, zu den vorgelagerten Inseln.

## Spaccanapoli – wie mit dem Lineal gezogen

Vom Vomero also erkennt man vor allem das am nächsten am Meer gelegene »decumanus«, hier Spaccanapoli genannt, weil es die Altstadt wirklich wie mit dem Lineal durchschneidet. Diese lange Straße verläuft geradlinig vom sogenannten spanischen Viertel am Fuß des Vomero-Hügels bis zum Stadtteil Forcella mitten durch das historische Zentrum und trägt offiziell mehrere Namen.
Das ist, weil von den meisten Touristen aufgesucht, auch die bei Taschendieben besonders beliebte Ecke – also aufpassen! Aber es lohnt sich. Wer hier die Spaccanapoli entlangschlendert und die engen Seitengassen mit einbezieht, hat echte Neapel-Luft und Atmosphäre eingeatmet; schaut in die Innenhöfe der alten Wohnblocks voller Leben mit hängender Wäsche, Fahrrädern und spielenden Kindern; und passiert manche Sehenswürdigkeit wie den liegenden Nilgott mittendrin.

## »Duftende« Keramik und die Gasse der Krippenbauer

Ein guter Startpunkt ist die hohe verspielte Rokoko-Säule der Immaculata, der Unbefleckten Empfängnis (1747–1750) auf dem Platz vor der Jesuitenkirche Gesù Nuovo mit ihrer auffälligen Fassade aus dunklen Diamantquadern, die früher einen Palast aus dem 15. Jahrhundert schmückte, aus dem sie entstand. Doch das Highlight ganz in der Nähe ist der Klosterkomplex Santa Chiara mit der Grabkirche für Robert von Anjou (1310). Den Kreuzgang zieren bunte Keramikbänke in amalfitanischer Manier – mit mythologischen und ländlichen Szenen und Zitronen, die so leuchten und echt wirken, als würden sie duften ...
Links führt die Via San Gregorio Armeno in eine malerische Gasse, in der sich die berühmten

Krippenbauer Neapels versammelt haben, die Pastorai. Vorsicht Krippen-Fans! Da kann man ordentlich viel Geld ausgeben, denn nirgendwo wird man schönere Krippenfiguren finden. Schließlich gelten die neapolitanischen Krippen als die fantasievollsten, bewegtesten, typischsten.

## Einer Theaterkulisse gleich – vom Molo Beverello stadteinwärts

Vom Molo Beverello vor dem eigentlichen Hafen aus beginnt eine geradezu theatralische Folge wichtiger Bauten der Stadt. Als Beschützerin erhebt sich gleich die grandiose Festung Castel Nuovo oder auch Maschio Angioino genannt, die seit ihrem Baubeginn 1279 mehrfach umgebaut wurde. Besonders hübsch ist das Renaissance-Tor, das zwischen zwei der insgesamt fünf wuchtigen Rundtürme hineingedrückt zu sein scheint. Darin anschauen sollte man sich mindestens zwei Dinge: die Sala dei Baroni mit einem wundervollen Sternenhimmel und die Cappella Palatina mit Skulpturen und Malerei des 14. und 15. Jahrhunderts.

Das königliche Schloss, Palazzo Reale (17./18. Jh.), der frühere Sitz der Bourbonen ein Stück weiter südwestlich, wirkt wie ein Vorhang für die große, halbrunde Piazza del Plebiscito davor, die mit der klassizistischen Basilica Reale San Francesco di Paola (1817–1846) abschließt. Innen kann man sich selber recht königlich fühlen auf der Prunktreppe von 1651, die zu opulent eingerichteten Apartments führt. Im Piano Nobile befinden sich auch der Thronsaal, die Hofkapelle und das Hoftheater.

Aber das wirklich wichtige Theater liegt quasi in einem Anbau, das Teatro San Carlo (1737), das zu den bedeutendsten Italiens gehört und als ältestes Opernhaus der Welt gilt, obwohl es nach einem Brand 1816 völlig neu aufgebaut werden musste. 3000 Zuschauer finden Platz im rotplüschigen Opernsaal mit den vergoldeten Logen, wo schon der Neapolitaner Enrico Caruso (1873–1921) debütierte. Es gibt interessante Führungen durch das San Carlo.

Tritt man aus dem Theater heraus, stolpert man quasi in die großartige Galleria Umberto I mit ihren Glas-Eisen-Konstruktionen von 1887 bis 1890. Kreuzförmig angelegt, im Kreuzpunkt eine 60 Meter hohe Glaskuppel. Bunter Marmorboden, edle Geschäfte und ein einladender Ort zum Entspannen nach einem vielleicht anstrengenden Stadtbummel. Ein Caffè mit Tischen »im Freien«, also unter Dach, gibt es ja. Schließlich gibt es in Neapel den wohlschmeckendsten »caffè« überhaupt!

## Santa Lucia ...

Das Hafenviertel Santa Lucia im südlicheren Bereich der Altstadt sollte man sich für den Schluss aufheben, denn in seinem Borgo Marinari der Fischer und Seeleute zu Füßen des trutzigen Castel dell'Ovo den Tag ausklingen zu lassen ist eine besonders gute Idee. Das ist schon lange das In-Viertel, die Ausgehszene mit Lokalen verschiedenster Couleur. Im Sommer locken Gartenrestaurants, in denen abends bei Kerzenlicht köstliche Fischgerichte serviert werden und dazu Neapolitaner herzzerreißende, sehnsuchtsvolle Lieder zu Gitarrenklängen singen.

### ECHTE SCHNÄPPCHEN

Ab Wien kommt man mit dem Flugzeug um die 30 Euro hin und zurück inklusive (kleinem) Handgepäck. Vom Aeroporto di Napoli-Capodichino kommt man für 5 Euro pro Strecke mit dem häufig verkehrenden Alibus in die Stadt. Zentral und zum fairen Preis schläft und frühstückt man im Hotel Nunù. Das Belvedere San Martino bietet gratis einen grandiosen Blick über die gesamte Stadt bis hin zum Vesuv. In der L'Antica Pizza da Michele gibt es leckere Pizza für ca. 5 Euro und im La Forcella den Aperol Spritz für ca. 1 Euro. Ansonsten bietet die Stadt jeden ersten Sonntag im Monat Gratiseintritt in alle Museen. Tolle Graffiti- und Street-Art-Werke finden sich gratis entlang der Zugstrecke der Circumvesuviana von Neapel nach Pompei. Tarife je nach Strecke ab 4,90 Euro (z. B. Neapel nach Sorrent).

### WEITERE INFORMATIONEN

Info Turismo Napoli:
www.infoturismonapoli.it
Mit einem Tagesticket für den Hop-On/Hop-Off-Bus kann man Neapel auf eigene Faust erkunden, indem man den Panoramabus mit offenem Verdeck, der drei verschiedene Routen zu allen wichtigen Sehenswürdigkeiten abfährt, benutzt.

Einer Theaterkulisse gleich umgeben Lecces Domplatz reich geschmückte Paläste (oben). Heimische Künstler sorgten für eine Opulenz, die in Italien ihresgleichen sucht: so die üppige Stuckatur der Barockfassade der Chiesa Santa Croce (rechts unten), oder das Fußbodenmosaik in Otrantos normannischem Dom (rechts oben).

# 31 Hauptstadt des Barock – Lecce

## Architekturkulisse ganz eigener Prägung

**Manch Kunsthistoriker der vergangenen Jahrhunderte war der Überzeugung, es entstünde die schönste Straße der Welt, stellte man alle Kirchen Lecces in einer Reihe auf. Die jubelnde Barockkunst an den Fassaden von Kirchen und Palazzi, Elegien steingewordener Engel und Heiliger, Früchte und Blüten, verleiht der Stadt eine einzigartige Pracht und Eleganz, die ihresgleichen sucht.**

Die außerordentliche Schönheit von Lecces Kirchen und herrschaftlichen Wohnsitzen zieht Besucher zuhauf an. Ganz zu Recht, denn Lecce ist nicht nur die bedeutendste Kunststadt der Region Salento, sie verdient auch einen Platz weit vorn in der Reihe der Hauptstädte des Barock. Dieser Kunststil hat hier eine unvergleichliche Originalität und Vielfalt erreicht. Er ist dem großen Geschick einheimischer Architekten, Steinmetze und Bildhauer zu verdanken, die Bauten von überraschender Opulenz schufen und den weichen und relativ leicht zu bearbeitenden rosafarbenen Stein aus den in der Umgebung gelegenen Steinbrüchen in faszinierende Kunstwerke verwandelten. Einst wichtige römische Siedlung, deren Amphitheater heute noch durch monumentale Ruinen am Hauptplatz, der Piazza Sant'Oronzo, beeindrucken, verlor Lecce seine Vorherrschaft an Otranto, als dieses sich zum wichtigsten Hafen Italiens entwickelte.

Neuen Aufschwung erlebte die Stadt dann unter der Herrschaft der Normannen, Staufer, Aragonier, Habsburger und Bourbonen, als Lecce mehr und mehr zum Handelsstützpunkt ausgebaut wurde. In jener Zeit steten Wachstums blühte der charakteristische Baustil auf: der sogenannte »Barocco leccese«, der die Stadt mit Bauwerken von hohem künstlerischen Wert bereicherte. Ein Rundgang durch die Straßen

und Gassen bietet wundervolle Blicke: die überwältigende Üppigkeit der Prunkfassade von Santa Croce, die harmonisch kombinierten Stile der Chiesa dei Santi Niccolò e Cataldo, das Schloss von Kaiser Karl V. und allem voran die raffiniert komponierte Szenerie des Kathedralenplatzes, dem künstlerischen Herzstück der Stadt.

## Eine Barockkulisse von effektvoller Wirkung

Von der prächtigen Chiesa dei Teatini mit ihrer kolossalen Portalstatue der Heiligen Irene über den Corso Vittorio Emanuele kommend, erreicht man die sogenannten Propyläen, durch die man den Kathedralenplatz betritt, eine von verschiedenen Gebäuden eingeschlossene Piazza, die wie eine effektvolle Theaterkulisse wirkt. Der von Giuseppe Zimbalo entworfene fünfstöckige Domturm aus dem 17. Jahrhundert beherrscht den Platz, und während die Hauptfront der Kathedrale von strenger Schlichtheit ist, ließ Zimbalo seiner Fantasie freien Lauf, als er den barocken Schmuck der Seitenfassade entwarf, um eine angemessene dramatische Wirkung zu erzielen. Die Kirche grenzt rechts an den Bischofspalast des 15. Jahrhunderts, der vor allem durch eine elegante Loggia im ersten Stock prunkt. Die andere Seite des großen Platzes ist vom Palazzo del Seminario abgeschlossen, ein am Anfang des 18. Jahrhundert fertiggestellter Bau, den lange Reihen von Fenstern auf jeder der zwei Stockwerke zieren, während eine dreibogige Loggia das prächtige Portal überblickt.

## Zeugnisse üppiger Steinhauerkunst

Das eindrucksvollste Beispiel des Barock und für viele Besucher Höhepunkt der Stadtbesichtigung ist die wundervolle Chiesa Santa Croce neben dem Palazzo dei Celestini (heute Palazzo del Governo) mit seiner imponierenden Fassade aus Bossenquadern und Lisenen, die beide zusammen eine atemberaubende architektonische Flucht üppiger Steinhauerkunst bilden. Und wieder war es Zimbalo, der die Arbeiten vollendete: eine Fassade, die in zwei Ebenen geteilt und von einem großen Giebel gekrönt ist, dessen unterer Bereich von sechs Halbsäulen und drei Portalen mit herrlichen Fensterrosen untergliedert wird. Ein großer Balkon indes markiert die Grenze zwischen oberem und unterem Bereich: Er ruht auf 13 Karyatiden, die groteske Figuren, Allegorien und mystische Tiere darstellen.

## ECHTE SCHNÄPPCHEN

Lecce erreicht man günstig per Flixbus. Dort liegt und steht dann das offen vor einem, was es wert ist, gesehen zu werden: Die meisten Sehenswürdigkeiten, wie die vielen Kirchen, haben tagsüber auch zu Siesta-Zeiten geöffnet, und der Eintritt ist meist frei. Die Stadttore sind alle frei zugänglich. Verschiedene Innenhöfe, riesige Mauern und weitere Überbleibsel sind in dem überwiegend frei zugänglichen Areal des Castellos zu besichtigen. Eine besonders schöne Straße zum Flanieren ist die Via Giuseppe Libertini. Gut und recht günstig essen kann man in Bars, Osterias und Trattorias, speziell im Il Ritrovo. Wunderbare italienische Hausmannskost findet man im Mezzo Quinto Cibo di Strada. Günstiges und leckeres italienisches Fast-Food gibt's im Prendici Gusto und tolles Eis im Baldo Gelato. Fantastische und günstigere Sandwiches findet man in der Porcaria – Il Panino Gourmet.

## WEITERE INFORMATIONEN

www.nelsalento.de/lecce
www.nelsalento.de/otranto
Kathedrale Otrano: tägl. 7–12 Uhr und 15–19 Uhr (Juni–Sept.);
7–12 Uhr und 15–17 Uhr (Okt.–Mai)

Auf der Île de la Cité steht die Kathedrale Notre-Dame (oben). Nachts erstrahlt der Arc de Triomphe (rechte Seite).

# 32 Mon Amour – Paris

## Eine Stadt, die einfach guttut

**Wer Paris kennenlernen will, sollte sich einfach treiben lassen. So kommt man am besten den vielen Geheimnissen dieser Metropole auf die Spur, von denen es sich herrlich in einem der zahllosen Cafés, Bistros oder Brasserien träumen lässt. Notre-Dame oder Louvre, Montmartre oder Marais – Museum oder Einkaufstempel, Rue du Faubourg Saint Honoré oder Rue di Rivoli? Die Auswahl ist unendlich. Schnell stellt man fest: Paris ist mehr als eine Reise wert!**

Mit einem Baguette, dick mit Schinken, Ei, Käse und Tomaten belegt, auf einer Parkbank in den Tuilerien sitzen, sich mit einem süßen Crêpe nach dem Besuch des Centre Pompidou stärken, voller Stolz eine kleine Papiertasche mit dem berühmten Logo aus zwei ineinander verschlungenen »C« tragen, sich die kleinen Zwischenstopps in den unzähligen Straßencafés mit leckeren *cafés au lait* und *cafés crèmes* versüßen, dazu ein *macaron* – oder zwei … und sich freuen auf ein vorzügliches Essen in einem der Bistros, Brasserien und Restaurants. Auch wenn man eigentlich nach Paris gekommen ist, um Sightseeing zu betreiben, um die Sehenswürdigkeiten zu erkunden und Museen zu besuchen, so hat man doch bald mit fliegenden Fahnen eine Lieblingsbeschäftigung der Pariser übernommen: einfach dasitzen, der Welt zusehen, essen, trinken, reden. Und schnell stellt man dabei fest: Paris tut gut. Wer schnell von A nach B möchte, findet stets eine Metrostation in der Nähe. Die Fahrt in der Pariser U-Bahn ist preiswert und ihr Netz übersichtlich. Oder Sie mieten sich im Sommer ganz eines der elektronisch gesicherten Fahrräder, die an allen wichtigen Plätzen stehen. Darüber hinaus gibt es Taxis, Busse und die berühmten Ausflugsboote auf der Seine.

### Auf Modemeilen bummeln

Egal, in welche Richtung man auf den Champs-Élysées spaziert, man ist auf jeden Fall beeindruckt. Wo am westlichen Ende der Prachtavenue der 50 Meter hohe Arc de Triomphe steht, führen zwölf Avenuen sternförmig in alle Richtungen. Auf der Avenue Hoche gelangt

man nicht nur zum Parc Manceau, sondern auch in die Rue du Faubourg Saint Honoré. Sie ist die führende Modemeile in Paris. Den Blick in die Läden der Haute Couture wird frau sich nicht nehmen lassen, wobei auch die Herren gerne den einen oder anderen Blick riskieren und sich mit auf den Weg machen zu den angesagten Designern in der Avenue Montaigne, rund um die Place des Victoires oder im Szeneviertel Saint-German-des-Prés. Wer prachtvolle Geschmeide, wertvolle Pretiosen und dicke Klunker, liebt, ist zwischen der Oper und der Place Vendôme bestens aufgehoben.

## Auf den Spuren der Geschichte

Das ist das moderne Paris, das Herz der Stadt schlägt jedoch dort, wo alles seinen Anfang genommen hat: auf der Île de la Cité. Auf der schiffsförmigen Insel in der Seine schlendern Sie durch eine 2000 Jahre während Stadtgeschichte. Hier ließen sich im 3. Jahrhundert v. Chr. gallische Seeleute und Fischer nieder und besiedelten zunächst das linke, dann das rechte Ufer des Flusses. Der Name »Paris« leitet sich von den Siedlern ab, die dem Stamm der Parisier angehörten.

Auf die Île de la Cité führen mehrere Brücken, am bekanntesten ist jedoch wohl der Pont Neuf. Der Name ist irreführend, denn neu ist die Brücke beileibe nicht – ganz im Gegenteil. Für diese älteste Brücke der Stadt legte Heinrich III. bereits 1578 den Grundstein, im Jahr 1607 wurde sie eingeweiht. Am Quai de l'Horloge befindet sich der Eingang zur Conciergerie, die von 1391 bis 1914 als Gefängnis diente und jetzt Teil des riesigen Palais de Justice ist. Zur Zeit der Französischen Revolution warteten hier mehr als 4000 Gefangene auf ihre Hinrichtung, unter ihnen Marie-Antoinette und Maximilien de Robespierre, den schließlich seine eigene Revolution auffraß. In der gotischen Salle des Gens d'Armes waren die königlichen Garden untergebracht. Die bedrückende Atmosphäre, die der Kerker und die winzige Zelle von Marie-Antoinette verströmen, kann man noch heute in der Conciergerie verspüren. Der mächtige Justizpalast entstand aus der ehemaligen Burg der Merowinger, die später zu einem Königssitz ausgebaut wurde. Sie blieb auch noch offizielle Residenz, als der Alte Louvre bereits gebaut war. Der größte Teil des Justizpalastes, in dem heute verschiedene Gerichtshöfe tagen, entstand um 1900. Und hier finden Sie auch »das Tor zum Himmel«, wie die Sainte-Chapelle, die Heilige Kapelle, genannt wird. Die zweigeschossige Schlosskirche fasziniert den Besucher mit der Leuchtkraft ihrer 15 Buntglasfenster. Lediglich gute sechs Meter hoch ist das Gewölbe der Unterkapelle, war sie doch auch »nur« für die

Die Conciergerie auf der Île de la Cité (unten links). Für die Freiheit Frankreichs setzte sich Jeanne d'Arc (unten rechts) ein, für das leibliche Wohl sorgt die junge Dame in der Passage des Panoramas (rechte Seite oben links). Für einen *café au lait* oder einen *café crème* in der ältesten Bäckerei von Paris, La Maison Stohrer in der Rue de Montorgueil 2 ist immer Zeit (rechte Seite oben rechts).

Palastbediensteten bestimmt, die im diffusen Zwielicht beten konnten. Über eine schmale Wendeltreppe erreicht man die 20 Meter hohe Oberkapelle, die der königlichen Familie vorbehalten war. Ihre Luftigkeit verdankt sie den schlanken Strebepfeilern, den breiten Fenstern und der sternenübersäten Decke. Über 1000 biblische Szenen werden hier bildnerisch nacherzählt.

Vorbei am Marché aux Fleurs et Oiseaux und dem Hôtel-Dieu kommt man über die Rue d'Arcole zur Kathedrale Notre-Dame. Unter dem Vorplatz liegen die Überreste von 2000 Jahre alten Gebäuden, die man besichtigen kann. Schauen Sie auf den Boden, wenn Sie auf die Kathedrale zugehen, und suchen Sie den Point Zéro. An Frankreichs »Nullpunkt« ist eine Bronzeplatte mit einem Messingstern in das Pflaster eingelassen. Von hier aus werden alle Straßenentfernungen des Landes gemessen, und hier laufen alle Nationalstraßen sternförmig zusammen.

### Im Reich des Glöckners

Wer nun unweigerlich nach dem Glöckner von Notre-Dame Ausschau hält, dessen Blick wird an den vielen monströsen Grotesken hängen bleiben, die als Wasserspeier in der Galerie des Chimères auf den Balustraden das Gotteshaus bewachen. Die monumentale, aber wohlproportionierte Westfassade gilt als Glanzstück der französischen Gotik und diente als Vorbild für zahlreiche Kirchen in Nordfrankreich. Die 28 Figuren der Königsgalerie stellen die jüdäischen Könige dar. Aus dem 13. Jahrhundert stammt das Marienportal mit der Muttergottes sowie Heiligen und Königen. 387 Stufen muss man im Südturm erklimmen, um mit einer grandiosen Aussicht über den Großraum Paris belohnt zu werden. Hier hängt auch die 13 Tonnen schwere, 1686 gegossene Glocke »Emanuel«. Der Bischof von Sully hatte 1159 den Bau von Notre-Dame in Auftrag gegeben, die Grundsteinlegung erfolgte 1163. Während der Französischen Revolution wurde die Kathedrale schwer beschädigt und zum »Tempel der Vernunft« erklärt, nach den Plänen des Architekten Eugène Viollet-le-Duc im 19. Jahrhundert jedoch wieder renoviert.

Das gewaltige Kircheninnere wird durch die Beleuchtung auch durch zwei Rosettenfenster wirkungsvoll in Szene gesetzt. Die westliche Fensterrose zeigt Maria, die südliche eine Darstellung Christi. Wer über den Pont St-Louis auf die Île St-Louis spaziert, findet gemütliche Cafés, gediegene Restaurants – und in der Rue St-Louis-en-l'Île bei Berthillon rund 60 verschiedene Eiscremesorten. Hier kann man für weitere Besichtigungstouren neue Kräfte sammeln.

### ECHTE SCHNÄPPCHEN

Die Linienbusse 350 und 351 sind die günstigste Variante vom Flughafen Charles de Gaulle ins Stadtzentrum. Innerhalb Paris die Metro nutzen! Paris lässt sich auch günstig mit den Vélib-Rädern erkunden. Gratis kann man beim Couchsurfing übernachten oder günstig ein Zimmer in einer Wohnung von Einheimischen (keine ganze Wohnung) mieten. Wesentlich günstiger kommt man in vielen Restaurants zur Mittagszeit mit sogenannten »Prix Fixe«-Menüs weg. Der Kaffee kostet weniger, wenn man ihn an der Theke von Cafés oder Bäckereien trinkt. Im Restaurant statt Mineralwasser nach einer Wasserkaraffe fragen (»Carafe d'eau«) und Trinkflaschen kostenlos an den Pariser Wasserfontänen auffüllen. Viele Museen bieten jeweils am ersten Sonntag im Monat bzw. am 14. Juli freien Eintritt, in einigen Museen ist der Eintritt auch ganzjährig frei. Kostenlos ins Louvre geht's am ersten Samstag im Monat von 18–21.45 Uhr, und die günstigste Variante auf den Eiffelturm ist das Ticket, bei dem man selbst hinaufläuft.

### WEITERE INFORMATIONEN:

de.parisinfo.com

Weinreben, so weit das Auge reicht, prägen das Bild der Weinregion Bordeaux (oben links). In der gleichnamigen Wein-»Hauptstadt« hatte die große Glocke im Stadttor die Aufgabe, die Weinlese einzuläuten (oben rechts). Imposant anzusehen: die Kathedrale Saint-André (rechts).

# 33 Bordeaux

## Die Stadt der Weine

**Wenn der Name Bordeaux fällt, muss man unweigerlich an Wein denken. Das kommt nicht von ungefähr, werden doch jährlich über 44 Millionen Kisten Wein im Bordeaux-Weinbaugebiet, dem Bordelais, produziert. Der Weinbau und der Handel waren schon für das römische Burdigala eine der Haupteinnahmequellen. Daran hat sich die Jahrhunderte über wenig geändert.**

Bordeaux liegt am linken Ufer der Garonne, die hier etwa 500 Meter breit ist. Schon vor der Römerzeit befand sich an dieser Stelle des Flusses ein bedeutender Hafen. Der Handel und der Weinbau sprudelten als Haupteinnahmequellen über die Jahrhunderte hinweg unaufhörlich für die Stadt. Als im Jahr 1152 Eleonore von Aquitanien und Heinrich Plantagenêt, der spätere englische König Heinrich II., heirateten und Bordeaux von nun an zum englischen Machtbereich gehörte, vergrößerte dies natürlich auch die wirtschaftliche Bedeutung der Stadt. Sie konnte ihren florierenden Weinhandel mit und nach England ausdehnen und intensivieren.

### Eine klassizistische Renovierung

Im 18. Jahrhundert erlaubte sich Bordeaux eine umfassende Renovierung. So säumen vor allem die Uferpromenaden Häuser mit eleganten klassizistischen Fassaden, die auch den Blick auf die einst baufälligen mittelalterlichen Stadtviertel dahinter verbergen. Heute präsentiert sich Bordeaux als moderne Hafen- und Industriestadt mit elegantem Zentrum und attraktiven, lebenssprühenden und kosmopolitischen Stadtvierteln. Die recht engen Gassen von Saint-Michel oder die Gebäude aus den Sechziger- und Siebzigerjahren in Mériadeck sind symbolisch für diese Stadt, die sich wandelte, ohne jemals ihren ureigenen Charakter oder ihre Identität zu verlieren.

Im Jahr 2007 nahm die UNESCO Bordeaux in die Liste des Weltkulturerbes auf – der riesige denkmalgeschützte Bereich ist 1810 Hektar groß und umfasst fast die gesamte Hälfte des Stadtgebiets zwischen den Boulevards und der Garonne. Als Gotteshäuser der Pilgerpfade nach Santiago de Compostela gehörten darüber hinaus die Kirchen Saint-André, Saint-Michel und Saint-Seurin bereits zuvor zum UNESCO-Welterbe.

Wer Bordeaux von einer besonders schönen Seite sehen möchte, sollte am Quai Louis XVIII entlangspazieren und den Blick von den Terrassen auf den Fluss genießen.

Die Ernte der Weinlese im Anbaugebiet St. Émilion (rechte Seite unten) wird später im L'Intendant (oben) als einer von vielen Weinen angeboten. Die besten kleinen Kuchen, *caneles*, bekommt man bei »Baillardran« (unten). Das Grand Théâtre (rechts oben) überzeugt mit bester Akustik. Der Sonnenuntergang taucht die Pont de Pierre und den Garonne in besonderes Licht (rechte Seite oben).

## Viele Bäume und die Zahl Fünf

Die Altstadt wird an ihrer nördlichen Seite von der Esplanade des Quinconces begrenzt. Der zwischen 1818 und 1828 angelegte Platz ist mit seinen Alleen, Brunnen und Statuen einer der größten in ganz Europa. Die bereits im ersten Jahr gepflanzten Bäume sind in zahlreichen Gruppen wie die Augenzahl Fünf eines Würfels gesetzt. Diese Anordnung heißt auf Französisch Quinconces – daher der Name des Platzes. An seiner Stirnseite steht das fast 50 Meter hohe Denkmal für die Girondisten, die während des Terrorregimes von Robbespierre 1793 hingerichtet wurden.

Gestärkt mit einem Café au Lait bummelt man an der Garonne entlang zur Place de la Bourse mit Gebäuden aus den Jahren 1728 bis 1755. Hier stehen unter anderem die Börse und das Hôtel des Fermes du Roi mit dem Museum des französischen Zollwesens. Wer weiter an der Garonne entlangläuft, sollte über den Pont de Pierre gehen. Dort sieht man die schöne Fassadenfront der Altstadt vor sich und natürlich die 1755 erbaute Porte de Bourgogne.

Wer die Garonne weiter flussaufwärts spaziert, kommt zur gotischen Basilika Saint-Michel, die fast 200 Jahre lang erbaut wurde. Ihr 114 Meter hoher Glockenturm ist der höchste in ganz Südfrankreich. In einer der Seitenkapellen kann man die heilige Ursula mit ihren Jungfrauen sehen.

## Grandioser Blick von oben

Von Saint-Michel ist es nicht weit zur Kathedrale Saint-André, die nicht nur durch ihre Ausmaße an Notre-Dame in Paris erinnert.

Das Mittelschiff der Kirche wurde bereits im 11. Jahrhundert begonnen und etwa 200 Jahre später umgebaut. Das Querschiff und der Chor waren im 14. und 15. Jahrhundert vollendet. An der Porte Royale sind mittelalterliche Szenen des Jüngsten Gerichts zu bewundern und vor dem Chor der Kathedrale die 47 Meter hohe Tour Pey Berland mit einer goldenen Madonnenstatue auf der Spitze. Wer will, kann den Turm besteigen.

Gleich daneben steht das Hôtel de Ville. In den Flügeln des einstigen erzbischöflichen Palastes präsentiert das Musée des Beaux-Arts Kunst vor allem aus den Epochen von der Renaissance bis zur Neuzeit. Zu sehen sind unter anderem Gemälde von Tizian, Rubens und Renoir sowie Skulpturen von Rodin.

Am einstigen römischen Forum steht das Grand Théâtre von 1780. Das Meisterwerk klassizistischer Baukunst wird von Statuen unter anderem der neun Musen gekrönt und entfaltet seine wahre Pracht erst im Inneren. Die Prunktreppe diente als Vorbild beim Bau der Pariser Oper; der große Zuschauerraum mit dem riesigen Kristalllüster hat eine ausgezeichnete Akustik.

Vor dem Theater steht man direkt im Triangle d'Or. Das »goldene Dreieck« bilden drei Alleen, an denen sich Boutiquen, Luxusläden, Feinkostgeschäfte, Bistros und Restaurants aneinanderreihen. Sie sind das Schaufenster des feinen Bordeaux. Von der fast vollständig für Autos gesperrten Rue Sainte-Catherine gelangt man direkt zum Cours de l'Intendance, wo im Haus Nummer 57 der spanische Maler Francisco de Goya vier Jahre bis zu seinem Tod 1828 wohnte.

## Die Protestanten vor der Stadt

Weiter geht der Stadtbummel noch einmal zur Esplanade des Quinconces, die man überquert und so zum Quartier des Chartrons gelangt. Hier können elegante Kaufmannshäuser aus dem 18. Jahrhundert bewundert werden. Der Name des Stadtviertels geht auf das hiesige Karthäuserkloster aus dem 14. Jahrhundert zurück. In dem außerhalb der Stadtmauern gelegenen Gebiet wohnten im 17. Jahrhundert viele protestantische Kaufleute aus Deutschland, Holland und England. Auch hier drehte sich (fast) alles um den Handel mit Weinen und Kolonialwaren.

Der Bordelais gilt unter Weinliebhabern und Weinkennern als eines der besten Weinbaugebiete der Welt. Ein Ausflug in die nähere und weitere Umgebung um Bordeaux bietet sich deshalb immer an – etwa nach Saint-Émilion. Die reizende Kleinstadt wartet mit den Resten einer Befestigungsmauer, einer beeindruckenden Felsenkirche mit gotischem Glockenturm und mittelalterlichen Häusern auf und gehört zusammen mit dem gleichnamigen Weinanbaugebiet der Umgebung zum UNESCO-Welterbe.

## KOSTENLOSE UND GÜNSTIGE TIPPS

Seit 2017 fährt von Paris der TGV INOUI in zwei Stunden nach Bordeaux. So kann man z. B. von Stuttgart über Paris umweltfreundlich in fünf Stunden nach Bordeaux fahren (Kosten je nach Buchungsdatum). Im Erdgeschoss des Hôtel Gobineau befindet sich die schöne Le bar à vin, in der man schon mal ein Glas Wein für 3 Euro bekommt. Den schönsten Sonnenuntergang kann man gratis auf der Brücke Pont de Pierre beobachten. Im Jardin Public kann man kostenlos flanieren und die Ruhe genießen. Auch der Besuch im Foyer des Grand Théâtre de Bordeaux ist kostenlos, und zahlreiche Museen der Stadt bieten an jedem ersten Sonntag im Monat (außer Juli / August) freien Eintritt. Zudem gibt es immer irgendwo in der Stadt kostenlose Ausstellungen und Open-Airs, die der Kunst und Geschichte gewidmet sind. Auf der frei zugänglichen Uferpromenade findet man kostenlose Basketball-, Fußball- und Beachvolleyballplätze. Zudem sind die Strände frei zugänglich. Jedes Jahr im Juni kann man beim Weinfest in Bordeaux (Fête le Vin) alle hiesigen Weinsorten kostenlos probieren.

## WEITERE INFORMATIONEN

**Office de Tourisme**
12 Cours du 30 Juillet, F–33080 Bordeaux
Tel. 05 56 00 66 00,
www.bordeaux-tourisme.com

Dafür ist die Camargue bekannt: für rosa Flamingos, die sich in der Seenlandschaft niederlassen (oben), für weiße Pferde, die als Jungtiere noch braun sind (unten) und für die wilde Landschaft, in der sich die großen Flamingos so wohlfühlen (rechts unten). Ein *gardian* mit Camargue-Pferden (rechts oben).

# 34 Parc Naturel de Camargue

## Weiße Pferde, schwarze Stiere, rosa Flamingos

**Der Himmel färbt sich rosarot, wenn die Flamingos in Schwärmen bei Ginès oder im Vogelschutzpark von Pont de Grau niedergehen. Die Camargue bietet über 300 Zugvogelarten Heimat und geizt nicht mit vielfältigsten Aussichten, Einblicken und Naturschauspielen: verwegene Gestalten auf kleinen stämmigen weißen Pferden, schwarze Stiere, weiße, reetgedeckte Häuser, Salzberge, so weit das Auge reicht.**

Die Sumpf- und Seenlandschaft der Camargue gehört zu den bedeutendsten Feuchtgebieten in Europa. Für ihr ökologisches Gleichgewicht sorgt der Parc Naturel de Camargue. Er erstreckt sich südlich von Arles zwischen den beiden großen Mündungsarmen der Rhone und schützt mit seinen Reservaten Brackwasserseen, Uferwälder, Dünen, Küstengebiete, Salzsteppen, brackige Tümpel und Sümpfe. Hier liegt ein fast 100 Kilometer langer Sandstrand und die Dünen fressen sich stellenweise mehrere Kilometer landeinwärts.

Der Fremdenverkehr ist mittlerweile eine der Haupteinnahmequellen in der Region – verabschieden Sie sich also von der Vorstellung, hier als Besucher den Pferden, Stieren und Flamingos quasi von Angesicht zu Angesicht zu begegnen, allein versteht sich. Die Camargue wird zudem intensiv landwirtschaftlich genutzt. Reis beispielsweise wird angebaut, um der Versalzung entgegenzuwirken. Das Meersalz ist jedoch auch das Hauptprodukt der Region und wird auf riesigen Salzfeldern gewonnen, auf denen das Meerwasser verdunstet. Bis zu acht Meter hoch türmen sich die Salzkristalle auf. In den Salzwasserlagunen brüten seltene Vogelarten, neben den Flamingos zum Beispiel Dünnschnabelmöwen, Lachseeschwalben, Tafelenten, Stelzenläufer und Säbelschnäbler. Mit etwas Glück hört man Rohrdommeln und Häherkuckucke und sieht Seidenreiher stolzieren.

In dem beliebten Ferienort Le Grau-du-Roi liegt der große Jachthafen Port-Camargue. Nicht weit entfernt davon befindet sich am Pont de Grau das Informationszentrum des Parc Naturel de Camargue. In dem sieben Hektar großen Vogelschutzpark der Einrichtung kommt man den sonst scheuen Flamingos ziemlich nahe.

## Durch die Camargue

Wer von Arles Richtung Camargue losfährt, legt wahrscheinlich schon in Saint-Gilles den ersten Halt ein, um die gleichnamige kleine Kirche zu bewundern. Die Krypta mit dem Grab des heiligen Gilles war im Mittelalter Station auf dem Jakobsweg. An der Küste liegt das touristische Zentrum der Region: der Wallfahrtsort Saintes-Maries-de-la-Mer. Mittelpunkt von Saintes-Maries ist die mittelalterliche Wehrkirche, im 12. Jahrhundert zum Schutz gegen Piraten erbaut und heute ein origineller Aussichtsturm. Ein bisschen abenteuerlich ist der Aufstieg auf das Kirchendach zwar schon, oben wird man jedoch – vor allem bei Sonnenuntergang – mit einem herrlichen Blick über die Seenlandschaft der Umgebung belohnt.

In der Kirche stehen die Skulpturen der beiden Marien, denen der Ort seinen Namen verdankt. Der Sage nach wurde hier die ruderlose Barke von Marie-Jacobé, der Schwester Marias, und Marie-Salomé, die Mutter von Johannes dem Täufer, nach ihrer Flucht aus dem Heiligen Land angespült. Begleitet wurden die beiden Heiligen von ihrer Dienerin Sara. Deren bunt gewandete Statue steht rechts neben dem Altar und ist mit Schmuck übersät. Bis heute finden im Mai und Oktober Wallfahrten nach Saintes-Maries auch zu Ehren der Heiligen Sara statt. Die Schutzheilige der Sinti und Roma wird in einer prächtigen Wallfahrt durch die Stadt getragen.

## Auf dem Rücken der Pferde

Machen Sie es doch den *gardians*, wie die Cowboys hier heißen, gleich und erkunden Sie die Camargue hoch zu Ross. Geführte Ausritte bieten viele Höfe an. Auf speziellen Wegen abseits der Straßen reitet man durch flache Teiche und Sumpfgebiete tief hinein in eine einsame faszinierende Landschaft, wo kein Auto, ja nicht einmal eine Fußgängergruppe die Ruhe stört.

Die Herkunft der weißen Camargue-Pferde ist bis heute nicht eindeutig geklärt. Die Wildpferde gelten als sehr robust, widerstandsfähig und genügsam. Das schwarze Fell der Fohlen wird erst nach fünf Jahren weiß.

## KOSTENLOSE UND GÜNSTIGE TIPPS

Es gibt viele kostenlose Fahrradrouten durch die Camargue – oft genießt man auf der einen Seite Strand und Meer und blickt auf der anderen auf die typische Sumpflandschaft, in der man u. a. Flamingos und Reiher sehen kann. Wanderwege durch den regionalen Naturpark kosten nur wenige Euro Eintritt. Gratis ist hingegen der Blick auf die Salzfelder der Region, und die berühmten Stiere kann man auf den Weiden gut von der Straße D 37 beim Étang de Vaccarès beobachten. Einen kostenlosen unblutigen Stierkampf gibt's in Saintes-Maries-de-la-Mer; dort kann man auch günstig in einem Zigeunerwagen übernachten. In Arles ist der Plage de l'Espiguette – der längste Sandstrand Europas! – frei zugänglich. Günstig frühstücken kann man in Arles im Café Factory République und essen im Mimosa oder im Le Petit Arles. Sehr französisch ist es im La Maison Jaune, und ein gutes günstiges Café ist das Mezza Luna. Mit dem Kauf des verhältnismäßig preiswerten Tickets für das Meeresaquarium (Le Grau-du-Roi) trägt man zum Umweltschutz bei.

## WEITERE INFORMATIONEN

www.parc-camargue.fr

Was für ein Schauspiel! Die Gardians, die berittenen Hirten, treiben die weißen Camargue-Pferde in *manades*, in Herden, zusammen – ein wunderschöner Tanz hoch zu Ross.

# 35 In schöner Abgeschiedenheit – Andorra

## Konsum-Enklave in der Bergwelt

**Von 65 Berggipfeln umgeben, liegt das kleine Fürstentum abgelegen in den östlichen Pyrenäen. Abseits von Bahn- und Flugverbindungen sind Andorra und seine 76 000 Einwohner nur über das Straßennetz zu erreichen. Trotzdem strömen Jahr für Jahr mehr als elf Millionen Touristen in die Bergregion – zum zollfreien Shoppen, zum Skifahren, Wandern oder Relaxen im modernen Spa.**

Andorra ist ein Hochgebirgsland mit steilen Gebirgszügen und engen Tälern, die von alten Steinbrücken überquert werden. Der mit 2942 Metern höchste Gipfel des Fürstentums, der Comapedrosa, ist Teil eines hochalpinen Naturparks. Nur das breitere Talbecken der von mehreren Quellbächen gespeisten Valira bietet Raum für größere Siedlungen. Hier liegt auch die Hauptstadt Andorra la Vella mit ihren glitzernden Einkaufspalästen. Daneben bereichern kunsthistorisch bedeutende Bauten die 22 500 Einwohner zählende Stadt. Die 1580 aus groben Granitbruchsteinen errichtete Casa de la Vall beherbergt seit 1702 das kleinste Parlament Europas. Granit stellt auch das Baumaterial der wunderschönen romanischen Kirchen, etwa der Santa Coloma oder von Sant Joan de Caselles und der winzigen Bergdörfer. In Pal gibt ein Informationszentrum Auskunft über die romanische Kunst in Andorra.
Die einzige Verkehrsverbindung nach Frankreich führt über den Pas de la Casa im Osten, die Hauptroute nach Spanien geht durch das

Fresken aus dem 12. Jahrhundert schmücken die auf einem Felsen oberhalb von Encamp liegende Sant Romà de Les Bons (rechts). Beliebte Wanderziele sind die abgelegenen Bergseen wie der Estany Rodo (rechte Seite unten). Die Hauptstadt Andorra la Vella breitet sich in einem Talkessel aus (rechte Seite oben).

Valiratal nach Süden. Ein Kuriosum ist die spanische Enklave Os de Civis, ein beliebtes Ausflugsziel, das nur über andorranisches Staatsgebiet zu erreichen ist.

## Diener zweier Herren

Im Principat d'Andorra leben fast mehr Spanier als Andorraner, die Katalanisch, die einzige Amtssprache des Zwergstaates, sprechen. Weitere große Einwanderergruppen kommen aus Frankreich und Portugal – die Gründe liegen in der Geschichte Andorras. Urkundlich erstmals erwähnt wurde Andorra im 9. Jahrhundert in der Weiheurkunde der katalonischen Kathedrale von Urgell. Die Spanier lieferten sich um die Herrschaft über Andorra jahrhundertelang heftige Kämpfe mit den Grafen von Foix in Frankreich. Um die Besitzansprüche endgültig zu klären, wurde 1278 ein Vertrag zwischen den Bischöfen von Urgell und den Grafen von Foix geschlossen, in dem beide die Oberherrschaft erhielten.

Die Rechte der Grafen von Fox ging im 17. Jahrhundert an die französische Krone über. Die Staatsoberhäupter des Zwergstaats sind bis heute der Bischof von Seu d'Urgell und der französische Staatspräsident, wobei ihr Amt rein repräsentativer Natur ist. Volle staatliche Souveränität erlangte Andorra erst 1993, als es sich eine neue demokratische Verfassung gab und fortan parlamentarisches Fürstentum nennen durfte.

## Privilegien sichern die Steueroase

Bei Weitem die wichtigste Einnahmequelle des Kleinstaats stellt der Tourismus dar. Die überwältigende Mehrheit der Besucher sind kaufwillige Tagesausflügler und Durchreisende auf der Suche nach Konsumgütern und Luxusartikeln. Das zollfreie Andorra erhebt eine nur sehr geringe Umsatzsteuer. Rund 2000 Läden, Shoppingmalls und Outlets haben ihre Pforten bis in die Nacht geöffnet. Die Tage als Steuerparadies ohne Erbschafts- und Einkommenssteuer scheinen allerdings gezählt. Auf internationalen Druck musste das Fürstentum 2009 sein Bankgeheimnis lockern, auch gibt es inzwischen eine Gewinnsteuer, dafür darf Andorra seit 2014 eigene Euromünzen prägen. Die günstigen Bedingungen für Geldinstitute hatten viele zahlungskräftige Investoren ins Land gelockt und die Bauwirtschaft angekurbelt. Um gleich mehrere Luxuswohnungen oder Chalets zu erwerben, konnten Ausländer andorranische Strohmänner einschalten.

Die Urlauber ficht das nicht an: Skifahrer kommen in den großen Gebieten Grandvalira, Vallnord (Pal-Arinsal-La Massana) oder Naturlandia voll auf ihre Kosten. Soldeu ist der Austragungsort internationaler Skirennen. Kuren und relaxen lässt es sich bestens im spektakulären Thermalbad Caldea in Escaldes. Im Sommer gilt Andorra als Wanderparadies mit schönen Routen aller Schwierigkeitsgrade in einsamen Bergregionen.

### ECHTE SCHNÄPPCHEN

In Andorra fallen Roaming-Gebühren an, aber es gibt kostenlose WLAN-Hotspots in den Skigebieten, auf den Straßen der größeren Städte, an öffentlichen Plätzen und in den Einkaufszentren. Günstig von A nach B kommt man im modernen und gut ausgebauten öffentlichen Verkehrsnetz mit Bussen. Der GuruWalk bietet free-walking-Touren durch Andorra la Vella mit Monumenten, u. a. Casa de la Vall, Sant Esteve, Casa Guillemó und Plaça del Poble sowie versteckten Ecken der Altstadt. Der Aussichtspunkt Mirador Roc del Quer ist frei zugänglich. Fast überall findet man ausgezeichnete kostenlose Wander- und Radwege bzw. Routenvorschläge mit traumhaften Aussichten. Das Vall del Madriu-Perafita-Claror, die romantischen Brücken und die historischen Kirchen sind frei zugänglich. Das Alberg Els Andes bietet die günstigste Übernachtungsmöglichkeit in Gemeinschafts- oder Privatzimmern. Zudem findet man Unterkünfte je nach Saison ab 30 Euro pro Nacht. Eine Hauptmahlzeit mit Getränk bekommt man in vielen Restaurants schon für 10–12 Euro.

### WEITERE INFORMATIONEN

**Offizielle Tourismus-Seite:**
www.visitandorra.com/en/home

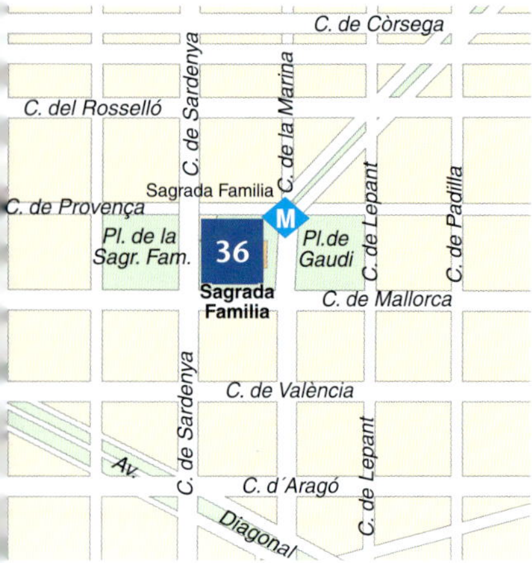


# 36 Gaudís Meisterstück – Barcelonas Sagrada Família

## Die aufwendigste Kirche aller Zeiten

**Kirche und Baustelle nehmen eine Fläche von fast 18 000 Quadratmetern ein. Ab 1883 übernahm Antoni Gaudí die Bauleitung des »Tempels der Heiligen Familie« und änderte als Erstes sämtliche vorhandenen Pläne nach seinen Vorstellungen. Bis heute werden die Arbeiten ausschließlich durch Spenden finanziert. Die Kirche soll 2026 vollendet sein, zum 100. Todestag des berühmten Architekten.**

Das bis heute unvollendete Meisterwerk Gaudís (rechts) ist überaus symbolträchtig: Jesus wacht sitzend zwischen den Türmen auf der sogenannten Passionsfassade (unten links), im Inneren ranken sich Weintrauben und Weizenähren, die das Blut und den Leib Christi symbolisieren, um den Baldachin über dem Altar (unten rechts).

Das Stadtviertel Sagrada Família wurde nach dem »Temple Expiatori de la Sagrada Família« benannt. Es ist Teil des Bezirks l'Eixample im Zentrum der Stadt. Die Kirche nimmt einen kompletten Straßenblock ein und lag einst weit außerhalb der Stadt, denn hier war Bauland billiger.

### Italien als Vorbild

Der Buchhändler José María Bocabella y Verdaguer (1815–1892) kam im Jahr 1874 mit der Idee von einer Italienreise zurück, eine so imposante Kirche zu erbauen, wie es sie nur in Italien gab. Es sollte eine Sühnekirche werden, ausschließlich durch Spenden finanziert. Über seinen Verein »Espiritual de Devotos de San José«, die geistlichen Verehrer des heiligen Josef, startete er eine Sammelaktion, die so erfolgreich war, dass bereits im Jahr 1881 das Grundstück erworben werden konnte.
Als Bauleiter wurde der Architekt der Diözese, Francisco de Paula del Villar (1828–1901) gewonnen. Die Grundsteinlegung des Gotteshauses erfolgte am 19. März 1882, dem Tag des Heiligen Josef.
Geplant war eine deutlich kleinere, neugotische Kirche. Doch Architekt und Verein überwarfen sich und Paula del Villar legte die Arbeit nieder. Der junge, unerfahrene Gaudí wurde 1883 Bauleiter. Ein Teil der Krypta und die Apsis

Die 25 Meter hohen Turmspitzen sind ein Fest der Formen und Farben (oben links). Wie das Auge Gottes strahlt Licht ins Innere der Kirche (unten links) oder fällt durch eines der stimmungsvollen Buntglasfenster (unten rechts). Am Säulenwald (rechte Seite oben) sowie an der Geburtsfassade (rechte Seite unten) wird besonders deutlich, wie sehr sich Gaudí an den Formen der Natur orientierte.

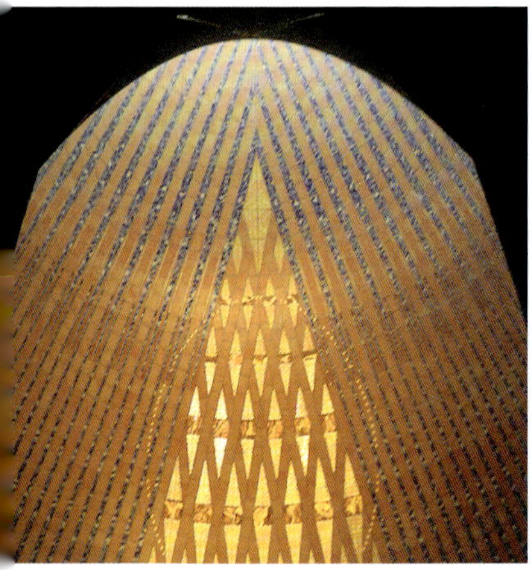

waren bereits erstellt und Gaudí übernahm sie, überarbeitete aber die Gewölbe. 1885 war sein neues Gesamtkonzept fertig. Es hatte bereits 18 Türme, stand aber noch deutlich unter gotischem Einfluss. Weitere großzügige Spenden ließen die Pläne für die Kirche immer umfangreicher werden. Gaudí selbst hatte die Bauzeit für die größte Kirche aller Zeiten auf 200 Jahre geschätzt. Auf dem Gelände gibt es eine Schule für die Kinder und Kindeskinder der Handwerker, die, genauso wie im Mittelalter, ihr Leben auf der Baustelle verbringen würden.
Bei Gaudís Tod 1926 waren lediglich die Krypta, die Apsis, der Kreuzgang mit der Rosenkranzkapelle und die Geburtsfassade fertig. Vier Türme standen kurz vor der Vollendung, doch der überraschende Unfalltod des Architekten und plötzlich auftretende Finanzierungsprobleme verzögerten die Arbeiten sehr. Während des Spanischen Bürgerkriegs (1936–1939) wurde die Kirche in Brand gesetzt und unzählige Zeichnungen und Modelle Gaudís gingen dabei leider verloren. Dies führte dann zum Baustopp. Erst in den 1950er-Jahren wurden die Arbeiten wieder aufgenommen, nachdem die Pläne und Modelle, so gut es ging, rekonstruiert worden waren. Der Gründer der Kirche, José María Bocabella y Verdaguer, und ihr Architekt, Antoni Gaudí, sind in der Krypta der Sagrada Família beigesetzt. Die UNESCO nahm die Krypta, die Fassade der Apsis und die Geburtsfassade in die Liste des Weltkulturerbes auf. Die Kirche wurde im November 2010 von Papst Benedikt XVI. geweiht und erhielt den Titel »Basilica minor«.

## Schwindelerregende Höhen

Gaudí entwickelte eine Statik, die widerstandsfähig, aber leicht war, sodass die nötigen Höhen erreicht werden konnten. Das Hauptschiff der kreuzförmigen Basilika ist 45 Meter hoch, die vier Seitenschiffe haben eine Höhe von je 30 Metern. Die Vierung misst 60 Meter und das Gewölbe über der Apsis 75 Meter. Sämtliche Elemente wurden ohne einen einzigen Stützpfeiler erbaut. Die acht vollendeten Türme ragen bis zu 125 Meter empor, der Vierungsturm soll sogar imposante 170 Meter hoch und damit der höchste Kirchturm der Welt werden. Zwölf der geplanten 18 Türme symbolisieren die Apostel, vier die Evangelisten, einer steht für die Jungfrau Maria, und der höchste Turm soll Jesus geweiht sein. Die vollendeten Türme flankieren die Geburtsfassade und die Passionsfassade, die sich an den beiden Enden des Querhauses befinden.

## Sagenhafte Symbolik

Die Geburtsfassade im Nordosten beschreibt sehr detailgenau die Geburt Christi, seine Kindheit und Jugend. Diese Fassade wird als das größte Vermächtnis Gaudís angesehen, denn er stellte den Symbolgehalt so eindeutig heraus, dass seine Nachfolger die Fassade lesen konnten wie eine Bauanleitung. Die Skulpturengruppen sind sehr dynamisch und mit großer Hingabe dargestellt. Die Passionsfassade im Westen steht dazu in scharfem Kontrast, denn sie stellt das Leiden und den Tod Christi dar. Die Arbeiten an dieser Fassade wurden erst nach dem Ableben Gaudís begonnen, aber getreu seinen Plänen ausgeführt.
Die rechteckigen und strengen Figuren gruppieren sich vor einem äußerst schlichten Hintergrund aus kahlem Mauerwerk. Verzierungen gibt es an dieser Fassade praktisch keine. Das Vordach überspannt das Portal wie ein Zelt

und wird von sechs schrägen Säulen getragen. Die südliche Hauptfassade, die Fassade der Seligkeit, auch oft als Fassade der Herrlichkeit bezeichnet, wurde noch nicht begonnen. Sie wird einmal 21 Säulen und zwei Kapellen haben und über eine riesige Treppenanlage verfügen. Insgesamt sind elf Eingänge zur Kirche geplant. Das gesamte Bauwerk besitzt eine eindeutig naturalistische Dekoration: Man findet Tiere, Wolken und Eiszapfen aus Stein, die Säulen wirken organisch, und die Figuren sind nach natürlichen Vorbildern geschaffen.

## Gewaltiger Innenraum

Die Sagrada Família kann 14 000 Gläubige aufnehmen und ist für einen Kirchenchor von 1200 Sängern geplant. Sie hat einen kreuzförmigen Grundriss mit fünf Schiffen. An den Chorraum schließt die Apsis mit sieben kleinen Seitenkapellen an. Sie sind der Freude und der Trauer gewidmet. Beidseitig sollen noch je zwei Sakristeien errichtet werden. Unter der Apsis liegt die Krypta, die eine Fläche von 120 Quadratmetern ausfüllt und mit sieben Kapellen ausgestattet ist. Gaudí ruht in der Christuskapelle.

Die Länge des Kirchenraums beträgt inklusive Apsis 90 Meter, bei einer Breite von 45 Metern. Das Hauptschiff ist 15 Meter breit und die vier Seitenschiffe je 7,50 Meter. Das Querhaus ist dreischiffig und hat eine gesamte Breite von 30 Metern, ebenfalls 15 Meter für das Hauptschiff und je 7,50 Meter pro Seitenschiff. Das gewaltige Dach der Basilika wird von Säulen getragen, die wie Baumstämme nach oben streben und sich in der Höhe verzweigen. Die Kuppeln, die in Form von Palmwedeln gestaltet sind, wirken von unten wie riesige Blüten. Durch dieses Blätterdach hindurch fällt Tageslicht in das Gebäude, sodass Besucher sich vorkommen wie bei einem Waldspaziergang. Das gesamte Gebäude ist mit unzähligen Figuren und Formen ausgestattet, deren Strukturen der Natur nachempfunden sind. Doch Gaudí ließ sich auch zu Spielereien hinreißen. An der Außenseite der Apsis kriechen beispielsweise zwei riesige Steinschnecken die Wand hinunter – als Hinweis auf die Wendeltreppen im Inneren. Bei der Sagrada Família heißt es Augen auf und aufmerksam sein, denn jede Beschreibung kann bei diesem Bauwerk nur ein Anstoß sein. Entdecken muss man es selbst.

### ECHTE SCHNÄPPCHEN

Jeden ersten Sonntag im Monat sind einige Museen kostenlos zu besichtigen, darunter das Picasso Museum (auch donnerstags 18–21.30 Uhr), das Museu Nacional d'Art de Catalunya, der Botanische Garten, das Museu Blau, der Palau Güell und das Monasterio de Pedralbes. In der Nähe des Parks Güell befindet sich der schönste kostenlose Aussichtspunkt beim Turó de la Rovira. Weitere Sehenswürdigkeiten sind jeden Sonntag ab 15 Uhr kostenlos, z. B. das Museu Maritim, die Burg von Montjuïc oder das Museu d'Història de Catalunya. Der Eintritt in die Kathedrale von La Seu ist von 8–12.45 Uhr und von 17.45–19.30 Uhr kostenlos. Das Barri Gòtic (die Altstadt) mit seinen engen Gassen und gemütlichen Plätzen ist wunderbar zum Durchbummeln. Die kostenlosen Führungen von Discover Walks (Donkey Tours) in diesem Viertel starten jeden Tag um 11 und um 15.30 Uhr am Domplatz. Die magische Brunnenshow beim Palau Nacional am Fuß des Montjuïc ist frei zugänglich.

### WEITERE INFORMATIONEN

**Sagrada Família:** www.sagradafamília.cat
**Bulevard dels Antiquaris:** www.bulevardelsantiquaris.com

Himmelsstürmer im Mondschein: die Türme der Sagrada Família. Der Bau nach den Plänen des Visionärs Antoni Gaudí soll 18 Türme bekommen und – so Gott will – 2026 zum 100. Geburtstag von Gaudí tatsächlich fertig werden.

Madrids Königspalast beeindruckt innen wie außen: Ein Deckenfresko von Corrado Giaquinto schmückt das Treppenhaus (oben links), im weitläufigen Garten stehen Skulpturen (oben rechts). Flamenco-Show im Restaurant »Corral de la Morería« (rechte Seite), einer der bekanntesten madrinelischen *tablaos*.

# 37 Wo Spaniens Herz schlägt – Madrid

## Kunst und Genuss in der königlichen Stadt

**Spaniens Hauptstadt bietet Attraktionen im Stakkato: Große Kultur in Museen bewundern, die zu den bedeutendsten Europas und der Welt gehören; Köstlichkeiten wie Tapas, Chorizo oder Bocadillos in urigem Ambiente genießen; Flamenco authentisch erleben. Beim Bummeln durch die Gassen, Markthallen und über die großen Plätze wird klar: Madrid vibriert rund ums Jahr.**

Nachmittags in der »Casa Patas«, einer Art Kathedrale des Flamenco: Es sind die trägen Stunden zwischen dem Mittagessen und dem Abend, wenn frühestens gegen halb zehn die große Stadt und mit ihr das Barrio de las Letras, das Viertel der Literaten und Lebenskünstler, erwacht, wenn in den Tavernen und Cervecerias das Bier und der Wein fließen, wenn in kurzer Zeit alle Tische vor den Restaurants rund um die Plaza de Santa Ana und entlang der Calle de las Huertas, der Fressmeile dieser Gegend, besetzt sind.

### Kultstätten des Flamenco

Noch aber ist sie in ihrem Stammlokal unter sich, eine Gruppe hochgewachsener Herren mit langen, schwarzen Haaren und stolzem Blick. Vor den Bildern verstorbener und lebender Flamenco-Ikonen schlagen sie Gitarren-Akkorde an und tauschen sich aus über *Aire*, die Wiedergabe von Anmut und Stimmung, über *Palmas* und *Jaleos*, den Rhythmus des Händeklatschens und die aufmunternden Zurufe, die nicht nur aus dem Publikum kommen. Es sind *Gitanos*, sogenannte »Zigeuner«. Das ist auch in Spanien zum Unwort geworden, sie selbst nennen sich *Kalé* und zählen zu den Roma.

In der »Casa Patas«, wie überhaupt in der Flamenco-Szene, sind sie Stars, füllen allabendlich dieses Lokal, anderswo in Andalusien und auch in Madrid selbst sogar große Konzertsäle. Flamenco ist längst zum Kult geworden und außerhalb seiner Hochburgen in Sevilla, Granada oder Córdoba finden sich vor allem in der Altstadt von Madrid die Musiker, Tänzer und ihre Zuschauer jede Nacht zu großer Show

CORRAL DE LA MORERIA

Ein Ständchen an der Plaza St. Ana (oben links). Fächer im Schaufenster des Traditionsgeschäfts Casa de Diego (oben rechts). Angesagter Treffpunkt: Mercado de San Miguel (unten). Don Quijote und Sancho Panza (rechte Seite unten). Die Kirche San Antonio in der Sommerresidenz der spanischen Könige in Aranjuez (rechte Seite oben).

oder ungeplanten improvisierten Flamenco-Auftritten zusammen.
Nur an wenigen Orten in der Altstadt von Madrid lässt sich der Seele des Flamenco so nahekommen wie in der Musikkneipe »Casa Patas« in der Calle de los Canizares. Vielleicht noch im »Candela«, ein paar Gassen weiter, in der schmalen Calle del Olmo. Oder, mit etwas Glück, auch im »La Solea«, einer Flamenco-Bar an der Cava Baja, in der sich an den Wochenenden die Liebhaber der Flamenco-Szene, aktive wie passive, auf spontane Auftritte freuen.

### Das ganze Jahr hindurch ist Saison

Die Cava Baja, wörtlich: der »Niedrige Graben«, war im Mittelalter Teil der Stadtmauer. Heute ist sie, zusammen mit der Parallelstraße Cava Alta, ein Wallfahrtsort für Genießer, für gut gelaunte Madrileños aller Alters- und Einkommensklassen. Die beiden Gassen gehören zum Barrio La Latina, dem Altstadtviertel rund um die Stiftskirche und ehemalige Kathedrale San Isidro, die dem Schutzheiligen der Hauptstadt geweiht ist. Für den Besuch dieses und vieler anderer Gotteshäuser, ebenso wie für die ausgiebige Besichtigung der großen Museen, vom weltberühmten Prado über das Kunstzentrum Reina Sofia bis hin zur Sammlung Thyssen-Bornemisza, eignen sich die ruhige Vor- oder Nachsaison sowie der oft sonnige und trockene Winter. Im Dezember oder auch Ende Januar reicht bei strahlendem Sonnenschein oft nur eine Jacke oder ein leichter Pullover, um zum Beispiel in einem der Cafés in den Grünanlagen vor dem königlichen Schloss zu sitzen. Vor dem Kolossalbau aus Granit und Kalkstein nehmen sich die Besucher wie bunte Tupfer aus. Ob sie hoffen, einen Blick auf den König werfen zu können? Wenn Felipe IV. und seine Gattin Letizia im Palast weilen, weht eine blaue Flagge über dem Palacio Real. Die normale Wachablösung wird jeden Mittwoch, die Große Ablösung an jedem ersten Mittwoch im Monat zur Mittagsstunde zelebriert.

### Madrid-Liebe geht durch den Magen

Vom europäischen Hochadel zur spanischen Esskultur: Von San Isidro zur Plaza de Tirso de Molina sind es nur ein paar Schritte. Der gemütliche Platz am Rande des City-Trubels ist gesäumt von Tapas-Bars; ein guter Ort, um nach traditioneller Art mit ein paar köstlichen Kleinigkeiten oder auch nur mit einem Glas Rioja und dem Pan Blanco, dem typischen Weißbrot der Region, den Abend einzuläuten. Oliven gehören immer dazu, sonnengetrocknete Tomaten meistens, oft auch frittierte Sardellen, manchmal Miesmuscheln, Paprikaschoten, marinierter Thunfisch und Tortillas, die kleinen Kartoffel-Omelettes (die nichts mit den

gleichnamigen Fladenbroten aus Mexiko zu tun haben). Stunden später, nach einem Bier hier oder einem Sherry vom Fass dort, nach ein paar Stücken scharfer Chorizo-Wurst oder einem Bocadillo, einem belegten Brot, setzt man sich zum Abendessen hin, am liebsten im Freundeskreis oder mit der ganzen Familie. Der Schinken darf in diesem Zusammenhang nicht fehlen, vor allem nicht der luftgetrocknete Jamon Serrano oder der feinere Iberico, wie sie in den meisten Tavernen zwischen dem Santa-Ana-Platz und den Cava-Gassen von der Decke hängen, und erst recht in den Markthallen. Die sind längst nicht nur Bezugsquelle anspruchsvoller Hobbyköche, sondern ein beliebter Treffpunkt für Gourmets aus aller Welt. Ein Altstadtbummel ohne eine Visite im Jugendstil-Mercado San Miguel wäre schlicht eine Sünde.

## Plätze zwischen Aufruhr und Tradition

So wie die Märkte, die Tavernen und die Flamenco-Kneipen sind auch die großen und die kleinen Plätze der Stadt Bühnen praller Lebenslust, wie es sie in dieser Form und Vielfalt kaum irgendwo sonst in Europa gibt. Da ist die pompös wirkende Plaza de España, auf der die unsterblichen Figuren Don Quijote und Sancho Pansa zu Füßen ihres Schöpfers Cervantes über den Platz reiten. Hier nimmt die Gran Via ihren Anfang, der Prachtboulevard der Stadt, Geschäftsstraße von Weltformat und Schaumeile moderner Architektur gleichermaßen.

Nur zehn Minuten zu Fuß entfernt befindet sich die Puerta del Sol. Dieser Platz, dessen Name an das längst nicht mehr vorhandene Sonnentor aus dem Mittelalter erinnert, ist der Kilometer null für alle sechs Nationalstraßen des Landes: Er ist Spaniens geografischer Mittelpunkt und das eigentliche Herz von Madrid. Von hier ging im Mai 2011 der Protest der vorwiegend jungen »Empörten« über die wirtschaftlichen und politischen Eliten aus, der wenig später ganz Spanien erfasste.

Allen aktuellen Problemen zum Trotz wird hier traditionsgemäß die letzte Nacht des Jahres zelebriert. Wenn um Mitternacht vom Turm eines ehemaligen Postgebäudes aus dem 18. Jahrhundert die Glocken läuten, beeilen sich einige Tausend Menschen auf dem Platz, zwölf Weintrauben im Sekundentakt zu essen, zu jedem Glockenschlag eine, symbolisch für die kommenden zwölf Monate. Manch einer hat sich dabei schon verschluckt. Andere bemühen sich, je nach Temperatur und Temperament, ein Stück ihrer Unterwäsche zu zeigen: Rot muss sie sein, rot wie die Farbe des Glücks, das das neue Jahr bringen soll.

### ECHTE SCHNÄPPCHEN

Das Museo del Prado bietet von Montag bis Samstag von 18–20 Uhr und an Sonn- und Feiertagen von 17–19 Uhr freien Eintritt und das Museo Reina Sofía von Montag bis Samstag (außer Dienstag) von 18–20 Uhr und sonntags von 13.30–14.30 Uhr. Der Plaza Mayor und die dortigen Veranstaltungen wie der Weihnachtsmarkt oder die Feierlichkeiten zu Ehren von San Isidro sind frei zugänglich. Im El Corte Inglés am Plaza de Callao, Spaniens größtem Kaufhaus, hat man auf der Außenterrasse im 9. Stock eine wunderbare kostenlose Aussicht. Die Kathedrale Almudena ist kostenfrei genauso wie ein Spaziergang durch den Retiro-Park. Der Tempel von Debod ist ein echter ägyptischer Tempel und kann gratis besucht werden. Zudem kann man fast jeden Tag ein Konzert an einem der vielen Veranstaltungsorte der Stadt gratis besuchen. In vielen Bars gibt es offene Bühnen, oft bei freiem Eintritt. Oder man schaut den Straßenkünstlern im Puerta de Sol an der Calle Preciados zu.

### WEITERE INFORMATIONEN

**Spanisches Fremdenverkehrsamt:**
www.spain.info/de, www.tourspain.es
**Städtische Touristeninformation:**
www.turismomadrid.es, www.inspain.org

# 38 Wo alles begann – Lissabons Castelo

## Historie pur über den Dächern der Stadt

**Der Ort wirkt wahrlich majestätisch. Wie eine Krone aus Stein schmückt das Kastell des heiligen Georg den höchsten der sieben Hügel Lissabons. Das Gemäuer und seine Umgebung, sie atmen Geschichte. Kelten, Phönizier, Griechen, Römer, Westgoten und Mauren hinterließen hier ihre Spuren. Und bis ins 16. Jahrhundert beherbergte die Burg auch Portugals Könige. Sie gilt als Keimzelle der heute rund 500 000 Einwohner zählenden Stadt.**

Dass die Griechen hier siedelten, ist mittlerweile archäologisch belegt. Und nach Plinius dem Älteren soll gar Odysseus selbst Lissabon gegründet haben. Was indes zu beweisen wäre. Sicher hingegen ist, dass die Römer sich ab 205 v. Chr. hier niederließen und die Region zu ihrer Provinz Lusitania machten. In Lissabons Stadtteil Alfama zeugen Reste des Teatro Romano noch heute von der römischen Vergangenheit, ebenso wie frühe Befestigungen auf dem Burgberg.
Ob Römer, Griechen oder Mauren – immer wieder vergrößerten und verstärkten die Bewohner die Wehrmauern, um ihre Siedlung vor Feinden zu schützen. Die Römer nutzten die exponierte Lage auf dem Burghügel als Festung, die Westgoten errichteten Mauern und Türme. Im 8. Jahrhundert kamen die Mauren und blieben 400 Jahre bis zu ihrer Vertreibung. Unter ihrer Herrschaft blühten Kultur und Wissenschaft in Portugal auf, und Vorstädte wie Alfama und Mouraria entstanden.

### Königssitz im Kastell

Erst Alfons I. der Eroberer bereitete mithilfe eines Kreuzfahrerheeres der maurischen Herrschaft in Lissabon 1147 ein Ende und baute das Kastell aus. Sein bronzenes Standbild grüßt noch heute die Besucher im prächtigen Garten.
Doch erst seinen Nachfolgern gelang 1250/51 die endgültige Vertreibung der Mauren aus Portugal, die sogenannte Reconquista, und 1256 machte Alfons III. Lissabon zum Königssitz

Kastell des heiligen Georg (unten links). Ganz im Gegensatz dazu steht die moderne Architektur der Brücke Vasco da Gama (unten rechts). Besondere Baukunst bietet auch der Fahrstuhl Elevador do Carmo (rechte Seite).

Überall in der Stadt fällt der Blick auf die Burg (unten links), auch vor der Statue Johanns I. auf der Praça da Figueira (unten rechts). Am schönsten ist aber der Blick von der Burgmauer aus (oben und rechte Seite oben). »Eléctricor« bahnen sich ihren Weg (rechte Seite unten).

und damit zur Hauptstadt. Seine Residenz: das Castelo de São Jorge.

Im 14., vor allem aber im 15. Jahrhundert stieg das Land zur Weltmacht auf, errichtete ein riesiges Kolonialreich. Von Lissabon aus stachen die Schiffe der großen Entdecker in See, darunter Bartolomeu Diaz, der das Kap der Guten Hoffnung umrundete, und Vasco da Gama, der die Schiffsroute nach Indien fand. Pedro Álvares Cabral entdeckte Brasilien.

Die Seefahrer, die den Grundstein für eine neue Weltordnung legten, machten Lissabon bald zu einer der prächtigsten Metropolen Europas. Eines der letzten großen Ereignisse, die im alten Königssitz stattfanden, war der Empfang Vasco da Gamas, als er 1498 von der Entdeckung der Indienroute zurückkehrte. Kurz darauf ließ König Manuel I. ein neues Schloss in der Stadt bauen, den Ribeira-Palast.

Das Kastell des heiligen Georg verlor an Bedeutung und verfiel. Ein Erdbeben 1531 setzte zudem den Mauern schwer zu. Der einstige Regierungssitz war nun ziemlich baufällig, wurde zeitweise als Gefängnis und billige Wohnbaracke für Soldaten genutzt.

## Zu neuer Pracht erstrahlt

Doch es kam noch schlimmer: Das große Erdbeben von 1755 machte die Burg vollends zur Ruine. Erst in den 1940er- und wieder in den 1990er-Jahren fanden umfangreiche Restaurierungsarbeiten statt.

Der Weg zum Kastell durch die Rua do Chão da Feira ist an einigen Stellen extrem steil. Dafür laden hier sonntags Flohmarktstände zur Rast ein. Gelegenheit zu einer ausgiebigen Verschnaufpause bietet sich im einstigen Thronsaal: Dort führt eine Multimediashow mit einem halbstündigen Abriss – auch in deutscher Sprache – in die Historie der portugiesischen Hauptstadt ein.

Ein Besuch kann den ganzen Tag in Anspruch nehmen. Zunächst bietet sich ein Gang auf der Esplanade an.

## Lieblingsplatz von Einheimischen und Touristen

Im Schatten alter Steineichen und Kiefern sitzen hier Einheimische und spielen Backgammon, während die Touristen sich an dem Blick von den vielen *miradouros* (Aussichtspunkten) nicht sattsehen können. Gut sichtbar sind die Brücke des 25. April und die Cristo-Rei-Statue am anderen Tejo-Ufer.

Doch nicht nur das weite Panorama fasziniert die Besucher, es sind immer wieder die Details, die die Aufmerksamkeit bannen. Die zahlreichen Kanonen; ein Baum, unter dem eine schwarze Schiefertafel mit dem Gedicht »Ao Viandante« von Veiga Simões hängt; Steinbänke, auf denen alte Männer einen Schwatz halten; versteckte Gärten mit gepflegtem Rasen und blühendem Oleander. Ein besonderes architektonisches Glanzlicht stellt das sogenannte Spitzbogenhaus mit seinen fünf Spitzbogen und einer mit Arabesken verzierten Tür aus dem 17. Jahrhundert dar. Sie diente früher als Eingang zu einem Gefängnis. Insgesamt zehn Wehrtürme zieren die ockerfarbenen Burgmauern. Interessant ist der Platz neben dem Kirchgraben mit seiner kleinen Ausgrabungsstätte, wo sich Überreste aus phönizischer, römischer und maurischer Zeit finden. Dort wurden beispielsweise die einstigen roten Fliesenbordüren an den Burgmauern freigelegt.

Der Hauptturm, Torre do Tombo, beherbergte einst die königliche Urkundensammlung, samt der Anerkennung der Unabhängigkeit von Kastilien-Leon durch den Papst und den vielen Ordnern der Inquisition. Heute befinden sich diese Urkunden im Nationalarchiv auf dem Campus der Universität. Das Archiv dort aber trägt noch immer den Namen des alten Turms.

## Stadtpanorama im Turm

In der Câmara Escura im Ulisses-Turm projiziert ein Periskop ein Rundumpanorama von Lissabon auf eine Steinschüssel. Mithilfe der alten Spiegelkonstruktion landen aktuelle Lissabonbilder auf den Wänden der Dunkelkammer: Sogar in Farbe können Besucher dort die Menschen durch die Straßen laufen sehen.

Wer in Richtung Largo Martin Moniz geht, den erwartet ein Kletterabenteuer: Eine lange Steintreppe führt ins Unbekannte. Wenn man sie hinuntergeht, landet man auf dem Torre de São Lourenço, dem einstigen Verbindungsturm zu den äußeren Befestigungsanlagen.

An die Burg schließt sich unmittelbar das kleine Mittelalterviertel Santa Cruz an, mit seinen fahnenbehangenen schmalen Gassen und kleinen Souvenirläden. Die Fassaden strahlen hier frisch restauriert in Weiß, und so manches Luxushotel versteckt sich hinter schmalen Eingängen. Santa Cruz ist Lissabon wie aus der Puppenstube.

### ECHTE SCHNÄPPCHEN

Mit ChillOut Lisbon Free Tours kann man eine Städtetour aus Sicht eines echten Locals erleben, bei Free Tour of Lisbon findet man Touren mit Themenschwerpunkten. Den frei zugänglichen Trödelmarkt Feira da Ladra kann man jeden Dienstag und Samstag von 9–16 Uhr besuchen. Im Sommer gibt es überall in der Stadt gratis Kinoaufführungen und Konzerte. Der Gulbenkian Garden ist Teil des gleichnamigen Gulbenkian Museums und bietet auf einer Fläche von 7,5 Hektar frei zugängliche kontemporäre Kunst, ein Amphitheater, zwei Seen und seltene, wunderschöne Flora und Fauna. Die Sé Catedral de Lisboa kann man täglich kostenlos von 9–19 Uhr besuchen. Eine Stadtrundfahrt mit der Eléctrico 28 kostet 3 Euro. Einen atemberaubenden Gratis-Blick hat man auf der Brücke Dom Luís I. Zudem ist die Stadt bekannt für leckeres Essen, das mit durchschnittlich ca. 8 Euro im Städtevergleich erschwinglich ist.

### WEITERE INFORMATIONEN

Tickets für die Straßenbahnen und Busse sind überall in der Stadt in kleinen sechseckigen Pavillons erhältlich. Am günstigsten ist die immer wieder aufladbare »Cartão 7 colinas«. Weitere Details hält www.carris.pt bereit.

# 39 Eine Stadt als Hochzeitsgeschenk – Óbidos

## Duftende Blumen, weiße Fassaden und kleine Gassen

**Wenn Könige ihrer Frau zur Hochzeit eine Stadt schenkten, musste die schon etwas Besonderes sein: Óbidos mit seinen verwunschenen Gassen und kleinen Häuschen gilt heute als eine der romantischsten Städte des Landes. Alfons II. vermachte 1210 den Ort seiner Frau Urraca als ganz besonderes Hochzeitsgeschenk, und seitdem taten es ihm etliche Herrscher nach. Weshalb Óbidos auch »Vila das Rainhas«, Stadt der Königinnen, genannt wird.**

Bis ins 16. Jahrhundert hielt dieser Brauch an. Auch 1447 gab es eine königliche Hochzeit in Óbidos. Oder war es bereits 1441? Oder vielleicht 1444? Darüber streiten die Quellen. Wie auch immer, damals heiratete Kronprinz Alfons seine Cousine Isabel von Aragon in der Kirche »Igreja Matriz de Santa Maria«. Der Chronist vermerkte, dass sich dafür die ganze Stadt geschmückt hatte: Häuser waren mit Blumen dekoriert, die Menschen trugen ihre feinste Tracht. Die weiße Stadt hinter den sandsteinfarbenen Mauern verzauberte das Königspaar. Nicht viel anders geht es heutigen Reisenden, die das Städtchen besuchen. Auch wenn sie hier keine Hochzeit feiern, sind sie doch verzaubert von dem einfachen Charme dieses Städtchens, das sich auch heute noch fein herausgeputzt hat.

### Bougainvilleen und Azulejos sorgen für Farbtupfer

Die Wände strahlen weiß getüncht im Sonnenlicht, die blauen und gelben Streifen um Fenster und Hausecken verleihen den Häusern ein fröhliches Aussehen. Bougainvilleen in Pink, Gelb und Rot ranken an Mauern und Wänden empor. Die farblichen Akzente dienen nicht nur der Dekoration – sie sollen Insekten von den hellen Häusern fernhalten, die sich hier so malerisch auf dem Hügel reihen. Rautenförmig umschließen dicke Mauern den alten Stadtkern. Eine romanische Siedlung wie aus dem Bilderbuch, das Flair des Mittelalters inbegriffen. Und ein wenig orientalisch mutet sie auch an: Über dem roten Dächermeer thront ein Castelo, das so auch in Marokko stehen könnte. Kein Wunder, es wurde von den Mauren

Charakteristisch für den Stil des Mittelalters ist die Burg von Óbidos (unten und rechts). Sie dominiert das Stadtbild ebenso wie die strahlend weißen Häuser mit ihren zahlreichen blauen und gelben Verzierungen (unten rechts).

Chocolate

Grünanlagen verströmen Romantik (oben). Das Südtor (unten) beeindruckt mit seinem Kachelschmuck, das Santuário do Senhor da Pedra (rechts unten) hingegen mit barocker Architektur. Imposant: das Altarbild von Josefa de Óbidos (rechts oben).

erbaut. Erst nach der Reconquista, der Rückeroberung durch die Christen im Jahr 1148, wurde die Anlage mehrmals umgebaut und vergrößert.
Das Kastell ist für Besucher nicht geöffnet – es sei denn, sie kommen als Hotelgäste: In den alten Gemäuern befindet sich seit 1950 eine Pousada, die erste Portugals. Das Konzept, historische Gebäude zu Hotels zu machen, ging auf, und heute gehört diese Art der Unterkunft zu den beliebtesten im Land.

## Verwinkelte Gassen und geschmückte Tore

Die Altstadt von Óbidos erreichen Besucher durch das Haupttor Porta da Vila. Der Rundbogen ist mit fein gemalten blau-weißen Azulejos aus dem 18. Jahrhundert ausgekleidet. Nicht nur die Farben erinnern an den Himmel, auch die Motive: Engelsfiguren mit Pfeil und Bogen, Putten und geschwungene Muster. Darüber wölbt sich ein Deckenfresko mit Blumendekor in gedeckten Tönen. Von hier gelangt der Besucher in die Hauptstraße, die Rua Direita. Óbidos hat mit seiner malerischen Innenstadt viele Künstler angezogen – Galerien, Museen und Kunsthandwerk prägen das Stadtbild. Moderne Acrylbilder neben traditionellen Stickereien sind in den Schaufenstern zu finden. Die Hauptstraße führt direkt zum Rathaus und zur »Praça de Santa Maria« mit ihrem Brunnen, der Kirche und dem Schandpfahl. Der war nicht nur

Zeichen der Obrigkeit, der Pranger bezeugte zugleich die Verleihung der Stadtrechte. Gegenüber liegt die Hauptkirche des Ortes, »Igreja Matriz de Santa Maria«. Mit ihren handbemalten Kacheln und dem manuelinischen Portal gehört sie zu den Sehenswürdigkeiten der Stadt. Ursprünglich handelte es sich um eine gotische Kapelle, die aber beim Erdbeben von 1535 schwer beschädigt und im Stil der damaligen Zeit wieder aufgebaut wurde. Heute ist dort vor allem eines der ersten portugiesischen Kunstwerke der Renaissance zu sehen, das Grab des einstigen Gouverneurs João de Noronha und seiner Frau Isabel de Sousa.
Es lohnt sich, durch die vielen gekrümmten Sträßchen zu schlendern und duftende Rosengärten, kleine Töpferläden oder Cafés zu entdecken. Und anschließend die Stadtmauer zu erobern; immerhin ist sie 1570 Meter lang, und Besucher können auf der Mauerkrone die Altstadt umrunden. Genau richtig für einen Spaziergang.
Wer oben steht, entdeckt weitere Sehenswürdigkeiten, etwa die Wallfahrtskirche »Santuário do Senhor da Pedra« außerhalb der Stadtmauern. Sie stammt aus dem Barock, wurde zwischen 1740 und 1747 erbaut. Auffällig vor allem ihre grün lasierten Dachziegel und der achteckige Grundriss. Den Hauptaltar ziert ein Kreuz aus dem 2. Jahrhundert, das einst ein Bauer an dieser Stelle gefunden hatte. Weshalb eben hier die Kapelle errichtet wurde.

## Kirche in den Stadtmauern

An der Ostseite der Stadt liegt eine weitere bauliche Besonderheit: Das Stadttor »Porta do Vale ou Senhora da Graça« war einst eine Kirche. Der Legende nach wurde sie nach Ende des Bruderkriegs zwischen Sancho II. und Afonso III. im Jahr 1246 gebaut. Kanzel und Chor erhielt der Turm 1727. Heute allerdings ist davon nur wenig erhalten geblieben.
Weiter geht es zur »Igreja de São Pedro«, einer alten, ursprünglich gotischen Kirche, die jedoch durch das große Erdbeben 1755 zerstört und später wieder aufgebaut wurde. Hier ist die berühmte portugiesische Malerin Josefa de Ayala, auch Josefa de Óbidos genannt, begraben.

## ECHTE SCHNÄPPCHEN

Vor dem Dorf findet man mehrere Parkplätze, wobei für einen Teil keine und für den anderen eine kleine Gebühr erhoben wird. Die Pforten von Óbidos sind immer offen, der Zutritt ist kostenlos. Der Rundgang auf der 1,5 Kilometer langen Stadtmauer ist ebenfalls gratis. Sonntags kann man den frei zugänglichen Flohmarkt besuchen. Den besten Ausblick hat man von der Festungsmauer am gegenüberliegenden Ende der Burg. An der Rua Direita gibt es zahlreiche Bars und Stände, die den traditionellen Ginjinha d'Óbidos (Kirschlikör) für 1–1,50 Euro im Schokobecher verkaufen. In dieser Straße kann man auch viel Kunsthandwerk bewundern. Im Museu Municipal de Óbidos variiert der Preis je nach Gruppengröße. Kirchen wie die Igreja de Santa Mariadas sind frei zugänglich, ebenso Feste wie das Internationale Schokoladen-Festival oder der Mittelaltermarkt Mercado Medieval. Hostels bieten günstige Übernachtungsmöglichkeiten, und am Sandstrand Praia d'El Rey genießt man einen Gratis-Blick über den Atlantik.

## WEITERE INFORMATIONEN:

www.visitportugal.com

# 40 Bunte Fassaden und große Geschichte – Lagos

## Heimathafen des berühmtesten Seefahrers Portugals

**Wenn die Einwohner im historischen Gewand die malerische Altstadt von Lagos durchschlendern, zum alljährlichen »Festival dos Descobrimentos«, dem Entdeckerfestival, lassen sich die Glanzzeiten der Stadt erahnen. Sie war Heimathafen der Flotten, die Heinrich der Seefahrer in die Welt hinausschickte. Heute locken neben steinernen Zeitzeugen ein quirliges Stadtleben und unzählige Möglichkeiten für Strand- und Aktivurlaub.**

Es ist immer etwas los in Lagos, sagen die Portugiesen. Das Zentrum der Westalgarve, eingebettet in die spektakuläre Klippenlandschaft der Goldküste Costa d'Oiro, ist eines der beliebtesten Bade-, Bummel-, Shopping- und Genießerziele. Obendrein ist sein Nachtleben nicht nur auf den Sommer beschränkt wie andernorts.

Zur Hochsaison kann es allerdings auch eng werden in den teils steilen Gassen, gesäumt von Cafés, Lädchen und historischen Gebäuden – selbst wenn die Autos in der Altstadt außen vor bleiben müssen. Doch Lagos setzt schon seit den 1960er-Jahren konsequent auf den Tourismus und hat früh die alten Fassaden erhalten, statt sie abzureißen oder durch Modernes zu ersetzen. Manche der historischen Gebäude leuchten gar in Türkis, Gelb oder Rot, denn beim Restaurieren hatte sich gezeigt, dass in früheren Zeiten durchaus nicht alle Häuser weiß gekalkt waren.

### Herz der Seefahrernation

Dort, wo heute Straßenmusikanten und Kleinkünstler unterwegs sind, wurden Jahrhunderte zuvor Gold, Gewürze und Sklaven gehandelt. Lagos' Historie indes begann viel früher, denn seine breite Bucht war ideal für den Krebs- und Fischfang. Das nutzten schon die Phönizier vor 3000 Jahren. Über das Flüsschen Bensafrim – an dem heute die palmengesäumte Prachtpromenade entlangführt – erreichten bereits damals die Boote das ruhige Hafenbecken. Die strategische Lage am Südwestzipfel Por-

Über die Hafenzufahrt wacht noch immer die Forte Ponta da Bandeira (rechts). Das voll gekachelte Grüne Haus in der Altstadt (unten rechts) lockt Kulturtouristen, Badegäste bevorzugen die Praia de Dona Ana (unten links).

Fischerboote vor der Stadtkulisse (ganz unten) und felsige Strände (rechts oben) sind typisch für Lagos. Der junge König Sebastian (unten) blieb 1578 nach einer schmachvollen Niederlage in Marokko verschollen. Die Statue von Heinrich dem Seefahrer (rechts unten) wacht über die »Praça da República«.

tugals, gegenüber Afrikas Küste und am Übergang vom Mittelmeer zum Atlantik, weckte seit jeher Begehrlichkeiten. Vor Lagos kämpften die Karthager gegen die Römer; leztere verleibten die Region ihrer Provinz Lusitanien ein, machten den Hafen zum wichtigen Handelsstützpunkt und nannten die Stadt Lacobriga, was keltische Wurzeln haben soll.
Später kämpften die Mauren gegen die Christen, Kolumbus wurde vor der Küste von Piraten überfallen und betrat 1476 erstmals Portugal – und im 16. bis 18. Jahrhundert fochten hier vor allem Engländer gegen Spanier und später Franzosen erbitterte Seeschlachten.

## Heinrichs Heimathafen

Weltweite Bedeutung erlangte Lagos vor allem unter Heinrich dem Seefahrer, Dom Henrique o Navegador, als Ausgangspunkt der Entdeckungs- und Eroberungsfahrten, die Portugal schließlich zur Weltmacht auf den Meeren machte. Der raffinierte Stratege wählte Lagos im 15. Jahrhundert als Heimathafen seiner Flotte. Hier und in Sagres soll er seine Kapitäne nach modernsten wissenschaftlichen Erkenntnissen geschult haben und griff dabei auch auf maurische Karten und Schriften zurück. Obwohl die Mauren als Erzfeinde endlich vertrieben waren, nach fünf Jahrhunderten – durchaus fruchtbarer – Besatzung.
In Lagos entwickelte Dom Henrique sein Erfolgsschiff, die Karavelle, und ließ sie hier auch bauen. Ein historischer Nachbau liegt am Hafen vor Anker: ein Winzling im Vergleich zu heutigen Kreuzfahrern und doch einst Herrscher der Weltmeere.

## Sehenswürdig

Heinrich thront, aufmerksam in die Ferne blickend, auf einem Sockel auf der zentralen »Praça da República« oder »Praça Infante Dom Henrique«. Er hat einen grandiosen Ausblick auf Hafeneinfahrt und Meer, vor seinen Füßen das typisch schwarz-weiße Wellenmosaik. Blickte er über die rechte Schulter, sähe er die große »Igreja de Santa Maria«. Hier wurde der verstorbene Stratege der Seefahrt 1460 zunächst aufgebahrt, bevor man ihn in Batalha zu Grabe trug. Von außen wirkt die Kirche mit den kurzen Türmen schlicht und nüchtern, innen prunkt sie mit prächtigen Altären voll vergoldeter Holzschnitzereien und einem detailreichen Deckengemälde. Auf dem Platz vor »Santa Maria« prangt ein Zitat des Dichters Fernando Pessoa, ideal auch als Henriques Motto: »Es ist alles der Mühe wert, wenn die Seele nicht klein ist.«
Ein dunkler Fleck der Stadtgeschichte liegt gegenüber, die umzäunten Arkaden des eins-

tigen Zollgebäudes. Wo heute Kunst zu sehen ist, wurden 1444 die ersten afrikanischen Sklaven Europas zur Schau gestellt und versteigert. Der Sklavenmarkt von Lagos, der »Mercado de Escravos«, war ein wichtiger Knotenpunkt des damaligen Menschenhandels und wurde erst 1820 verboten. Heinrich und die von ihm finanzierten Expeditionen profitierten direkt, ging doch ein Fünftel des Verkaufspreises jeweils in seine Taschen.

Mit verantwortlich ist wohl auch sein Kapitän Gil Eanes, auch Eannes genannt und ein Sohn der Stadt, der 1434 als Erster das Kap Bojador im Süden Marokkos umsegelte. Das hatte bis dahin den Europäern als unüberwindbares Ende der Welt gegolten. Arabische Quellen allerdings schrieben nichts von Verdammnis hinter dem Kap, sodass Eanes in See stach und damit den Weg frei machte nach Westafrika – und letztendlich rund um Afrika herum bis nach Indien und China. Eanes' Denkmal trägt die Inschrift: »Er öffnete das alte Meer dem modernen Menschen.« Man findet es, gemütlich durch die lang gestreckte Fußgängerzone Richtung Norden bummelnd, auf der von Bäumen gesäumten »Praça Gil Eanes«. Hier steht auch die »Casa Verde«, ein beeindruckendes altes Stadthaus, dessen gesamte Fassade mit grünen Azulejos gekachelt ist. Den Kontrast setzen weiße Fenster und Rahmen.

## Nach der Erschütterung

Die meisten Gebäude von Lagos stammen, wie so oft an der Algarve, aus der Zeit nach dem verheerenden Erdbeben und des Tsunami von 1755. Zwar hatte die Stadt schon nach Henriques Tod an Bedeutung verloren, da es die königliche Familie mehr nach Lissabon zog, ebenso wie die großen Handelshäuser. Doch als das Beben und vor allem die elf Meter hohe Flutwelle Lagos verwüstet hatten, verlegte auch der Gouverneur der Algarve seine Hauptstadt ins geschütztere und weniger zerstörte Faro. Aufgebaut wurde die Stadt trotzdem wieder und ist heute zum Zentrum für moderne Seefahrer geworden: Atlantiksegler machen hier gerne Station. Besonders seit 1995, seit eine große, moderne Marina den Fischerhafen ergänzt.

Landratten sollten unbedingt die restaurierte Markthalle, den »Mercado Municipal« von 1924 besuchen. Dort gibt es die kleinen, scharfen Piri-Piri-Schoten und klaren Medronho-Schnaps aus den Früchten des kuriosen Erdbeerbaums zu kosten. Als Alternative kann man auch über den Holzsteg hin zur Hafenfestung »Forte Ponta da Bandeira« bummeln und auf die wuchtigen Zinnen klettern, um den Blick über den Hafen zu genießen. Und anschließend im Fischereihafen – direkt an der Quelle – frisch gegrillte Sardinen probieren.

## ECHTE SCHNÄPPCHEN

Die günstigste Anreise vom Flughafen Faro ist mit der Linha do Algarve. Diese Zugverbindung führt von Vila Real de Santo António an der spanischen Grenze bis zur Endstation Lagos. Am Flughafen den Flughafen-Pendelbus zum Hauptbahnhof in Faro nehmen und dann den Regionalexpress: Dauer ca. 1.45 Stunden, Kosten um die 7,50 Euro. Auf den vielen Plätzen in der Stadt kann man Musiker gratis spielen hören, die sich allerdings über ein kleines Trinkgeld freuen. GuruWalk bietet kostenfreie Städtetouren mit Locals. Frei zugänglich ist der vier Kilometer lange Strand Meia Praia. In der Altstadt kann man viele Häuserfassaden mit den typischen Azulejos (Kacheln) und auch die Calçadas (kunstvoll in Motiven und Mustern verlegte Pflastersteine) bewundern. Auf der palmengesäumten Promenade Av. dos Descobrimentos kann man neben dem Flüsschen Bensafrim flanieren. Und: Man sollte keinen Cappuccino bestellen, denn in Portugal ist das Kaffee mit Sprühsahne, der das Doppelte vom normalen Kaffee kostet.

## WEITERE INFORMATIONEN:

www.visitalgarve.pt

In den gemütlichen Gassen von Faros Altstadt (oben links) sitzt es sich gut unter blühenden Bäumen (oben rechts). Das Stadttor Arco da Vila ähnelt einer Kirchenfassade (rechts oben), Boote ankern in der Marina (rechts unten).

# 41 Störche, Sandstrände, schöne Gassen – Faro

## Viel mehr als nur der Flughafen an den Algarvestrand

**Die meisten Reisenden kennen von Faro höchstens den Flughafen, denn auf den ersten Blick gibt es für den Algarveurlaub angesagtere Orte. Dabei hat das Städtchen eine sehenswerte Altstadt samt Kultur zu bieten. Und obendrein liegt ein riesiger Naturpark direkt vor der Tür – was sich nicht zuletzt im Frühling an den ungewöhnlichen Dachbewohnern zeigt.**

Ein typisches Geräusch für Faro im Frühjahr: Es klappert. Von oben. Vor allem auf den Dächern der Altstadt, auf Vorsprüngen historischer Balustraden oder auch auf dem Turm der Kathedrale finden sich wagenradgroße Nester aus groben Zweigen. Und mittendrin stehen Störche, legen den Kopf in den Nacken und klappern, was das Zeug hält. Das hat nur einen Zweck: Kommunikation. Entweder lockt ein Storch sein Herzblatt an oder verteidigt das gemeinsame Glück gegen Konkurrenten. Oder der Sommer ist vorangeschritten, und die Jungen üben sich in der Storchenverständigung. Wer auf den breiten Glockenturm der stämmigen Kathedrale, der »Sé«, klettert, um den besten Rundblick über Altstadt und Umland zu genießen, der kommt manchmal auf Armeslänge an das Storchennest heran. Dort in der Ferne Richtung Süden, bevor der Atlantik beginnt, liegt das Feuchtgebiet »Ria Formosa«. Es ist voller Fische, Frösche und anderem Getier – die reich gedeckte Schlemmertafel der Störche.

### Typisch Algarve

Auch die lang gestreckte Sandinsel »Ilha da Barreta« ist zu sehen, per Fähre in einer halben Stunde zu erreichen. Doch mit nahen Inseln oder Sandstränden können andere Algarvestädte viel besser punkten. Der einzige Sonderbonus dieser »Ilha«: Ihr vorderer Knick ist der südlichste Punkt Portugals.

So ist es interessanter, was hier vom Turm aus in der Nähe zu sehen ist: die schmalen Gassen von Faros Altstadt »Cidade Velha«, die zwar vom großen Erdbeben beschädigt wurde, vom Tsunami aber verschont blieb, denn die Welle wurde durch das breite Feuchtgebiet ausgebremst.

In Faro begegnen den Besuchern deshalb noch besonders viele historische Bauten im typischen Stilmix der Algarve, also mit römischen, maurischen, gotischen, manuelinischen und anderen Elementen; die Kirchen aufwendig verziert mit vergoldeten Schnitzereien, dazu einige Museen. Im alten Stadttor »Arco da Vila« findet sich ein Bildnis des heiligen Thomas von Aquin – des offiziellen Schutzheiligen von Faro, seit er die Bewohner vor der Schwarzen Pest gerettet haben soll.

## Portugal pur

Eines der kuriosesten Bauwerke ist vielleicht die barocke Karmeliterkirche »Igreja do Carmo«, denn sie hat neben dem üblichen – durchaus ansehnlichen – Kirchenschiff auch eine Knochenkapelle zu bieten: Echte Knochen und Schädel zieren die Wände, es sind die Gebeine von Karmelitermönchen aus dem frühen 19. Jahrhundert. »Bedenke«, warnt ein Spruch über dem Eingang, »dass auch du diesen Zustand erreichen wirst.«
Außerhalb dieser schaurigen Gemäuer wirkt Faro aber höchst lebendig und – es hat Lokalkolorit. Hier sind die Gassen nicht voller Touristen, hier gehen die Einheimischen selbst bummeln und einkaufen. Die Lädchen sind Lädchen, keine Boutiquen. Abends an der Bar trifft man eher den Handwerker und Fischer beim Feierabendbier als den DJ beim Cocktail.
Und ein typischer Duft durchweht Faro, nicht nur im Frühjahr, sondern das ganze Jahr: ein Hauch von Orangenblüten. An vielen Ecken und Plätzen stehen die immergrünen Dauerblüher, das wohl lebendigste Erbe, das die Mauren der Region hinterlassen haben.

## ECHTE SCHNÄPPCHEN

Unter portugalexpert.de kann man sich einen kostenlosen Stadtplan downloaden, auf dem die kulturellen Highlights auf einer 3,5 Kilometer langen Tour gelistet sind. Wer die Knochenkapelle von Faro (Nossa Senhora do Carmo) besichtigen möchte, muss den seitlichen Eingang nutzen, der Eintritt kostet 2 Euro. Die Altstadt ist frei zugänglich, und man kann sich gratis an den schönen Häuser, die überwiegend aus dem 17./18. Jahrhundert stammen, erfreuen. Ein Spaziergang entlang des Hafens ist gratis und sehr idyllisch. In der Nähe liegt die Kathedrale Igreja da Sé, die 3 Euro Eintritt kostet; darin ist auch eine Ausstellung enthalten, und vom Turm hat man einen tollen Weitblick über die Altstadt und den Hafen bis zum Naturschutzgebiet Ria Formosa. Im Garten der Kathedrale findet man auch einen Knochenaltar. Übrigens: Die typischen hiesigen Sardinen in ihren hübschen bunten Verpackungen sind kostengünstige Souvenirs.

## WEITERE INFORMATIONEN:

www.visitportugal.com

Seit Jahrhunderten überragt der Torre de Clérigos die Dächer der Altstadt (rechts). Zu seinen Füßen rattert die Straßenbahn durch die Rua 31 de Janeiro (oben links), Boote liegen am Ufer mit Blick auf Porto (oben rechts).

# 42 Rote Dächer am blauen Fluss – Porto

## Pralles Leben in der geschäftig-bunten Hafenstadt

**Der Name ist Programm: »Porto« bedeutet Hafen, und der prägt die Stadt seit jeher. Umgeben von einer fruchtbaren Landschaft, entstand an der Mündung des Rio Douro das wichtigste Wirtschaftszentrum Portugals. Und mit rund 216 000 Einwohnern die zweitgrößte Stadt des Landes. Besonders stolz sind die Portuenser darauf, dass ihre Altstadt seit 1996 zum UNESCO-Weltkulturerbe zählt.**

In Lissabon wird das Land regiert, doch Porto sieht sich als seine heimliche Hauptstadt. Schließlich werde hier das Geld verdient, das man in Lissabon ausgebe, heißt es. Außerdem sei das ganze Land nach dieser Stadt benannt. Wo sie recht haben, haben sie recht. Die Griechen errichteten an der Flussmündung eine Handelssiedlung, die sie »Kalos« (griechisch: schön) nannten. Die Römer machten daraus »Portus Cale«, den ruhigen Hafen. Daraus entstand im Mittelalter Bezeichnung der kastilischen Grafschaft »Portucale« und mit der Unabhängigkeitserklärung der Grafen von Braganza schießlich der heutige Name.

### Ein geschäftiges Auf und Ab

Porto ist auf Hügeln gebaut und zieht sich auf bisweilen recht steilen Terrassen die Hänge hinauf. So sind nicht nur in der Altstadt »Ribeira« die Straßen eng und ist der Verkehr dicht. Doch ein Besuch dort lohnt allemal: Kleine Lädchen und Lokale drängen sich neben Fado-Bars und Cafés, auch die Einheimischen schauen hier vorbei. Der Trubel passt zu Porto, es war schon immer geschäftig.

Überall begegnet man Zeugnissen der langen, bewegten und reichen Vergangenheit der Stadt. Moderne Gebäude treffen auf historische Gemäuer, romanische und gotische Bauwerke stehen zwischen Kirchen und Palästen der Renaissance, der Manuelinik, des Barock, des Klassizismus und Neoklassizismus – die meisten Sehenswürdigkeiten lassen sich an einem Tag zu Fuß erobern.

### Genuss für Augen und Gaumen

Ein guter Ausgangspunkt ist der Bahnhof Estação de São Bento, errichtet auf den Grund-

Peza Arroz
JANTARES
Filha da Mãe Preta
ALMOÇOS
Restaurante
Peza Arroz
PORTO CRUZ

mauern eines Klosters. Das hatte 1894 ausgedient und wurde abgerissen, um die einträglichen Bahnstrecken aus dem Norden und Osten bis mitten in die Innenstadt führen zu können. Bis der neue Bahnhof fertig war – er sollte 16 Jahre Bauzeit benötigen –, endeten die Züge einfach bei einigen Holzhütten an der nahen »Praça da Liberdade«.

Bis heute ist das Bahnhofsgebäude in seinem Innern ein Augenschmaus: Die Wände der lichtdurchfluteten Vorhalle sind von oben bis unten mit prächtigen Azulejo-Bildern geschmückt. Sie zeigen Szenen aus dem Transportwesen und vor allem aus der portugiesischen Geschichte: Von der Hochzeit Johanns I. mit Philippa von Lancaster bis zu Heinrich dem Seefahrer, der die nordafrikanische Stadt Ceuta erobert.

Der Sohn Johanns und Philippas wurde nicht nur in Porto geboren, von hier lief die einzige Flotte aus, die er je persönlich befehligte, um einen Angriff auf Marokkos Küste zu wagen und ins Herrschaftsgebiet der Mauren einzudringen, die von der Iberischen Halbinsel erfolgreich vertrieben waren. Der Feldzug im Jahr 1415 brachte für Heinrich einen Sieg und den Portuensern ihren Spitznamen »Tripeiros«: die Kuttelesser.

Eine Spöttelei, die immer wieder mit Stolz erwidert wird. Denn die Einheimischen wollten die auslaufende Flotte mit allen Mitteln unterstützen und schlachteten sämtliches Vieh. Das Fleisch gaben sie den Schiffsbesatzungen, für sich selbst behielten sie nur die Innereien, die »tripas«. Dass das gar nicht ein so großes Opfer war, kann jeder Besucher selbst testen: Die »Tripas à moda do Porto«, Kutteln mit weißen Bohnen, Zwiebeln, Hühnchen und mehr gefüllt, stehen bei vielen Restaurants auf der Karte – und sind sehr schmackhaft.

Die »Praça da Liberdade«, der Platz der Freiheit, liegt nur einige Schritte vom Bahnhof entfernt und öffnet den Blick auf zahlreiche prächtige Stadtpaläste. Hierher verlagerte sich das Stadtzentrum im 19. Jahrhundert, weg von der tief gelegenen Altstadt am Flussufer.

Quasi gekrönt wird das Viertel von der »Câmara Municipal«, dem neuen Rathaus am Ende der Prachtstraße der Stadt, der Avenida dos Aliados. Das elegante, reich verzierte Gebäude aus Granit und Marmor stammt aus dem Jahr 1920 und wird überragt von einem 70 Meter hohen Turm, dessen Uhrwerk der Stadt stets die richtige Stunde schlägt.

Azulejos finden sich auch in Porto, etwa an Hausfassaden am Cais da Ribeira (links) und an der Kathedrale (unten).

Gaumenfreuden versprechen der Jugendstil-Delikatessenladen (unten) und das Café Majestic (rechts oben). Detail von Vital Rifarto (ganz unten), Brunnen der Praça de Gomez Teixeira (rechts unten)

In dieser Gegend sollte man eine Kaffeepause einlegen, einen »Galão« genießen oder einen Espresso, der nur in Porto »Cimbalino« heißt – denn direkt am Platz finden sich das traditionsreiche »Café Imperial« und für den süßen Zahn die »Pastelaria Confeitaria Arcádia«, beide mit künstlerischem Ambiente voller Glasmalereien und Art-déco-Schmuck. Und nicht weit entfernt, in der Einkaufsstraße Rua de Santa Catarina, wartet das bekannte »Café Majestic« im charmanten Jugendstilambiente aus den 1920er-Jahren.

### Sehenswertes in allen Himmelsrichtungen

Wendet man sich vom Platz der Freiheit Richtung Westen, erreicht man den »Torre de Clérigos« und seine Kirche »Igreja de São Pedro dos Clérigos« aus dem 18. Jahrhundert, eine reich verzierte Kombination aus Barock und Rokoko. Der mit 76 Metern höchste Kirchturm Portugals war einst ein markantes Landzeichen für heimkehrende Schiffe – wer die mehr als 200 Stufen bewältigt, wird mit einem schönen Ausblick über die Alte Universität, das sehenswerte Kirchendoppel »Igreja do Carmo« und »Igreja dos Carmelitas« und den angrenzenden Park belohnt. Zu Fuß käme man auf dem Weg dorthin an Portos ältester Buchhandlung vorbei, der »Livraria Editores Lello & Irmão«, mit neogotischer, fein verzierter Fassade, deren ehrwürdiges Jugendstilinneres schon allein wegen seiner prächtigen Freitreppe einen Besuch wert ist.

Vom Turm aus reicht der Blick nach Westen bis ans Meer, nach Osten folgt er über den Bahnhof hinaus dem Douro-Tal. Im Norden könnte man den weißen Würfel der modernen »Casa da Música« erahnen, die später unbedingt einen Besuch lohnt. Die niederländischen Architekten Rem Koolhaas und Ellen van Loon errichteten hier 2005 eine architektonisches Meisterwerk, einen vielflächigen, von zum Teil gewellten Fenstern gebrochenen Betonkörper über einem weiten Platz, der auch im Inneren durch schräge Konstruktion überrascht. Als Konzerthalle findet er bei Klassikliebhabern ebenso Anklang wie bei Popkünstlern und Fans der experimentellen Musik.

Und wer vom Turm herab nach Süden blickt, schaut genau auf die Altstadt und den Rio Douro – über den in kühnem Bogen die eiserne »Ponte Dom Luís I.« von Gustave Eiffel zum anderen Flussufer führt: nach Vila Nova de Gaia, der eigenständigen Nachbarstadt Portos.

Die hat zwar auch sehenswerte Kirchen, Klöster und andere Bauten aufzuweisen, ist aber vor allem bekannt für ihre Portweinkellereien, deren Lager sich am Flussufer entlangziehen.

## Vom anderen Ufer aus

Hier schließt sich der Kreis: Von Gaia aus, wie es im Volksmund heißt, ist Porto bestens zu überblicken. Übers Wasser, mit Booten im Vordergrund, wie es sich für eine Hafenstadt gehört. Besonders schön wirkt die Silhouette, wenn das Abendlicht die Häuser vergoldet. Gut zu erkennen ist das Ensemble der »Ribeira«, das seit 1996 zum UNESCO-Weltkulturerbe gehört, explizit die folgenden drei Gebäude: die Kathedrale »Sé« mit ihrem romanischen Chor, die auf einem eigenen Hügel thront und trotz vieler Umbauten über die Jahrhunderte ihre trutzige Erscheinung bewahrt hat; die pompöse klassizistische Börse »Palácio da Bolsa« von 1844, deren Bau von den Händlern selbst finanziert wurde und die einen Saal im prächtigen maurischen Stil birgt; und die typisch portugiesisch-manuelinische Barockkirche »Igreja Santa Clara«, die hinter der schlichten gotischen Fassade innen mit wertvollen Hölzern aus Brasilien und Blattgold ausgestattet ist.

Heinrich der Seefahrer ist gleich mehrfach vertreten: Sein Denkmal nahe der Börse auf seinem eigenen Platz, der »Praça Infante Dom Henrique«, blickt über die ebenfalls nach ihm benannte Straße auf die »Casa do Infante«: Dieses alte Granitgebäude soll sein Geburtshaus gewesen sein. Nur einen Steinwurf entfernt liegen die Kais von »Ribeira«, von denen aus Heinrichs Eroberungsflotte einst in See gestochen sein könnte.

Heute legen dort die Ausflugsschiffe an, die Touristen den Rio Douro hinauf ins Anbaugebiet des Portweins tragen. Und die flachen Segler, welche die Weinfässer früher hierher transportierten. Die »Barcos Rabelos« liegen meist nur noch still vor Anker. Bis zum Johannisfest im Juni: Dann feiert die ganze Stadt, und auf dem Douro laufen die alten Boote bei den »Regatas dos Rabelos« noch einmal zu voller Größe auf.

### ECHTE SCHNÄPPCHEN

Die Porto Free Tour ist eine Bürgerinitiative, die kostenlose Spaziergänge mit Einheimischen organisiert. Im Künstlerviertel sind in der Rua Migual Bombarda die Ausstellungen samstags frei zugänglich. Auf dem Markt in Bolhão kann man die traditionelle portugiesische Kultur entdecken und günstiger als in einem Restaurant essen. Der Bahnhof Porto São Bento bietet eine spektakuläre Fassade und einen Innenraum, der mit Mosaiksteinchen gepflastert ist – ein Kulturdenkmal. Das Casa da Música ist ein architektonisches Meisterwerk und beherbergt das Klassikorchester Portugals. Der Eintritt ist nicht umsonst, aber man kann während der Sommermonate kostenlos bei den Proben des Orchesters zuhören. Das Museu de Arte Contemporânea de Serralves bietet jeden ersten Sonntag im Monat freien Eintritt, das Portugiesische Zentrum für Fotografie in einem ehemaligen Gefängnis ist immer kostenfrei.

### WEITERE INFORMATIONEN

https://portofreetour.com

Auf Klippen liegen ursprüngliche Orte wie Camara de Lobos (oben links). Auf Touristen warten die traditionsreichen Korbschlittenfahrer in Monte (oben rechts) und die üppige Vegetation der Insel an Wanderpfaden (rechts).

# 43 Blumen, Vulkane und eine grüne Hölle – Madeira

## Ein einziger Paradiesgarten und kein Sandstrand

**Ein gewaltiger Vulkankegel, der sich über einer zerklüfteten Landschaft weit aus dem Atlantik erhebt: die grüne Insel Madeira mit Naturparks und üppigen Gärten. Mittendrin liegt die Hauptstadt Funchal, das quirlige Zentrum des schroffen Eilands. Und für Sportler ist ohnehin die ganze Insel ein Paradies. Nur Sandstrände bietet Madeira nicht – die finden Sonnenanbeter auf dem Nachbarinselchen Porto Santo.**

Knallroter Hibiskus, orange-blaue Strelitzien, weißer Jasmin und rosarot blühende Kamelienbäume – Madeira heißt auch »Blumeninsel« oder »schwimmender Garten im Atlantik«. Das milde und feuchte Klima des Eilands sorgt zusammen mit emsigen Gärtnern dafür, dass es überall farbenprächtig blüht und duftet. Zahlreiche Arten kommen nur hier vor, etwa das seltene Madeira-Veilchen oder die Fischfang-Wolfsmilch, mit deren giftigem Saft die Einheimischen einst am flachen Ufer fischten. Andere Pflanzen hingegen, die heute in Gärten und Plantagen gedeihen, wurden erst vor rund 200 Jahren auf die Insel gebracht. Doch gleichgültig, ob heimisch oder eingeführt: Mit der Festa da Flor, dem Blumenfest, begrüßen die Madeirer im April den Frühling mit einem großen Umzug, an dem zahlreiche mit Blumen geschmückte Wagen teilnehmen.

Zu den Kleinodien der Gartenkunst zählt neben dem großen Botanischen Garten der »Jardim Tropical Monte Palace« oberhalb von Funchal. In dem halb wilden, tropischen Park schlängeln sich verwitterte Wege durch üppige Azaleen, Orchideen und mannshohe Farne. Hier sollte man Zeit mitbringen, um all die verwunschenen Ecken zu entdecken.

### Einzigartige Natur

Klimatisch ist Madeira verwöhnt, im Winter herrschen im Schnitt 19 Grad und im Hochsommer 25 Grad. Dabei fällt im Norden der Insel deutlich mehr Regen, während im Süden suptropisches Klima vorherrscht. Um

Landwirtschaft und Handwerk: Bauernhäuser bei Santan (unten) und Gehöft bei Faja de Penedo (ganz unten). Traditionelle Weidenschälerin (rechts oben) und der bunte Markt Funchals (rechts unten)

das auszugleichen, legten frühe Siedler und Sklaven schon ab dem 15. Jahrhundert ein System schmaler Bewässerungskanäle an: Die »Levadas« ziehen sich von Norden nach Süden über die Insel.
Dazwischen schaffen die vielen Berge und Schluchten ein vielfältiges Mikroklima, und in jedem Tal herrschen andere Verhältnisse. So haben ganz unterschiedliche Vegetationsgemeinschaften ihren Platz auf Madeira gefunden: Im Westen liegt das Hochmoor Paul da Serra, und bei Ilha wächst der als UNESCO-Naturerbe geschützte Lorbeerwald Laurisilva, wie es ihn im Tertiär überall in Europa gab. Ihm verdankt die »Ilha da Madeira« (Holzinsel) ihren Namen – auch wenn der Wald später an vielen Stellen gerodet oder zum Schiffsbau verwendet wurde. Immerhin bedeckt er heute noch 20 Prozent der Insel. Und nur hier können Wanderer noch durch ein solches Naturrelikt spazieren. Der rund einstündige Lehrpfad in Ribeiro Frio führt hindurch zwischen duftenden Lorbeerbäumen, Wacholderzedern und Madeira-Mahagoni.
Im Nordwesten Madeiras hingegen finden sich mächtige Eukalyptuswälder, die sich aus der Ferne schon durch ihren typischen Geruch verraten. Madeira ist sich der Bedeutung seiner einmaligen Natur bewusst – rund zwei Drittel der Insel stehen als Naturreservate, geschützte Landschaften und Erholungsgebiete unter Schutz.

### Sportparadies mit Kulturbeigabe

Der alte Vulkankegel Pico Ruivo hebt sich 1861 Meter übers Meer und bietet Wanderern hochalpine Erlebnisse. Doch die meisten Besucher der Insel bevorzugen weniger steile Pfade entlang den »Levadas«, durch Wälder und Schluchten, an kleinen Seen und Wasserfällen vorbei. Auch ohne Wanderschuhe findet sich auf Madeira für jeden eine Sportart: Golfen im Hochland, Tauchen, Segeln, Baden im Naturschwimmbecken. Oder man kann sich mit dem Drachenflieger von den Klippen stürzen.
Für die Kultur sorgt die Inselhauptstadt Funchal. Wie ein Freilufttheater schmiegt sie sich an die Berge an der Sonnenseite der Insel. Hotels reihen sich entlang der Küstenlinie wie Perlen an einer Schnur. Im Hafen liegen große Kreuzfahrtschiffe, deren Gäste Funchal während einiger Stunden Landgang entdecken. Einen ersten Ausblick über die Inselhauptstadt bietet der »Jardim Botánico«, der Botanische Garten, 305 Meter hoch über der Stadt auf Terrassen angelegt und ein halbes Jahrhundert alt.

Unten im Häusergewirr liegen die meisten Sehenswürdigkeiten dicht beieinander um die Praça do Município. Über das Kieselsteinpflaster aus Lava und Marmor schlendern Touristen aus aller Welt, um den barocken Prunkpalast zu besichtigen, in dem heute das Rathaus untergebracht ist.

## Zucker und Wein

Funchals Vergangenheit ist vor allem süß: Im 15. Jahrhundert war die Stadt Europas wichtigster Handelsplatz für Zucker. Noch heute erinnern fünf Zuckerhüte im Stadtwappen an die Grundlage für den Wohlstand. Alte Straßennamen wie die Rua dos Caixeiros, die Straße der Zuckerkistenmacher in der Altstadt, stammen aus dieser Zeit. Allerdings laugte der Boden schnell aus, der Zuckerrohrertrag ging zurück, und Weinstöcke hielten ihren Einzug auf der Insel; später allerdings stark dezimiert durch Reblausseuchen.
Das alles hat kulinarische Spuren hinterlassen, Madeira ist eine Genießerinsel. Neben dem berühmten Madeirawein trinkt man gern das Nationalgetränk »Poncha«, einen Mix aus Zuckerrohrschnaps, Honig und Zitronensaft. Der traditionelle schwere Kuchen »Bolo de mel«, die Honigtorte, ist ebenfalls aus dem süßen Rohr – und darf nicht mit dem Messer, nur per Hand zerteilt werden. Auf den Speisekarten dominieren Rind, Schwein und Huhn, außerdem viele Sorten frischer Fisch, Inselfrüchte und Gemüse. Fleischfans lieben das Nationalgericht »Espetada«, das ist Ochsenfleisch am Spieß, über offenem Feuer gegrillt. Jeden November feiern die Madeirer diese Genüsse mit einem Gourmet-Festival.

## Madeiras kleine Schwester

Wer eine Pause von der grünen Insel braucht und ruhige Tage am Sandstrand verleben möchte, nimmt die Fähre nach Porto Santo, Madeiras kleiner nordöstlich gelegener Schwester. »Ilha Dourada«, die goldene Insel, heißt sie wegen ihres riesigen goldgelben Sandstrands auch. Ihren offiziellen Namen, Heiliger Hafen, bekam sie im 15. Jahrhundert von frühen Entdeckern, die hier nach langer Seefahrt endlich wieder festen Boden unter den Füßen hatten. Heute bietet das eher trockene Eiland auf gut 40 Quadratkilometern vor allem Ruhe und fast karibisches Flair. Nur 5000 Menschen wohnen hier. Doch auch Unterkünfte vom familiären Minihotel am Strand bis zum 5-Sterne-Spa-Resort locken. Die einzige noch bewaldete Anhöhe der Insel, der Pico do Castelo, bietet in 437 Metern Höhe eine bemerkenswerte Aussicht über Insel und Horizont des Ozeans. Und ein paar Steinreste der namengebenden Festung. Doch die meisten Touristen kommen ohnehin nicht zum Wandern, das tun sie auf Madeira. Porto Santos Attraktion ist sein sagenhafter Strand.

## ECHTE SCHNÄPPCHEN

Für Gäste mit Wanderstiefeln gibt es viele kostenlose abwechslungsreiche Möglichkeiten: 2000 Kilometer Wege von der einfachen Tour ohne nennenswerte Steigung bis zur hochalpinen Bergtour am Pico do Arieiro. Einer der schönsten Wege verläuft entlang den Levadas von Rabaçal, durch Moose, Farne und Sträucher. Am Risco-Wasserfall stürzt das Nass 100 Meter in die Tiefe, oben bietet ein Aussichtspunkt grandiose Blicke auf die Kanäle, die sich mal um eine Schlucht winden, mal steil in den Berghang gehauen sind. Zu Ausflügen mit Picknick locken die frei zugänglichen Waldparks wie der Ribeiro Frio, wo sich Gärten harmonisch mit natürlichen Waldgebieten und Panoramaaussichten verbinden. Im Waldpark Queimadas wartet frei zugänglich ein üppiger Forst mit Wegen, gesäumt von Stechginster und blühenden Hortensien.

## WEITERE INFORMATIONEN

Broschüren und weitere Informationen gibt es beim Fremdenverkehrsamt Madeira: www.madeiraislands.travel oder unter www.visitmadeira.de

# 44 Wo das Hoch wohnt – Azoren

## Einsame Eilande mitten im Atlantik

**Neun Inseln, weit ab von jedem Festland, mitten im Atlantik gelegen, bilden die portugiesische Região Autónoma dos Açores, die Autonome Region der Azoren. Rund 1500 Kilometer sind es von hier bis Lissabon und 3500 bis zur Ostküste des nordamerikanischen Kontinents. Schon seit vielen Jahrhunderten ein wichtiger Stützpunkt für Seefahrer auf der Atlantiküberquerung.**

Die Ilhas dos Açores, zu Deutsch »Habichtsinseln«, stehen in Europa landläufig für ein sommerlich schönes Hoch. Dabei herrscht auf ihnen oft wechselhaftes Aprilwetter. Zudem ist es fast immer windig, im Winter toben gewaltige Stürme – ob auf Santa Maria, Ilha do Faial, Pico, Graciosa, São Jorge, Terceira, Flores oder Corvo. Insgesamt bewohnen knapp 250 000 Menschen die Azoren, auf einer Fläche von der Größe des Saarlands. Hauptinsel ist São Miguel mit der inoffiziellen Hauptstadt Ponta Delgada – doch eigentlich sind die Hauptstädte der drei Azorendistrikte gleichrangig.

Vor dem Pico-Gipfel die Windmühlen auf Faial (unten links), auf Flores der Blick auf Fajazinha (rechte Seite oben). São Miguel bietet den Thermalwasserfall von Caldeira Velha (rechte Seite unten) und große Musikfeste (unten rechts).

### Unruhige Geschichte und wechselnde Besatzer

Mitte des 15. Jahrhunderts siedelten die ersten Europäer auf den Azoren. Die Portugiesen hatten sie auf Geheiß Heinrichs des Seefahrers 1427 in Besitz genommen. Zu den ersten Siedlern zählten neben portugiesischen Bauern auch Flamen. Die hatten sich dort auf Initiative von Heinrichs Schwester Isabella niedergelassen. Isabella war verheiratet mit Phillip III. dem Guten von Burgund, zu dessen Herrschaftsbereich damals auch die Niederlande zählten. Noch heute erinnern Windmühlen, etwa auf der Insel Faial, an diese frühen Siedler. Als 1580 der spanische König in Personalunion auch portugiesischer Herrscher wurde, wehrten sich die Insulaner vehement gegen die Spanier. Sogar Stiere ließen die Azorer auf die neuen ungeliebten Herren los – ohne bleibenden Erfolg allerdings.

### Portugals Seehandelsstützpunkt

Die Azoren öffneten Portugal als erster Kolonial- und Seehandelsmacht der Neuzeit den Weg

nach Afrika und Amerika. Als die Geschäfte mit Gold und kostbaren Gewürzen so richtig in Schwung gekommen war, legten nahezu alle Handelsschiffe, die die neuen Routen befuhren, auf den günstig gelegenen Azoren an, um frisches Wasser und Proviant an Bord zu nehmen. Zu Beginn des 19. Jahrhunderts begann man zudem, Ananas, Tee, Orangen und Tabak anzubauen, der Handel blühte. Gleichzeitig wurde der Walfang intensiviert und mithilfe Portugals eine eigene Fangflotte aufgebaut. In den vergangenen Jahren gewinnt der Tourismus zunehmend an Bedeutung – etwa in São Miguel, wo seit 2008 viele Segler im neuen Jachthafen anlegen.

## Die Kraft der Vulkane

Die Azorer trotzten über die Jahrhunderte den Naturgewalten. Vor allem Vulkanausbrüche und Erdbeben setzten ihnen immer wieder zu. Erst im letzten Jahrhundert war der vulkanische Untergrund wieder besonders aktiv: Im Jahr 1957 mussten auf Faial 2000 Menschen umgesiedelt werden, als der Vulkan Capelinhos ausbrach. Viele von ihnen wanderten in die USA aus. 1980 zerstörte ein Erdbeben Angra do Heroísmo, die Hauptstadt der Insel Terceira. Acht Jahre später erschütterte ein Beben die Insel Faial. Durch die aktiven Vulkane dürften die Azoren in nicht allzu ferner Zukunft aber auch Zuwachs erhalten: Zwischen São Miguel und Terceira wächst zum Beispiel ein Vulkan aus dem vier Kilometer tiefen Atlantik, der heute gerade noch zwölf Meter unter der Wasseroberfläche endet. Portugals höchster Berg liegt übrigens auch auf den Azoren: Der Vulkanberg Pico Alto auf der gleichnamigen Insel ragt 2351 Meter in den Himmel und trägt im Winter sogar eine weiße Mütze.



### ECHTE SCHNÄPPCHEN

Die frei zugänglichen Wanderwege auf den Azoren sind sehr gut ausgeschrieben und gekennzeichnet. Auch die Busse sind sehr günstig, und Atlantico bietet einen preiswerten Fährpass an, den »Sea Pass«: Für Fahrten innerhalb einer Inselgruppe kostet dieser um die 60 Euro, für den gesamten Archipel um die 130 Euro. Auf São Miguel kann man die Teemanufaktur Chá Gorreana (die einzige in Europa) kostenlos besichtigen, durch die Teeplantage spazieren und natürlich den Tee probieren. Der Eintritt zur Ananasplantage von Ananás Santo António ist auch frei. Beim Lagoa das Furnas erlebt man gratis und live vulkanische Aktivität, denn hier treten heißer Dampf und Schwefel aus. Auf den Inseln kann man viele Lost Places kostenfrei erkunden. Es gibt einige Sandstrände mit Strandbar, die kostenlos zugänglich sind. Öfters findet man aber Hafenbäder, die alle frei zugänglich sind.

### WEITERE INFORMATIONEN

www.visit-azoren.de

# Europas Norden und Westen

## Kühle Schönheiten und reines Naturvergnügen

Der Parlamentspalast in Bukarest besticht mit seiner Architektur (links). Vom Turm der Erlöserkirche hat man einen weiten Blick über Stockholm (rechts oben). Die berühmten Glasröhren des Rike Park in der Altstadt von Tiflis sind ein wahrhaftiger Hingucker (rechts unten).

Dover besitzt zwei berühmte Wahrzeichen: das imposante Dover Castle (oben), an dem kaum ein Schüler schon im Englischunterricht vorbeikommt und die nicht minder beeindruckenden White Cliffs (rechte Seite), oft das Erste, was man von England von der Fähre aus zu sehen bekommt.

# 45 Von Burgen, Booten und Schmugglern – Dover

## Willkommen im Land der weißen Klippen

**Für viele Reisende ist das Fährterminal von Dover der erste Eindruck, den sie von Südengland erhalten. Für die allermeisten heißt es hier: rein ins Auto, runter von der Fähre und möglichst schnell ab durch die Mitte. Auf diese Weise verpassen sie eine attraktive Stadt mit bewegter Geschichte und maritimem Flair, die weitaus mehr zu bieten hat als Fähren und Industriegebiete.**

Dover ist zweifelsfrei Englands bekanntester Fährhafen, doch das ist nicht unbedingt ein Vorteil, wenn es darum geht, Besucher anzulocken, die etwas länger bleiben. Wie viele andere Hafenstädte gilt es als reine Durchgangsstation. Diesem Vorurteil ist nur schwer beizukommen und entbehrt in Dover zudem jeder Grundlage. Es lohnt sich nämlich durchaus, in der Stadt Halt zu machen und nicht gleich zum nächsten Ziel weiterzufahren. Tatsächlich ist dieser Teil von Kents Küste ist mit seinen majestätischen Kreidefelsen, schicken Restaurants, eleganten Boutique-Hotels, geschichtsträchtigen Burgen und erstklassigen Golfplätzen eine Bereicherung für jeden Besucher.

Die spektakulären Kreidefelsen von Dover, die sich mehr als 30 Kilometer an der Küste Kents entlang ziehen, sind eine Ikone und ein Wahrzeichen zugleich. Die weißen Steilklippen werden seit Jahrzehnten in Liedern besungen und in Filmen verewigt. Wer mit der Fähre nach Dover anreist, kann schon vom Meer aus die gewaltigen Felsen bewundern, die wie weiße Naturriesen die Insel zu bewachen scheinen. Natürlich kann man auch oben auf den Klippen oder unten am Strand hervorragende Wanderungen unternehmen. Das National Trust Visitor Centre und Samphire Hoe bilden gute Ausgangspunkte für unterschiedliche Touren, sodass etwas für jeden dabei ist.

Viele Südengland-Urlauber wählen zur Anreise die Fährverbindung von Calais oder Ostende nach Dover (oben), im Hafen von Dover (unten) betreten sie die Insel und erkunden zunächst Dover Castle, das über Stadt und Hafen thront (rechte Seite).

## Lebendige englische Geschichte

Im Dover Museum bekommt man eine ganz neue Sicht auf Fährschiffe, hier ist unter anderem ein 3000 Jahre altes Seeschiff aus der Bronzezeit ausgestellt. Das Museum im Stadtzentrum ist weit mehr als ein weiteres Haus der Lokalgeschichte. Seine archäologischen Fundstücke können sich sehen lassen, genauso wie sein interaktives Konzept, das den Besuch nicht langweilig werden lässt. Hier wird das Leben über die Jahrhunderte in einer der bedeutendsten Hafenstädte Englands anschaulich dargestellt. Dabei kann das Museum auf eine umfangreiche Sammlung zurückgreifen, denn es wurde bereits 1836 gegründet und zählt damit zu den ältesten Museen in Kent. Ob Originalobjekte, Grafiken oder Modelle, alles wird hier so gelungen präsentiert, dass die Entwicklung Dovers greifbar wird.

Ein Glücksfall war sicherlich die Entdeckung des Dover Boat. Das Boot aus der Bronzezeit wird in einer eigenen Abteilung gezeigt, die auch die Geschichte des Fundes erzählt, über seine Ausgrabung und Konservierung informiert. Das sensationelle Stück ist in eine breite Palette an Exponaten zur Bronzezeit eingebettet, die zusammen mit den fundierten Erklärungen eine Einordnung dieses großartigen archäologischen Fundes erleichtern. Auch die Mehrsprachigkeit der Informationstafeln muss an dieser Stelle einmal gelobt werden.

Ganz in der Nähe wurden zudem bei Bauarbeiten in der New Street Überreste eines römischen Gästehauses mit schönen Mosaiken entdeckt, die man im Roman Painted House besichtigen kann. Neben den herrlichen Mosaiken können auch römische Wandmalereien bewundert werden, die zu den bedeutendsten gehören, die jemals nördlich der Alpen entdeckt wurden. Ganze 26 Einheiten sind erhalten geblieben, die mit ihrer Anordnung der Ornamente, Szenen und Figuren eine erstaunliche Tiefe erzeugen, die einem 3D-Effekt gleichkommt. Der römische Gott des Weines, Bacchus, spielt in den Motiven eine tragende Rolle.

## Von der Festung zum Schloss

Keine zwanzig Kilometer in nordöstlicher Richtung von Dover entfernt liegt mit Walmer Castle eines der schönsten Schlösser im Südosten Englands. Die Anlage wurde Mitte des 16. Jahrhunderts unter Heinrich VIII. errichtet. Ursprünglich war sie Teil einer Festungskette zur Abwehr spanischer und französischer

Invasoren, später wurde sie Residenz des Lord Warden of the Cinque Ports. Als der Duke of Wellington im 19. Jahrhundert das hohe Amt innehielt – er starb 1852 in Walmer Castle –, wurde das Schloss weiter ausgebaut. Doch nicht nur die prachtvollen Innenräume, auch die Gärten der Anlage sind unbedingt sehenswert.

Nur einen Steinwurf in nördlicher Richtung entfernt, steht das mächtige Deal Castle an der Küste. Die trutzig wirkende Befestigungsanlage ist die größte und am besten erhaltene Küstenfestung aus der Zeit Heinrichs VIII. Hier meint man den Pulverdampf der Kanonen noch riechen zu können. In Deal kannte der Einfallsreichtum der Einheimischen keine Grenzen und wurde auf etwas illegale Weise genutzt: zum Schmuggeln. Auf gewisse Weise war die gesamte Küste einst eine »freie« Handelszone, in der die Polizei im ständigen Wettstreit mit den Schmugglern stand. Im Timeball Tower Museum an der historischen Seepromenade erfährt man mehr über das Katz-und-Maus-Spiel, das sich beide Seiten lieferten. Dort gibt es auch ein besonderes Signalsystem zu sehen, das bei ungewöhnlichen Vorgängen verdeckte Signale aussandte. Mit Videos, Bildern und interaktiven Displays erzählt das Museum von der Schmuggelei, der Nachrichtenübermittlung und der Kunst der Navigation aus drei Jahrhunderten.

### Neue Energie sammeln

Wer sich von der anstrengenden Schlösser- und Burgentour erholen möchte, findet genügend Möglichkeiten zum Ausruhen und Auftanken: Erholsame Wellness-Anwendungen, gutes Essen und friedlichen Schlaf bieten zum Beispiel der »Wallett's Court« oder das »White Cliffs Hotel«. Das ausgezeichnete Boutique-Restaurant »The Marquis at Alkham« vermietet auch Zimmer. Hier kann man erst die gehobene Küche genießen und anschließend im selben Haus sanft schlummern. Ansprechenden Vier-Sterne-Komfort bietet das »Ramada« und seemännisch geht es im »Dover Marina Hotel« zu. Das Hotelangebot in der Stadt und ihrer Umgebung hält für jeden Geldbeutel etwas bereit und lässt keine Wünsche offen, denn Dover ist ein äußerst lebendiges Pflaster und lebt natürlich auch von seinem Fährterminal. Und egal ob Reisegruppe oder Individualtourist, Lastwagenfahrer oder Schüler auf Klassenfahrt: Kaum einer begibt sich nach seiner Kent-Reise in Dover wieder auf die Fähre nach Calais oder Dünkirchen, ohne zuvor Dover Castle gesehen zu haben. Und wohl jeder wird zustimmen, dass Dover dank seiner exponierten Lage, seiner 900-jährigen Geschichte und der Aussicht hinüber zum europäischen Kontinent einmalig ist, und zwar aus jeder Perspektive. So gesehen ist Dover weit mehr als eine Durchgangsstation.

### ECHTE SCHNÄPPCHEN

Der Hafen von Dover kann man aus dem Stadtkern heraus bequem in 20 Minuten zu Fuß erreichen. Die öffentlichen Busse fahren häufig und bieten sowohl innerstädtisch als auch zu den umliegenden Orten gute, günstige Verbindungen. Neben einer aufregenden Naturumgebung mit unzähligen Möglichkeiten für Wander-, Trekking- und Radtouren sind die Kreidefelsen und der Samphire Hoe Park frei zugänglich. Im Park kann man in einer traumhaft schönen Kulisse wandern oder radeln und seltene Vögel beobachten. Am St Margaret's Bay Beach kann man wunderbar entspannen und spazieren gehen. Der Eintritt im Leuchtturm South Foreland ist frei. Im Momo Hub kann man gut und günstig essen, und einen preiswerten Schnellimbiss gibt's auch im Castle Take-Away. Ein günstiges kleines Café ist das The Little Kitchen. Günstige Übernachtungen findet man im Hostel Alma oder in den Dover Town Rooms. Günstig und nachhaltig geht's im The White House Dover. Mit am preiswertesten übernachtet man in Zimmern von privaten Gastgebern (alle Preise saisonabhängig).

### WEITERE INFORMATIONEN:

The White Cliffs Hotel: In einem historischen Gebäude aus dem 16. Jh., komfortable und geschmackvolle Zimmer.
High Street, St Margaret's at Cliffe, Dover, Kent CT15 6AT, Tel. +44/(0)7841/40 60 70, www.thewhitecliffs.com

# 46 Geheimnisvolle Landschaft – Dartmoor

## Erkundungen in Englands ältestem Nationalpark

**Wenn die vom Atlantik kommenden Nebel über die Hügel wabern und der Torfboden bei jedem Schritt quietscht und quatscht, wird klar, warum das bis zu 600 Meter hoch gelegene Dartmoor die Fantasie der Menschen seit jeher beschäftigt: Die Moorlandschaft, deren Farne und Flechten, Waldgebiete und Wasserläufe seit mehr als 60 Jahren ein Nationalpark schützt, steckt voller Geheimnisse.**

Grabsteine aus grauem Granit stehen vor der trutzigen Kirche St. Pancras in Widecombe-in-the-Moor (unten). Versteinert liegen die mythischen »Nine Maidens« im Moor im Kreis (rechte Seite oben). Cottages hinter blühenden Rhododendren sind eine oft gesehene Idylle im Süden Englands (rechte Seite unten).

Die Heide blüht lila, der Ginster gelb, ein prächtiges und scheinbar endloses Farbenmeer breitet sich im Sommer unter dem weiten Himmel aus: Dann zeigt sich das Dartmoor von seiner heiteren Seite, dann ist der Boden hart wie eine Tenne, und alle Nebel- und Schreckgespenster sind zwischen Buchdeckel oder auf die Dachböden der geduckt stehenden Farmen verbannt.

### Faszination bei jeder Witterung

In der südwestlichen Grafschaft Devon gelegen, wellt sich das Dartmoor in sanften Hügeln über einem steinharten Untergrund aus 300 Millionen Jahre altem Granit. Dort, wo das Wasser nicht versickern kann, bilden sich Sumpflöcher, in denen fleischfressende Pflanzen wie Sonnentau und Venusfalle auf ihre Opfer warten.

Dieser tückische Morast und der hartnäckige Nebel sorgen in den Pubs der Umgebung für die Geschichten von verschollenen Wanderern und entronnenen Häftlingen.

Das Moor, der älteste Nationalpark Englands, nimmt eine Fläche von 954 Quadratkilometern ein. Weite Teile gehören dem Duke of Cornwall, Prince William; das Herzogtum fällt immer an den ältesten Sohn des Monarchen. Seit der Gründung des Parks 1951 sind die halbwilden Ponys das Symbol des Naturschutzgebiets, und als bekanntestes Gebäude gilt »Her Majesty's Prison Dartmoor« in Princetown.

Heute scheint die Gegend naturbelassen und nur dünn besiedelt, doch die Vergangenheit ist gegenwärtig. Überall kann man Spuren aus alter Zeit entdecken. Nirgends in Europa gibt es eine vergleichbare Dichte prähistorischer und historischer Funde: bronzezeitliche Kistengräber, Megalithfelder, Fundamente von Rundhäusern und Grundmauern mittelalterlicher Dörfer, deren Bewohner von der Pest ausgelöscht wurden.

## Der schwarze Schatz des Dartmoors

Seit der Bronzezeit fand man hier einen wichtigen Rohstoff: Zinn bzw. Zinnerz, dessen unverarbeitete schwarze Brocken black tin heißen. Das Zinn, später auch Eisenerze und Kupfer, wurden an der Oberfläche geschürft und aus den unzähligen kleinen Bächen gespült. Es war eine ertragreiche, aber mühsame Arbeit. In der Nähe dieser Fundstellen entstanden Siedlungen und die Begräbnisstätten zwischen Menhiren und Steinkreisen. Wege wurden angelegt, steinerne Clapperbridges überquerten Flüsse und Bäche: Natursteinbrücken, von denen es im Dartmoor noch 200 Exemplare gibt.
Im 19. Jahrhundert verlegten die Bergleute Schienen zum Abtransport des Granits. An vielen Stellen zeigt das Moor die offenen Wunden des einstigen Abbaus, hohle Mulden und schroffe künstliche Klippen. Der Granit gelangte bis nach London, aus Dartmoor-Granit ist auch die Nelson-Säule auf dem Trafalgar Square in London gefertigt. Die Menschen holzten Wälder ab, rodeten einst dicht bewachsene Flächen und ließen die offene Landschaft des Moors zurück.

## Nur die Harten halten durch

Über 4000 Zeugnisse früherer Bewohner liegen im Nationalpark verstreut. Dartmoor ist eine riesige Spielwiese für Hobbyhistoriker und -geologen. Jeder Blick in die Weite der Landschaft bleibt an rissigen Steinformationen hängen, den Tors, die auf den Hügeln hocken und wie steinerne kariöse Zähne in den Himmel ragen. Es sind die blanken Granitfelsen, die der Bodenerosion standgehalten haben. Sie tragen ungemütliche Namen wie Hound Tor, Vixen Tor, Rough Tor, Haytor oder High Willhays am mit 621 Metern höchsten Punkt im Dartmoor. Bei beginnender Dämmerung oder regnerischem Nebel verzerren sich ihre Konturen zu versteinerten Hunden, Jägern oder Hexen, und bei einem torfigen Ale aus Englands höchstgelegener Brauerei, der Dartmoor Brewery in Princetown, erwachen die Legenden zum Leben. Dartmoor ist nichts für Weicheier. Statistisch gesehen regnet es an 218 Tagen im Jahr. Hier grasen *scottish blackface* und *exmoor horn*, bereit, sich gegen Wind und Wetter

Die halbwilden Ponys sind die Maskottchen des Nationalparks (unten rechts). Durch eine verwunschene Landschaft fließt der East Dart River (oben). Die Clapperbridge bei Postbridge ist durch *Der Hund von Baskerville* bekannt geworden (unten links). Die Dartmoor-Schafe schreckt kein Wetter (rechte Seite unten). Die von der Natur zerfressenen Granitgesteine heißen *tors* (rechte Seite oben).

zu stemmen. Nur die robustesten Tierrassen widerstehen der Witterung; außer den Schafen auch die schmucken *belted galloways*, die aussehen, als hätten sie einen breiten Bauchgurt getragen, als Gott sie schwarz angestrichen hat. Die berühmtesten Tiere aber sind die halbwilden Dartmoorponys, auf denen schon die Königskinder reiten lernten. Einst schufteten die Vorfahren dieser Pferdchen in Minen und Granitsteinbrüchen. Auch Autofahrern laufen die Tiere gern über den Weg: »Drive with Moor Care«. »Sheeps on road« – so steht es auf den Straßenschildern. Vorsichtig fahren, Schafe haben Vorrang!

## Das berüchtigtste Gefängnis im Königreich

In der Mitte des Moors liegt Princetown, das Dorf des Thronfolgers und sein Gefängnis. Die dunkel-abweisenden Mauern sind an klaren Tagen weithin sichtbar. Stein auf Stein mussten sich französische Kriegsgefangene im 19. Jahrhundert ihr eigenes Gefängnis mauern. Ein Entkommen war nicht möglich. Neben dem Gefängnis steht die im grauen Granit glänzende Kirche, die einzige Kirche Englands, die Kriegsgefangene bauten. Vor der Kirche sind im hohen Gras Reihe für Reihe niedrige Stelen aufgerichtet, ohne Worte, ohne Daten, ohne Namen. Die Grabsteine der Kriegsgefangenen stehen als stille Mahnung.

Wenige Schritte weiter macht sich das High Moorland Visitor Centre breit. Früher hieß es »The Duchy Hotel«, und in einem seiner Betten nächtigte Sir Arthur Conan Doyle bei seinen Reisen durch das Dartmoor und träumte schlecht von Hunden. Der pummelige Arzt und Schriftsteller siedelte seinen wohl berühmtesten Roman in Devonshire an: *Der Hund von Baskerville*. Arthur Conan Doyle erlebte die Faszination des Dartmoors gemeinsam mit seinem Freund und Ideengeber Bertram Fletcher Robinson. Der Roman handelt von Kindesmissbrauch, einem entlaufenen Häftling, einem zwielichtigen Naturforscher und einem blutrünstigen Hund mit leuchtenden Augen, dessen Fußspuren das Einzige sind, was man am Ort des Mordes an Sir Charles Baskerville findet. Dann beginnt die Arbeit von Dr. Watson und Sherlock Holmes, den Sir Arthur zu diesem Zweck eigens wiederbelebte – denn eigentlich hatte der geniale Detektiv schon zehn Jahre zuvor *Das letzte Problem* gelöst und war gestorben. Von derlei Schreckgespenstern wird heute wohl kaum jemand bedrängt:

Das Dartmoor ist ideal zum Wandern, auf den Höhen oder durch die lieblichen Täler, dem Fußgänger sind auf 740 Wegkilometern keine Beschränkungen auferlegt. Vielerorts werden geführte Touren angeboten, doch auch das Kartenmaterial ist hervorragend. Reiterhöfe bieten Pferde, auf Ponyhöfen darf sich auch in den Sattel schwingen, wer kein Königskind ist. Für Mountainbiker sind einzelne Strecken freigegeben, und selbst Kletterer finden Herausforderungen an den steilen Wänden der Tors. Für den nicht unwahrscheinlichen Regenfall bietet Tavistock eine Besichtigungsalternative: Die Kleinstadt am Fluss Tavy war der Geburtsort von Sir Francis Drake (1540–1596), des größten Piraten Ihrer Majestät, von Königin Elisabeth I. Im Ort stehen, efeubewachsen, die malerischen Ruinen einer Benediktinerabtei aus dem Jahr 961.

## ECHTE SCHNÄPPCHEN

Diese abwechslungsreiche Hochmoorlandschaft ist frei zugänglich und lädt zu ausgedehnten Spaziergängen oder Wanderungen ein, während derer man die karge Heidelandschaft mit Ebenen, Felsplateaus, bizarren Gesteinsformationen, kleinen Bächen und bewaldeten Abschnitten auf sich wirken lassen kann. Die Lydford Gorge ist mit 30 Metern die tiefste Schlucht im Südwesten Englands und frei zugänglich. Das idyllische Dorf Widecombe-in-the-Moore mit seinen hübschen reetgedeckten Cottages ist frei zugänglich, die Kirche mit dem herrlichen Granitturm kostet Eintritt. Kostenlos kann man die Buckfast Abbey besuchen. Spinster's Rock ist frei zugänglich, andere der zahlreichen Steinkreise kosten im Winter weniger Eintritt als im Sommer. Günstige Übernachtungsmöglichkeiten für ca. 90 Euro (saisonabhängig) findet man in Cottages oder ab 70 Euro in Sherperds Huts. In Princetown kann man gut und günstig im The Old Police Station Café speisen.

## WEITERE INFORMATIONEN

**Offizielle Dartmoor-Webseite:**
www.dartmoor.co.uk
**Informationen zum Nationalpark:**
www.dartmoor-npa.gov.uk
**Näheres zum Letterboxing:**
www.moorlandguides.co.uk/news/guides-2/

Im berühmten »Cavern Club« spielten sogar schon die Beatles (oben links). Kunst pur in der Walker Gallery (oben rechts). Antony Gormley hat die Figuren am Strand erschaffen, alles Kopien seiner selbst, in Metall gegossen (rechte Seite oben). Die alten Albert Docks sind glänzend restauriert (rechte Seite unten).

# 47 Trendstadt am Mersey – Liverpool

## Musik, Fußball und Kultur im Norden Englands

**Der Flughafen heißt John Lennon Airport und wirbt mit der treffenden Zeile »above us only sky«, auch wenn oft der typisch silbergraue Himmel des nordwestlichen Englands über Liverpool hängt. In solchen Fällen verspricht eine andere weltbekannte Melodie »Walk on through the rain ... you'll never walk alone« – nicht nur bei schlechtem Wetter tröstet die Hymne des FC Liverpool.**

Fußball und Musik sind nur zwei Facetten einer Stadt, die sich in den letzten Jahren neu erfunden und deren Kulturszene sich zu einer der spannendsten und interessantesten in ganz England entwickelt hat. Sicher hilfreich auf diesem Weg war, dass Liverpool seit 2004 auf der Weltkulturerbe-Liste der UNESCO steht. Nur vier Jahre später wurde die Stadt erneut aufpoliert, um als Kulturhauptstadt Europas zu glänzen – Beobachter waren sich einig, dass Liverpool weit über 2008 hinaus von der Auszeichnung und dem Engagement profitierte.

### Drei Grazien am Hafen

Eine grandiose Annäherung an Liverpool ist eine Hafenrundfahrt oder Fährüberfahrt über die weite Mündung des River Mersey zu den Klängen von Gerry and the Pacemakers »Ferry Cross the Mersey«. »Three Graces« heißen die drei herausragenden Gebäude am Pier Head. Das Royal Liver Building wurde 1911 erbaut. Auf seinen Kuppeln sitzen die steinernen Liver Birds, die Wahrzeichen der Stadt, entworfen von dem deutschen Emigranten Carl Bernard Bartels.

Das Cunard Building entstand 1916 und diente als Firmensitz der gleichnamigen Reederei, unter deren Flagge so berühmte Schiffe wie die »Lusitania«, die »Queen Mary« und die »Queen Elisabeth« dampf(t)en. Die dritte der drei Grazien ist die älteste: Das Port of Liverpool Building von 1907, der ehemalige Sitz der Hafenverwaltung, erstrahlt heute frisch saniert als Büro-Komplex.

Neben den drei Grazien lohnen die renovierten Albert Docks den Besuch. Die alten Hafenanlagen und Lagerhallen wurden zu Restaurants und Galerien umgebaut, hier befinden sich

das Beatles Museum, das Merseyside Maritime Museum und die Tate Gallery. Das Merseyside Maritime Museum erzählt die Geschichten der Auswanderer, die über den Hafen von Liverpool Hoffnung in der Neuen Welt suchten. Die bitteren Geschichten der Sklaven, deren Verkauf Liverpool einst reich machte, finden im International Slavery Museum Gehör. Die Tate Gallery zeigt Kunst der Moderne, und das Beatles Museum sowie der Cavern Pub erinnern an die weltberühmten Pilzköpfe.

## Spagat zwischen E- und U-Musik

Die Musik der Beatles, von Gerry and the Pacemakers, von Echo & The Bunnymen, Frankie goes to Hollywood, den Wombats und anderen ist undenkbar ohne die Erfahrungen der widersprüchlichen, reichen, bitterarmen, glänzenden, heruntergekommenen Hafenstadt am Mersey. So wie die Musik gehören zur Identität der Liverpudlians, so der offizielle Name der Einwohner Liverpools, auch die beiden Premier-League-Clubs FC Liverpool und FC Everton mit ihren wechselnden Erfolgen. Doch in den letzten Jahren wandelt sich das Bild vom strukturschwachen Schmuddelkind, obwohl die Stadt immer noch zu den ärmsten Englands zählt: Liverpool One ist eine moderne Einkaufsmall und viele repräsentative Gebäude sind renoviert.

Für Kunst- und Architekturinteressierte gibt es in Liverpool allerhand zu sehen. Der Bahnhof Lime Street ist einen Besuch wert und gleicht einer Zeitreise ins 19. Jahrhundert. Die neoklassizistische St. Georges City Hall legt Zeugnis ab von Englands einstiger Größe. Walker Gallery beherbergt eine der größten englischen Kunstsammlungen und das World Museum zeigt Funde aus Archäologie und Ethnologie sowie die Ausstellung »The Beat goes on«. Am Hafen schließlich steht das Museum of Liverpool, ein neues Event für die ganze Familie. Herausragende Bauwerke sind auch die beiden Kathedralen, die anglikanische von 1904 und die römisch-katholische, die an ein Betonzelt erinnert und 1967 eröffnet wurde. Und wen es zur Abwechslung von Pop und Rock nach Klassik verlangt, für den ist die Royal Liverpool Philharmonic Hall eine gute und bewährte Adresse.

### ECHTE SCHNÄPPCHEN

Die National Museums Liverpool verteilen sich auf sieben Standorte in der ganzen Stadt, und der Eintritt ist gratis. Kostenfrei ist auch ein Besuch in der Kathedrale von Liverpool. Sowohl die Walker Art Gallery als auch die Tate Liverpool sind kostenlos. Der Eintritt im Cavern Club ist vor 19 Uhr frei. Sandemans New Europe Tours bietet kostenlose dreistündige Spaziergänge durch das Zentrum der Stadt. Antony Gormleys faszinierende Installation »Another Place« entlang des Crosby Beach ist kostenfrei. Bei einem Besuch im Zentrum für zeitgenössische Kunst Bluecoat warten regelmäßig kostenlose Gesprächsrunden, Vorträge und Literaturveranstaltungen. Sehr preisgünstig kann man im YHA Liverpool übernachten. Wirklich preisgünstige Food-Deals findet man über Restaurants of Liverpool oder Groupon.

### WEITERE INFORMATIONEN:

**Bluecoat:** Mo–Sa 8–18 Uhr, So 10–18 Uhr, www.thebluecoat.org.uk
FACT: Mo–Sa 10–21 Uhr, So 11–21 Uhr, www.fact.co.uk
**Allgemein:** visitliverpool.com

# 48 Stylishes Seebad – Brighton

## Englische Tradition und Moderne

**Zwischen dem idyllischen Hügelland der South Downs und dem Ärmelkanal liegt Brighton, ein typisch englisches, traditionelles Seebad, das durch seine gute Verkehrsanbindung derzeit wieder ein Hoch erlebt. Im Auf und Ab seiner Geschichte hat es sich zwei Dinge immer bewahrt: unbändige, unkonventionelle Lebensfreude und facettenreiche Kulturereignisse.**

Brighton gehört zu den klassischen südenglischen Seebädern, hat seit dem 18. Jahrhundert aber nichts an Attraktivität eingebüßt. Ob man sich die Zeit vertreibt am berühmten Brighton Pier (rechte Seite), der fast 600 Meter ins Meer hinausragt, den waghalsigen Skateboardern (unten rechts) zuschaut oder leckere Schalentiere (unten) verkostet, in Brighton lässt es sich leben.

Brighton ist Großbritanniens beliebteste Stadt am Meer, behaupten einige Meinungsforscher. Auch in der Regierungsumfrage »You Gov 2006« wurde Brighton zur coolsten Destination in Großbritannien gewählt. Man sollte ja bekanntlich keiner Statistik oder Befragung trauen, die man nicht selbst »interpretiert« hat, also nichts wie hin und persönlich nachgeprüft. Denn Brighton ist äußerst verkehrsgünstig gelegen. Man erreicht die Küstenstadt in weniger als einer Stunde von London aus mit dem Schnellzug und in nur einer halben Stunde vom internationalen Flughafen Gatwick. Und jeder stellt dann erstaunt fest, dass gelegentlich sogar die Ergebnisse von offiziellen Regierungsumfragen ein getreues Bild der Realität widerspiegeln: Dem Besucher präsentiert Brighton eine bunt gefächerte Mischung aus Bohemien-Flair und moderner Kunst, ein breites Angebot an kulturellen Veranstaltungen und Events, Museen, Galerien, Theatern und attraktiven Einkaufsstraßen. Der lang gestreckte Kieselsteinstrand bietet Einheimischen wie Besuchern eine große Auswahl an Sportmöglichkeiten jeder Couleur: Schwimmen, Surfen, Segeln oder Beachvolleyball gehören zum Alltagsbild. Mit seinen rund 135 000 Einwohnern, zählt man das benachbarte Hove hinzu, sind es sogar rund 260 000, begrüßt Brighton jedes Jahr über acht Millionen Touristen. Drei Kinos, zehn Theater, fünf Casinos, dreißig Clubs und Hunderte von Pubs und Bars ziehen die Vergnügenssuchenden an. Die Stadt vitalisiert und inspiriert wie kaum eine andere, und das zu jeder Jahreszeit.

### Extravagante Architektur

Ob man Klassik oder Komödien mag, moderne Architektur schätzt oder majestätische

BRIGHTON PIER
HOBBYCRAFTS
CARICATURES
MOO MOO'S
ADMISSION & DECKCHAIRS

Brighton zieht die Jugend an, neben der Musik- gibt es eine lebendige Modeszene (unten links, rechte Seite oben) und bunte Häuserzeilen (oben). Das alte Fischerviertel The Lanes (oben rechts) und das Fishing Museum (unten rechts) zeugen von der lokalen Fischereitradition. Der Royal Pavilion (rechte Seite unten) mutet dagegen wie indische Träumerei an.

Prunkbauten liebt, Brighton scheint alle Stilrichtungen angezogen zu haben wie das Licht die Motten. Eines der Wahrzeichen der Stadt stammt aus dem 18. Jahrhundert, als Brighton als Seebad immer populärer wurde. Von der zwanglosen Atmosphäre der Stadt angezogen, beauftragte der lebenslustige Prinzregent und spätere König George IV. zunächst den Architekten Henry Holland, eine neoklassizistische Villa, seinen Meerpavillon, zu bauen. Ab dem Jahr 1802 wurden die Räume im chinesischen Stil ausgestattet, von 1815 bis 1822 übertrug er dem damaligen Stararchitekten John Nash die Aufgabe, einen Palast wie aus einem Märchen zu konstruieren. Nash ließ seiner Fantasie beim Royal Pavilion freien Lauf und gab dem Bauwerk das Äußere eines indischen Palastes mit Kuppeln, Minaretten und Bogengängen, so wie er heute noch zu sehen ist. Sein Erscheinungsbild kommt einem noch immer vor wie eine Fata Morgana: Bin ich hier wirklich in Südengland? George IV. regierte bis 1830, sein Bruder und Thronfolger Wilhelm IV. nutzte den Royal Pavilion ebenfalls als königliche Residenz. Erst die Nichte der beiden, Königin Victoria, fand Brighton viel zu laut und überlaufen und verkaufte das »Lustschloss« 1850 an die Stadt, unmöbliert, versteht sich. Seither wurde der größte Teil der ursprünglichen Raumausstat-

tung wieder herbeigeschafft und das Gebäude mit vielen Millionen Pfund restauriert.
Der verkehrsberuhigte Stadtteil The Lanes mit seinen engen Gassen bildete einst den Ortskern des ehemaligen Fischerdorfs Brighthelmstone. Heute ist das Viertel eine besondere Shopping-Adresse. Neben vielen Restaurants und Pubs sind hier auch zahlreiche Antiquitäten- und Juweliergeschäfte zu finden. Brightons Architektur wird vor allem durch den spätklassizistischen Regency Style geprägt. Den größten Einfluss hatten die Architekten Amon Wilds, sein Sohn Amon Henry und Charles Busby, die zahlreiche Häuser am Meer gestalteten. Rund um den Regency Square bekommt man diesen Baustil mit seinen charakteristischen gusseisernen Balkonen zu sehen.
Einen modernen Kontrast dazu bildet das New England Quarter. Dieses Wohnviertel wurde nach ökologischen Prinzipien erbaut und ein Drittel der Wohnfläche für Familien mit niedrigem Einkommen reserviert. Auch an moderner Architektur hat Brighton viel zu bieten. Die im Frühjahr 2005 eingeweihte Jubilee Library mit ihrer beeindruckenden Glasfront konnte wenige Monate nach ihrer Eröffnung bereits Auszeichnungen für ihre ökologische Bauweise entgegennehmen. Ein weiteres architektonisches Highlight, das man nicht versäumen sollte, ist der Embassy Court, ein beeindruckendes Art-déco-Gebäude des Architekten Wells Coates an der Seepromenade, in das die ersten Bewohner 1936 einzogen und das gerade umfassend renoviert wurde.

## Ein Meer an Kunst und Kultur

Auch Liebhaber der Gegenwartskunst haben in der südenglischen Stadt einiges zu entdecken. Zeitgenössisches findet man zum Beispiel in der Fabrica in der Duke Street, einer Galerie in einer ehemaligen Regency-Kirche. Brighton besitzt darüber hinaus eine lebendige Theaterkultur, darunter das 200 Jahre alte Theatre Royal, in dem regelmäßig West-End-Stücke und Musicals aufgeführt werden, sowie das Dome-Theatre mit Shows, Pop- und Klassikkonzerten. Über 700 Shows im Jahr von Comedy bis Kabarett bietet die Brighton Komedia, die großen Superstars trifft man im Brighton Centre, Jazz- oder Hiphop-Freunde können sich von Auftritten im Joogleberry Playhouse inspirieren lassen.

## Nightlife, Mods und Rocker

Wer dann genug zu hören bekommen hat, stattet Englands ältestem Kino, dem Duke of York's Picturehouse von 1910 einen Besuch ab und schwelgt in nostalgischen Bildern. Und am Brighton Pier weht der Wind einem den Kopf wieder frei für die weniger kunstvollen Dinge des Alltags.

Das traditionsreiche Seebad ist heutzutage wieder in, ein beachtlicher Teil der Londoner Szene trifft sich regelmäßig in Brighton, dem London-by-the-Sea, zum Abfeiern. Noch eine Statistik, nicht interpretierbar: Keine andere englische Stadt hat mehr Dancing Clubs pro Einwohner als Brighton. Alles klar? In den letzten Jahren haben mehr als ein Dutzend neue Bars, Clubs und Diskotheken eröffnet. Die typische Pub-Atmosphäre lässt sich im »The Cricketers« entdecken, Brightons ältestem Pub. Ungewöhnlich gemütlich ist auch das »The Font«. Der Pub ist eine umgebaute Nonkonformisten-Kirche, in der man heute in bequemen Ledersesseln seine Getränkeorder tätigt, ganz ohne Ablasshandel. Der wäre vielleicht 1964 nötig gewesen, als es an der Brighton Beach zu einer berühmt-berüchtigten Schlägerei zwischen Jugendbanden der Mods und der Rocker kam. »Wild Ones Invade Seaside – 97 Arrests« lautete die Schlagzeile am nächsten Tag. Diese Zeiten sind zum Glück vorbei.

## ECHTE SCHNÄPPCHEN

Unterkünfte in einem der typischen bunten Reihenhäuser in Brighton schonen den Geldbeutel. Der Brighton Palace Pier, Beach und Promenade sind frei zugänglich, die Liegestühle auf dem Pier sind kostenlos. Bei einem Spaziergang durch die Brighton Lanes ist der schnuckelige Charme des Ortskerns gratis. In der North Laine in der Innenstadt findet man viele Secondhand-Shops. Mit dem History Pass, einem Ticket für drei Highlights (Royal Pavilion, Brighton Museum und Preston Manor), ist der Eintritt günstiger. Der Zutritt des Geländes und der Gärten des Brighton Pavillon sind sonst kostenlos. Der Eintritt ins Brighton Fischereimuseum ist gratis. Der Regency Square ist der perfekte Ort, um kostenlos vom Sightseeing eine Auszeit zu nehmen. Das Postkartenmotiv der Beach Huts in Hove und den Jubilee Clock Tower kann man gratis fotografieren. In der ganzen Stadt sind riesige Wolf-Murals an den Wänden zu finden – sie stammen vom Street Artist Jussi TwoSeven, der diese mit »All City Movement« für das Fringe Festival kreierte.

## WEITERE INFORMATIONEN

Visitor Information Centre, Royal Pavilion Shop, 4-5 Pavilion Buildings, Brighton, East Sussex BN1 1EE,
Tel. +44/(0)1273-29 03 37,
www.visitbrighton.com
Websites: www.royalpavilion.org.ok
www.brightonpier.co.uk

Greenwich steht für maritimes Erbe und die Präzision der Zeit. Die Painted Hall im Old Royal Navy College (oben), das Schiff in der Flasche vor dem National Maritime Museum (rechte Seite unten) oder die berühmte Uhr in Greenwich (rechte Seite oben), nach der sich alles richtet: Hier hat alles weltweite Bedeutung.

# 49 John und John in Ost und West – Greenwich

## Von hier aus wird die Zeit auf der Erde berechnet

**Vom verschlafenen Fischerdorf zum Mittelpunkt der Welt – was für ein Aufstieg. Greenwich hat wahrlich eine rasante Entwicklung durchlaufen. Der berühmte Londoner Stadtteil am südlichen Themseufer ist mit seinen weitläufigen Parks, großartigen Museen und einem maritimen Erbe, das zum UNESCO-Weltkulturerbe zählt, eine Besucherattraktion höchster Güte.**

Ob man nun mit den Highspeed-Booten der »Thames Clippers« kommt, die alle 20 Minuten von Embankment nach Greenwich düsen, mit den City Cruises ab Westminster, mit U-Bahn, Bus oder der Dockland Light Railway: Das Uferpanorama ist stets einmalig. Auch von ganz oben lohnt sich der Blick auf den Nullmeridian, aus der Seilbahn Emirates Air Line, die in zehn Minuten über die Themse von den Royal Docks zur Greenwich Peninsula schwebt. Diese Vielfalt an Verbindungen ist auch notwendig, denn rund 20 Millionen Besucher wollen jedes Jahr Greenwich sehen. Bei diesem Ansturm reicht der Fußgängertunnel unter der Themse nicht mehr aus. Lebhaftes Gedränge herrscht vor allem an Wochenenden, von Dienstag bis Freitag lässt sich hier etwas ruhiger flanieren. Denn Zeit sollte in Greenwich keine Rolle spielen, oder doch?

### Zwei Hemisphären

Die Greenwich Mean Time – GMT – kennt jeder. Sie ist die mittlere Sonnenzeit am Nullmeridian, der genau durch das Gelände des Royal Observatory verläuft. Hier sieht man auch die fünf Chronometer des John Harrison, die der Uhrmacher erfand und konstruierte, um auf den Weltmeeren im 18. Jahrhundert endlich die Längengrade durch exakte Zeitmessung bestimmen zu können. Auf der Suche nach dem Ursprung der Zeit und des Universums war auch John Flamsteed, der ab 1675 als erster Hofastronom des englischen Königshau-

ses arbeitete und forschte. Mit dem doppelten John kann man hier also mit einem Bein in der östlichen und dem anderen in der westlichen Hemisphäre stehen.

## Der schnellste Teeklipper seiner Zeit

Zu Greenwichs wunderbarem Museums- und Parkkomplex gehören neben dem sehenswerten National Maritime Museum und dem Old Royal Naval College, das Christopher Wren 1692 als Marinekrankenhaus erbaut hatte, natürlich auch ein imposantes Segelschiff. Die Cutty Sark liegt hier vor Anker, in einem neuen Trockendock, das nach einem furchtbaren Brand im Jahr 2007 errichtet wurde. Das Schiff wurde gerettet und umfassend restauriert, sodass man heute sogar unter seinem Rumpf die Konstruktion bestaunen kann, die es zum schnellsten Teeklipper seiner Zeit machte. Ende des 19. Jahrhunderts brauchte sie nur rund 100 Tage, um von China um das Kap der Guten Hoffnung bis nach England zu segeln. Mit der Eröffnung des Suezkanals konnte die Cutty Sark gegen die Dampfschiffe nicht mehr konkurrieren und wurde zunächst nach Australien, dann nach Portugal verkauft. 1954 kam sie schließlich nach Greenwich.

## Zeitloser Genuss

Viele Stadtteile in London haben traditionelle Märkte, die im Alltagsleben der Bewohner fest verankert sind. Manche sind so attraktiv, dass sie Besucher aus aller Welt anziehen. In Greenwich fühlen sich dabei viele Gäste wie zu Hause, denn besonders das kulinarische Angebot ist hier überwältigend. Der Greenwich Market, der in einer historischen Halle ganz in der Nähe des Old Royal Naval College stattfindet, geht auf das Jahr 1737 zurück. Natürlich gibt es hier auch allerlei Tand, doch das Angebot an Antiquitäten, Kunsthandwerk, Mode oder Schmuck passt auf wundersame Art so zusammen, dass man später noch das Gefühl bekommt: Das kann nur vom Greenwich Market stammen. So verwundert es nicht, dass hier auch für das kulinarische Wohlbefinden etwas getan wird. Geradezu ein Feuerwerk an Düften, Geschmacksrichtungen und kulinarischen Überraschungen erwartet den Marktbesucher hier, ein Stelldichein der Esskulturen aus aller Welt. Vom Arapina, einem fruchtigen Schokoladen-Muffin türkischen Ursprungs, über brasilianische Churros, iranische, indische und europäische Köstlichkeiten bis hin zu Sushi, Thai- und vietnamesischer Küche ist hier alles vertreten.

## ECHTE SCHNÄPPCHEN

Greenwich ist günstig mit dem Bus zu erreichen. Per DLR kann man an der Station Island Gardens aussteigen und das letzte Stück durch den Fußtunnel unterhalb der Themse zurücklegen. Den 400 Meter langen Tunnel kann man beidseitig mit Aufzügen erreichen, seine Benutzung ist kostenlos. Greenwich Market und Greenwich Park sind frei zugänglich. Der beliebte, ebenfalls frei zugängliche Rosengarten befindet sich auf der östlichen Seite des Parks. Das Queen's House, das National Maritime Museum und das Old Royal Naval College kann man gratis besuchen. Das Denkmal von General James Wolfe ist frei zugänglich. Im Goddards at Greenwich, Zaibatsu und Heap's Sausages kann man recht günstig essen. Übernachtungen sind grundsätzlich günstiger im Bed & Breakfast (B&B) oder in Ferienhäusern. Im B&B muss man mit mindestens 50 Euro pro Nacht und Person rechnen (saisonabhängig).

## WEITERE INFORMATIONEN:

www.visitgreenwich.org.uk
www.oldbrewerygreenwich.com
www.goddardsatgreenwich.co.uk
www.greenwichmarketlondon.com
www.rmg.co.uk

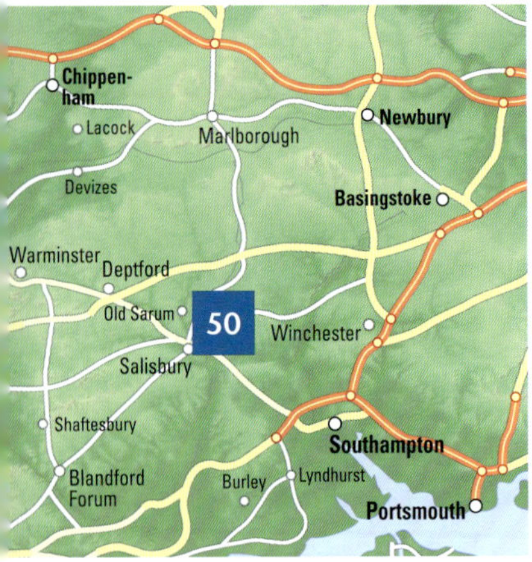


# 50 Weltkulturerbe am Avon – Salisbury

## Tower Tour in der Kathedralenstadt

**Wer mitten im Dreieck zwischen Stonehenge, Bournemouth und dem New Forest National Park liegt, könnte es schwer haben, genügend Aufmerksamkeit zu bekommen. Für Salisbury trifft das glücklicherweise nicht zu. Die Stadt am River Avon kennt jeder in England, nicht zuletzt aufgrund einer Kathedrale, die zu den schönsten im Land gehört.**

Das moderne Einkaufszentrum Old George Mall im Herzen von Salisbury (unten) reicht bis ins Jahr 1314 zurück, als hier die Old George Inn errichtet wurde. Auch eine Vielzahl an Antiquitätenläden (unten rechts) sind in einer der schönsten Kleinstädte Südenglands zu Hause. Die Hauptattraktion ist jedoch die frühgotische Kathedrale (rechte Seite).

Salisbury ist die Hauptstadt der Grafschaft Wiltshire. Das allein wäre nicht weiter erwähnenswert, dennoch zeigt es den Stellenwert der rund 40 000-Einwohner-Stadt, die sich hinter den UNESCO-Weltkulturerbestätten Stonehenge und Avebury nicht zu verstecken braucht. Im Mittelpunkt steht natürlich die Kathedrale von Salisbury, die zwei Superlative aufweisen kann. Sie ist umgeben von der größten Domfreiheit des Landes, und sie besitzt mit 123 Metern den höchsten Kirchturm Englands, der stolze 6500 Tonnen wiegt. Darüber hinaus gilt sie als das Vorzeigeobjekt der englischen Frühgotik.
Man muss kein Anhänger gotischer Sakralarchitektur sein, doch angesichts dieser vollkommenen Ästhetik des Bauwerks und seiner Umgebung gerät jeder ins Schwärmen. So wie der berühmte Maler John Constable (1776–1837), der die Kathedrale und die Stadt immer wieder in seinen Bildern verewigt hat. Sie ist zudem eine äußerst lebendige Kathedrale, nicht nur wegen der Besucherscharen. Regelmäßige Ausstellungen bereichern die Gesamtatmosphäre, in den Kirchenschiffen gibt es Skulpturen wie die von Sean Henry zu sehen, können Künstler wie Antony Gormley, der auch für die Krypta der Winchester-Kathedrale eine wunderbare Skulptur geschaffen hat, ihre Installationen präsentieren. Kontemplation und neue Perspektiven, in der Salisbury-Kathedrale passt das perfekt zusammen.

### Kathedrale mit Katze

Es gibt nur noch vier davon, und die am besten erhaltene Urschrift der Magna Charta, die im Jahr 1215 von König John Lackland (Johann Ohneland) besiegelt wurde, ist in der Salisbury-Kathedrale im Kapitelhaus zu bewundern. In dieser lateinischen Schrift werden erstmalig die Beziehung zwischen König und Untertanen schriftlich geregelt und Rechte und Pflichten festgelegt. Sie beschnitt die Rechte des Königs zugunsten der Kirche und der Untertanen und wirkt bis in die Gegenwart, ist die Magna Charta doch Grundlage vieler Demokratien, darunter der Verfassung der Vereinigten Staaten von Amerika und der Allgemeinen Erklärung der Menschenrechte.
Am 28. April 1220 wurde in New Sarum, dem heutigen Salisbury, der Grundstein für die Kathedrale gelegt, bereits 1266 waren Kirche, Kapitelhaus und Kreuzgang vollendet,

An Markttagen wirkt die Altstadt von Salisbury heiter, Straßenmusiker verbreiten gute Laune (oben). Moderne Boutiquen und historische Bausubstanz (rechte Seite unten) gehen in der Old George Mall eine gelungene Verbindung ein (unten). Auch die Fußgängerbrücken über den River Avon tragen zum harmonischen Stadtbild bei (rechte Seite oben).

eine äußerst kurze Zeit für ein Bauwerk dieser Dimensionen. Der Turm wurde von 1310 bis 1330 hinzugefügt. Anfangs dem Papst unterstellt, gehört sie nach dem Bruch Heinrichs VIII. mit der römisch-katholischen Kirche 1534 zur autonomen anglikanischen Kirche. Klare Formen, schlanke Säulen, ein dreischiffiges Langhaus, westliches und östliches Querschiff, helle Innenräume, quadratischer Chor und Altarraum, ein wunderschöner Kreuzgang und eine reich verzierte Westfassade kennzeichnen dieses bauliche Meisterwerk des Mittelalters. Dabei wird man immer wieder überrascht von ungewöhnlichen Details: Im südlichen Chorseitenschiff ist die Figur eines Affen zu erkennen, der gerade eine Nuss auf die Besucher der Sakristei zu werfen scheint. Am nordwestlichen Ende des Chors wird die Armlehne eines Sitzes von einer seltsamen Grille verziert. Und über der Säulenmauer gegenüber dem Eingang zum Kreuzgang entdeckt man ein mittelalterliches Graffiti in Form einer Katze. Ein Vorfahr der heutigen Kathedralenkatze Wolfie, wie Dudley Heather, Head Guide der Salisbury Cathedral, behauptet.

## Tower-Tour und Domfreiheit

»Nein, ich habe keine Höhenangst, nur ein ganz kleines bisschen.« Der prüfende Blick von Dudley wechselt in ein mildes Lächeln: »Heruntergekommen sind noch alle.« Der auflockernde Scherz ist die richtige Einstimmung für die Cathedral-Tower-Tour, die man sich bei einem Besuch in Salisbury nicht entgehen lassen sollte. Man braucht keine besondere Kondition für die Turmbesteigung und die 332 gut begehbaren Stufen, denn selbst Dudley kommt gelegentlich ins Schnaufen, legt eine kleine Pause ein und erzählt eine weitere Anekdote aus der Entstehungsgeschichte der Kathedrale, die immer so lange dauert, bis alle Teilnehmer wieder genügend Luft geholt haben. Das ist ein besonderes Merkmal dieser außergewöhnlichen Besichtigung: »Wir haben an die 60 Guides, die hier in der Kathedrale Besucher führen, weil wir uns ganz gezielt auf die Wünsche der Menschen einstellen. Eine Tour wie vom Fließband soll es bei uns nicht geben«, macht Dudley glaubhaft. Die 90 Minuten dauernde Reise in die Höhe bietet nicht nur beeindruckende Einblicke in das Innere der Turmspitze, sie breitet auch ein faszinierendes Panorama der Stadt Salisbury und der sanften Hügel in der Umgebung vor dem Auge des Turmkletterers aus. »Wir hoffen, dass Ihnen Ihr Besuch bei uns gefällt und unvergesslich bleibt«, richtet June Osborne, Dekanin der Salisbury Cathedral das Wort an die Besucher. Spätestens hier oben bleibt da nur noch bewunderndes Kopfnicken, Höhenluft hin oder her.

Wieder unten angelangt, wirken die geräumigen Rasenflächen der Domfreiheit, teilweise noch ummauert und von Häusern der Würdenträger aus dem 16. bis 18. Jahrhundert einge-

rahmt, wie eine gemütliche Wohnstube. Man legt sich auf den Rasen, blinzelt nach oben und traut seinen Augen kaum. Doch der kleine blaue Sticker bestätigt einem, die unvergessliche Salisbury-Tower-Tour wirklich bewältigt zu haben.

### Markttag mit Museumsbesuch

Umso leichter fällt dann ein Spaziergang durch die Altstadt, vorbei an den schwarz-weißen Fachwerkhäusern aus der Tudor-Zeit, an schicken Geschäften und kleinen Läden, die den Straßennamen alle Ehre machen: Silver, Butcher und Fish Row, selbst eine Endless Street darf da nicht fehlen. Besonders interessant sind die Markttage, wenn der Market Place vor lauter Ständen überquillt und man das Poultry Cross, das letzte von einst vier Marktkreuzen in Salisbury kaum mehr erkennt. Nicht ohne bereichernde Erkenntnis verlässt man die Räume des Salisbury and South Wiltshire Museum. In dem Gebäude aus dem 13. Jahrhundert am West Walk in der Nähe der Kathedrale befinden sich interessante Fundstücke zu Stonehenge und Old Sarum, Sammlungen zur Stadtgeschichte und Gemälde von Constable, Whistler und Turner.

### Old Sarum und Wilton House

Auch William Turner hat Ansichten von Old Sarum auf der Leinwand festgehalten, jener grünen Hügellandschaft nur wenige Kilometer nördlich der Stadt, die schon in der Eisenzeit besiedelt wurde. Die Römer errichteten große Wälle, Sachsen waren hier und Normannen, die um 1077 Old Sarum zum Bischofssitz erkoren, ehe im 13. Jahrhundert der Niedergang begann. Den haben die Besitzer von Wilton House sicher nicht zu fürchten, der Stammsitz der Earls of Pembroke ist mit seiner Park-, Garten- und Wasserlandschaft und dem prunkvollen Herrenhaus ein beliebtes Ausflugsziel.

## ECHTE SCHNÄPPCHEN

Es bieten sich zwei kostenlose Spaziergänge durch die Stadt an: Einer führt rund um die Domfreiheit und ist 1,5 Kilometer lang – er folgt der östlichen Mauer und führt durch das Tor Harnham zu den Wiesen und weiter zur Kathedrale. Die Domfreiheit mit High Street Gate, Harnham Gate, Bishop's Gate und St Ann's Gate ist frei zugänglich. Der andere Weg führt vom Tom Path nach Harnham und bietet die beste Sicht auf die Kathedrale. Er führt von den ebenfalls frei zugänglichen Queen Elisabeth Gardens nach Süden zur Mill Road und endet am Pub Old Mill. Der Eintritt in die Kathedrale ist kostenpflichtig, aber den Kreuzgang kann man gratis besichtigen. Im Sommer ist die Wiese vor der Kathedrale ein idealer Ort für ein Picknick. Die geschichtlich bedeutende Stätte um das Dorf Old Sarum – die Ruinen der mittelalterlichen Burg sowie der Kathedrale – ist frei zugänglich. Auf dem Marktplatz findet jeden Dienstag und Samstag der frei zugängliche Charter Market statt.

## WEITERE INFORMATIONEN

**Tourist Information Centre**, Fish Row, Salisbury, Wiltshire SP1 1EJ, Tel. +44/(0) 1722-34 28 60, www.visitwiltshire.co.uk
**Websites:** www.salisburycathedral.co.uk
www.salisburymuseum.org.uk

Ob im Pub oder auf den Straßen, gefiedelt wird an vielen Ecken (oben links). Die Statue Molly Malones, der schönen Fischhändlerin, verzückt bis heute die Iren (oben rechts). In der Bibliothek des Trinity College geht es um Wissen (rechte Seite oben), in der St. Patrick's Cathedral um Glaube und Gesellschaft (rechte Seite unten).

# 51 Stadt am Liffey – Dublin

## Die Stadt der Dichter

**Dublin, die Hauptstadt der Republik Irland, hat sich zu einer europäischen Metropole ersten Ranges entwickelt. Weltstadtambiente mischt sich mit nationalem Selbstbewusstsein und regionalem Charme. Neben der großen literarischen Tradition gibt es aber auch nicht minder interessante Gruselgeschichten, »Dublin in the dark« sozusagen, eine amüsante Exkursion zu den Vampiren.**

Dublin ist groß geworden und dennoch klein geblieben. Es will kosmopolitisch erscheinen und bewahrt trotzdem irische Traditionen. Eine davon ist die Wertschätzung seiner Schriftsteller, und so verwundert es nicht, dass man in Dublin überall auf die Spuren der Literaten trifft. Wenn am 16. Juni der Bloomsday gefeiert wird, ist die ganze Stadt auf den Beinen, um James Joyce und seinem Jahrhundertroman *Ulysses* zu huldigen, der diesen einen Tag im Leben des Leopold Bloom beschreibt. »Ich schreibe immer über Dublin, denn wenn ich zum Herzen von Dublin vordringen kann, kann ich zum Herzen aller Städte der Welt durchdringen«, sagte einmal James Joyce, der zeit seines Lebens in einer Art Hassliebe mit seiner Geburtsstadt verbunden war. Die Halbwelt der Nacht, der Spelunken und Bordelle ist Hauptschauplatz des Romans, hier dringt Bloom alias Joyce in das Herz Dublins vor. Heute erscheint die Stadt freundlich und hell, nicht nur in Vorzeigestadtteilen wie Temple Bar oder Smithfield Village. Doch Licht gibt es nicht ohne Schatten, manch heitere Lebensfreude nicht ohne düstere Vergangenheit. Und dieser dunklen Seite kann man hier am Tage wie am Abend auf schaurig-amüsante Weise einen Besuch abstatten.

### Auf den Spuren Draculas

Um Herzen, Obsessionen und die Faszination der Nacht geht es auch in einem anderen Roman der Weltliteratur, den ein anderer Sohn Dublins geschrieben hat und der zum meistverkauften Buch weltweit nach der Bibel geworden ist: Abraham Stokers *Dracula*. Selbst viele Iren halten Stoker (1847–1912) für einen englischen Autor, wissen nicht, dass er in Clontarf geboren wurde, jenem

CLAUD : GILBERT

Anlieferung per Pferdewagen ist auf dem Straßenmarkt in der Moore Street alltäglich (oben links). Szene-Viertel: Temple Bar (oben rechts). Die Christ Church Cathedral stammt von 1038 (unten links). Die Statue von Admiral William Brown (1777–1857) bewacht die Docklands (rechte Seite unten). Der botanische Garten in Dublin bietet Erholung und Pflanzen aller Art (rechte Seite oben).

geschichtsträchtigen Vorort Dublins, den man besuchen sollte. Allein The Casino in Marino ist eine Besichtigung wert, zählt es doch zu den schönsten neoklassizistischen Gebäuden des 18. Jahrhunderts in Europa. Entworfen wurde es von Sir William Chambers für seinen Freund James Caulfield, den ersten Earl of Charlemont, der für seine Hässlickeit berühmt war und sich hier seinen Traum von Ästhetik errichten ließ. Was ihn übrigens finanziell ruinierte: Caulfield starb 1799, völlig verarmt. Die Bucht, an dem das Casino einst stand, ist inzwischen trockengelegt, doch sie bot Bram Stoker Inspiration für seinen Gruselroman. Was Dennis McIntyre, Autor und Dracula-Forscher, auf seinen Rundgängen zu den Plätzen stokerscher Jugend eindrucksvoll belegt.

## Bewegtes Leben

Im Marino Crescent 15 in Clontarf wurde er geboren, die rote Tür bleibt allerdings verschlossen, die heutigen Besitzer wollen nichts mit Stoker zu tun haben. Während des Bram Stoker Festivals im Oktober wird dieser Ort in Clontarf zur Pilgerstätte all jener, die aus allen Teilen der Welt anreisen und Stoker huldigen. Geöffnet hat allerdings das neue Bram Stoker Dracula Museum, das sich der Gruselwelt Draculas, aber auch Leben und Werk Stokers widmet. Als Kind hat er oft die Leichen der St. Michan's Church gesehen, weil seine Familie dort eine Gruft besaß. Die über 600 Jahre lang einzige Pfarrkirche nördlich des Liffey, in der Händel seinen *Messias* probte, kann man heute besichtigen, ein wahrlich gruseliges Erlebnis mit der Mumie eines Kreuzfahrers und der Totenmaske des Rebellen Wolfe Tone in der Krypta. Bram Stoker, der als Erster das Wort *undead* in die englische Literatur einführte, ist bis heute für viele ein Rätsel geblieben: »Irgendwie sind wir alle doch ein bisschen eifersüchtig auf Vampire, obwohl wir sicher keiner sein wollen mit all dem Geruch und dem Zeug drum herum. Aber hätten wir nicht gerne etwas davon, was er im Buch beschrieben hat mit *Time is on my side?*«, schmunzelt Dennis McIntyre auf dem Friedhof von St. John the Baptist in Clontarf, dem Ort, an dem Stoker getauft wurde. Auch in der Innenstadt gibt es Spuren Stokers: In der Kildare Street 30 hatte er seinen ersten Wohnsitz im Stadtzentrum, in der Harcourt Street 16 wohnte er neben seiner späteren Frau Florence Balcombe. Und im Trinity College sollte man nicht nur das berühmte *Book of Kells* bewundern, sondern auch einen Abstecher in den Bram Stoker Room wagen, schließlich war er hier Vorsitzender der Philosophischen Gesellschaft. Oder sich von Denis McCarthy, dem Marketing Manager in Dublin Castle, davon berichten lassen, wie Bram Sto-

ker 1870 seinem Vater und Großvater folgte und hier Beamter und Friedensrichter wurde, eine Anstellung, die er hasste.

## Mit den Bus-Geistern unterwegs

Wenn es dunkel wird an der O'Connell Street, abends um acht, startet »The Dublin Ghost Bus Tour«, ein skurril-gruseliges Vergnügen. Ein lila bemalter Bus samt Ghost-Guide zeigt all die Plätze, an denen Dublins Gespenster ihr Unwesen trieben. Francis als Helldriver und Brad der Storyteller lassen zwei Stunden lang das düstere Gesicht Dublins lebendig werden. Da erfährt man, dass Vampire mit dem Pfahl im Herzen unter die Erde gebracht werden müssen, in Dublin es aber auch das Gegenteil gab. Da wurden die Beerdigten heimlich wieder ausgegraben: Von den *body snatchers*, den Körperschnappern. Dublin war zu Beginn des 18. Jahrhunderts ihre Hochburg, weil es über 15 pathologische Institute gab, die brauchten alle zu Studienzwecken viele Leichen. Offiziell bekam jedes Institut sechs pro Jahr von den Behörden zugewiesen, das reichte noch nicht einmal für eine Woche. Also blühte der Schwarzmarkt. Alle möglichen Gestalten trieben sich des Nachts auf den Dubliner Friedhöfen herum, gruben mit Schaufeln und Seilen die Beerdigten wieder aus. Erst im Jahr 1832, als es ein neues Gesetz gab, wonach man seinen Körper bereits zu Lebzeiten an die Wissenschaft verkaufen konnte, endete der Spuk.

## Bier im Blut

Dublin also Dracula-Country? Keineswegs, auch wenn das Wort Dracula von dem alten irischen Wort *Drachfhola* abstammen soll. Was so viel bedeutet wie *bad blood*, schlechtes Blut trinken. So gesehen ist das schwarze irische Bier mit dem großen G die reinste Erholung. Und das hat garantiert nichts mit Geistern zu tun. Das Geheimrezept des Arthur Guinness kostet man am besten am Hauptsitz in der St. James Gate Brauerei in Dublin. Dort befindet sich neben den Produktionsstätten auch das neue Besucherzentrum, das architektonisch wie präsentationstechnisch hochmoderne Guinness Storehouse. Im obersten Stock, mit dem Pint in der Hand, der übrigens nicht extra bezahlt werden muss, genießt man dann den herrlichen Rundblick über Dublin und verleiht seiner Fantasie Vampir-Flügel. Dublin einmal anders – *sláinte!*

## ECHTE SCHNÄPPCHEN

Günstige Anreise mit Ryanair und mit der Leap Visitor Card nutzt man günstig den ÖPNV in Dublin: about.leapcard.ie/dublin. Im frei zugänglichen St Stephen's Green Park laden Bänke zum Verweilen ein. Im Phoenix Park kann man Damwild beobachten. Die »Talking Statue« Molly Malone ist kostenlos zu besichtigen. Den Botanische Garten Glasnevin Cemetery kann man gratis entdecken. Das Temple Bar Viertel samt Wochenmarkt ist frei zugänglich, genau wie die Ha'penny Bridge. Kostenlos kann man das National Museum of Ireland und das Irish Museum besuchen. Einen kostenlosen Abstecher ist auch die Dublin City Hall wert. Ebenfalls gratis sind viele Kunstgalerien, wie z. B. The National Gallery of Ireland oder The Science Gallery. Filmvorführungen, Theaterproduktionen oder Festivals vom Irish Film Institute, der Gallery of Photography und dem National Photographic Archive sind oft gratis. Kostengünstig kann man das Guinness Storehouse, Drimnagh Castle, St Patrick's Cathedral, das Trinity College und die Library mit dem »Book of Kells« besichtigen.

## WEITERE INFORMATIONEN

http://museum.gaa.ie
**Dublin Tourism Office,** Suffolk Street, Tel. (01) 6705602, www.visitdublin.com
**Websites:** www.dublinhotels.com, www.dublinbus.ie, www.temple-bar.ie, www.stoker-dracula.org

# 52 Geschichte trifft Moderne – Kopenhagen

## Eine Stadt, die in sich ruht

**Kopenhagen erlebt man am besten zu Fuß oder mit dem sogenannten *bycykel*, dem City-Fahrrad, das man sich überall in der Stadt leihen kann. Alles Sehenswerte liegt nah beieinander und ist durch ein perfekt ausgebautes Radwegenetz bestens zu erreichen. Man sollte sich treiben lassen und das Gefühl genießen, dass hier alles ein wenig langsamer geht – in dänischer Gelassenheit eben.**

Kopenhagen (dänisch København) nimmt mit seiner Randlage auf der Ostseeinsel Seeland eine ziemliche Außenstellung ein – das könnte man jedenfalls meinen. Aber tatsächlich ist in Dänemark alles auf die Hauptstadt zugeschnitten: Hier ist neben der Monarchie die Exekutive zu Hause. 1,2 Millionen Menschen im Großraum Kopenhagen vermitteln fast das Flair einer Weltstadt, und mit der Øresundregion im Rücken lebt es sich gut im wirtschaftsstarken Kopenhagen.

### Stadt des Handels

Schon der Name ist Programm. »Hafen der Kaufleute« heißt Kopenhagen übersetzt, und dies belegt, dass der Handel hier immer schon eine wichtige Rolle spielte. Kein Wunder, schließlich verfügt die Stadt über einen florierenden und raumgreifenden Hafen, und sie liegt strategisch günstig an der Schnittstelle zwischen europäischem Festland und skandinavischer Halbinsel. Bis 2000 waren es die Fähren, die zwischen dem dänischen Helsingør und dem schwedischen Helsingborg die nur fünf Kilometer breite Verbindung übers Wasser zwischen Nord- und »Süd«-Europa aufrechterhielten. Die 16 Kilometer lange Øresundbrücke ist längst zum Symbol einer neuen Zeitrechnung avanciert, die im Jahr 2000 begann und seither Menschen und Märkte zusammenbringt. Kopenhagen hier, Malmö und Lund dort. Die Meerenge zwischen Dänemark und Schweden ist das »Tor zur Ostsee«, das Menschen anlockt; hüben wie drüben wachsen Wohnhäuser, und Unternehmen profitieren vom nahen Flughafen. Lange mussten die Kopenhagener auf Metroverbindungen warten, die sich nun, da sie fertiggestellt sind, schöner und moderner

In Schloss Christiansborg befindet sich neben dem Parlament, dem Folketing, auch das Oberste Gericht und der Sitz des Ministerpräsidenten (unten links). Wachablösung vor Schloss Amalienborg (unten rechts). Eine echte Skyline hat Kopenhagen nicht zu bieten, in den Straßen und auf dem Wasser erlebt man die typische dänische Gelassenheit (rechte Seite).

Die kleine Meerjungfrau, das Wahrzeichen der Stadt, misst nur 125 cm (oben links). Nyhavn zieht viele Touristen an (oben rechts). Kongens Nytorv liegt mitten in Kopenhagen und wird von historischen Gebäuden eingerahmt (unten links). Der Strøget ist Europas längste Fußgängerpassage (rechte Seite unten). Kopenhagen lässt sich gut auf zwei Rädern erkunden (rechte Seite oben).

als irgendwo anders auf der Welt präsentieren. Gläserne Dächer bringen Tageslicht in die U-Bahnhöfe, und durch hell erleuchtete Tunnel fahren – wie von Geisterhand gesteuert – führerlos die Züge. Kopenhagen ist ganz auf Zukunft ausgerichtet, und mit dem ökonomischen Zusammenschluss zur sogenannten Øresundregion haben Dänemark und Schweden eine der wichtigsten Wirtschaftsregionen im gesamten Ostseeraum geschaffen.

## Lebendige Geschichte rund um die Schlösser

Kaufleute, Seefahrer und Fischer erkannten diese vielversprechende und wirtschaftlich aussichtsreiche Lage an dem schmalen Ostseesund schon im 12. Jahrhundert. Bald darauf erhielt die Siedlung Stadtrechte, und noch einmal 100 Jahre später wurde sie zur Königsresidenz. Wie so viele strategisch wichtige Orte wurde auch Kopenhagen mal von den Schweden, mal von Engländern und dann von den Deutschen angegriffen und schwer beschädigt. Die ältesten Häuser in der hübschen Altstadt stammen aus der Zeit des ausgehenden und frühen 19. Jahrhunderts. Wirkliche Geschichte atmet die Stadt rund um ihre Schlösser, allen voran im Schloss Amalienborg, das im Rokokostil gebaut wurde. Es ist der Wohnsitz der Königsfamilie, aber auf dem ehrwürdigen Gemäuer weht die dänische Flagge nur, wenn die allseits beliebte Königin Margrethe II. zu Hause weilt. Und nur dann gibt es ein sehenswertes Ritual, das um zwölf Uhr viele Kopenhagen-Besucher anlockt: die königliche Wachablösung. Aber auch ohne dieses Schauspiel lohnt sich ein Spaziergang durch den wunderschön angelegten Garten Ameliehavn zwischen dem Schloss und dem Hafen. Dies ist einer der vielen Parks, die zusammen mit den Seen, die von den einstigen Wallanlagen übrig geblieben sind, die grüne Lunge der Stadt bilden. Und dann sind da noch die Ostseewellen, sie sanft an die Kaimauern schwappen und so sauber sind, dass man auf der Islands Brygge im südlichen Hafengebiet ein Freiluftbad gebaut hat. In diesem maritimen Ambiente einer Hafenstadt ist die Luft irgendwie frischer und anregender.

## Vom Leben in den Quartieren

Nyhavn, Kopenhagens malerische Flaniermeile rechts und links eines Hafenbeckens, ist ein

wunderbarer Ort, um in diese besondere Stimmung einzutauchen. Cafés, Galerien und Kunsthandlungen reihen sich in den alten Häusern aneinander. Und wer die aufstrebende und variantenreiche Gastronomie der Stadt erforschen will, der hat in einem der vielen Restaurants zu Land und auch in den Gourmetbooten auf dem Wasser beste Gelegenheit. Nyhavn ist das Schmuckstück der Stadt, immer belebt, und doch unaufdringlich, ein Kleinod, das sich über die Jahre kaum verändert hat. Ganz im Gegenteil zu anderen typischen Quartieren Kopenhagens, wie Vesterbro, Nørrebro und Østerbro, den sogenannten Brückenvierteln. Sie sind Mitte des 19. Jahrhunderts entstanden, als die Stadt nach einer Cholera-Epidemie über die Wallanlagen hinauswachsen musste, und galten bis weit ins vergangene Jahrhundert als wenig attraktive, problembeladene multikulturelle Arbeiterviertel. Sie haben jedoch die Wende geschafft: Aus Rotlicht- wurden Szeneviertel, aus verfallenden Wohnhäusern bezahlbare Unterkünfte auch für Studenten, und aus leer stehenden Läden alternative Kunstgalerien. Ein toleranter Geist ist geblieben. Davon zeugt auch Christiania, seit 1971 das »soziale Experiment« im Hafen. Damals verwirklichten einige junge Leute ihren Traum vom freien Leben mitten in einer Großstadt. Der Freistaat Christiania war geboren, der jedoch seit einigen Jahren auf der Kippe steht, denn konservative Kräfte wollen die Andersdenkenden und -lebenden in das Stadtgefüge eingliedern. Schwer vorzustellen, dass sie eines Tages über den Strøget bummeln, die weitläufige Shoppingmeile, wie man sie auch aus anderen Citys kennt. Auf dem lebendigen Amagertorv, dem Platz mit dem ehemaligen Fischmarkt, sollte man einen Kaffee trinken, dann die Domkirche mit den Skulpturen des Bildhauers Berthel Thorvaldsen besuchen und schließlich auf dem königlichen Platz Kongens Nytorv beeindruckende alte Gemäuer wie das Theater, das Tott'ske Palæ und das bekannte »Hotel d'Angleterre« bewundern, bevor man eintaucht in eines der Wahrzeichen der Stadt, den Vergnügungspark Tivoli.

## ECHTE SCHNÄPPCHEN

Im Bedwood Hostel oder Sleep in Heaven kann man günstig übernachten. Sowohl im National Museum als auch im Botanischen Garten ist der Eintritt frei. Ebenfalls kostenlos ist der Besuch der Nationalgalerie von Dänemark, dem Christiansborg-Palast, der Kleinen Meerjungfrau oder dem Kastell von Kopenhagen. Das Havneparken ist einer der beliebtesten frei zugänglichen Badeorte Kopenhagens. Die Wachablösung, die jeden Tag stattfindet, kann man gratis beobachten. Christiana, die Stadt in der Stadt, ist frei zugänglich. Ebenfalls gratis kann man einige Vorstellungen und Live-Events im Königlich Dänischen Theater besuchen. Sehr viel zu entdecken ist auch auf dem frei zugänglichen historischen Friedhof, wie z. B. das Grab von Hans Christian Andersen oder des berühmten dänischen Philosophen Kierkegaard. Mit einem Leihfahrrad kann man die Innenstadt, Vesterbro, Nørrebro, Østerbro, Frederiksberg und sogar die Vorstädte günstig erkunden.

## WEITERE INFORMATIONEN:

www.visitcopenhagen.com
www.visitdenmark.de
international.kk.dk
www.tivoli.dk

Detailreiche Häuserfronten zieren die Esplanade in Helsinki (oben links). Ausflugsboote verbinden Helsinkis Hafen mit der Festungsinsel Suomenlinna (oben rechts). Der Dom von Helsinki (rechte Seite oben) gehört zu den Wahrzeichen der Stadt wie der Bahnhof mit den Steinfiguren von Emil Wikström (rechte Seite unten).

# 53 Die finnische Hauptstadt – Helsinki

## Die weiße Tochter der Ostsee

**Dom und Hafen, die Esplanade und dann noch Suomenlinna: Diese vier Punkte sind Bestandteil fast jeden Helsinki-Besuchs. Doch viele architektonische Schönheiten der 600 000-Einwohner-Stadt liegen im Verborgenen und sind erst auf den zweiten Blick zu erkennen. Das gilt auch für den Design District, in dem sich die junge und umtriebige Stadt von einer ganz modernen Seite zeigt.**

Es ist ein beeindruckender Anblick: Eine breite Treppenfront führt in die Höhe, leitet den Blick zu sechs strahlend weißen Säulen und dann weiter, vorbei an einem ebenso blendend weißen Turm zu einer grünen Kuppe, die von einem goldenen Kreuz gekrönt wird. Man steht vor dem Dom, der wichtigsten Sehenswürdigkeit Helsinkis auf dem Senatsplatz, der auch als »Wohnzimmer der Stadt« bezeichnet und von Dom, Universität und Senatsgebäude eingerahmt wird.

### Die neue Hauptstadt

Kurios ist, dass das Wohnzimmer der Stadt zur Zeit der russischen Herrschaft von einem Baumeister aus Deutschland eingerichtet wurde. Denn der als finnlandfreundlich geltende Zar Alexander II. holte sich Anfang des 19. Jahrhunderts Carl Ludwig Engel, den Sohn eines Berliner Maurermeisters und studierten Architekten, an den Hof. Und der prägte nicht nur das Gesicht Helsinkis, sondern war im ganzen Land tätig. Für den Zar wurde vor dem Dom ein Denkmal errichtet, das Antlitz Engels prangt etwas versteckt an einer Mauer am Rand des Senatsplatzes. An die lange schwedische Zeit erinnert nur noch das Sederholm-Haus gegenüber. Das gilt aber immerhin als das älteste Steingebäude im Zentrum.

Helsinki ist eine vergleichsweise junge Stadt. Sie wurde 1550 von Gustav Vasa gegründet und befand sich ursprünglich dort, wo der Vantaa-Fluss in den Finnischen Meerbusen mündet. 1640 aber wurde sie an die heutige Stelle verlegt. Nach dem Großbrand 1807 baute man die Stadt wieder auf. 1812 löste Helsinki (mit damals 4000 Einwohnern) Turku als Hauptstadt ab, 1828 wurde auch die

Die Esplanade ist die Promeniermeile der Helsinkier (oben links). Schwert als Symbol für die Auseinandersetzungen auf Suomenlinna (oben rechts). Die Temppeliaukio-Felsenkirche wurde in den Berg gesprengt (unten). Die Uspenski-Kathedrale steht für das russische Erbe von Helsinki (rechte Seite unten).

Universität hierher verlegt. Helsinkis Aufstieg verlief rasant. 1890 zählte die Stadt 61 000 Einwohner, 25 Jahre später schon 210 000. Und Menschen brauchen Häuser, reiche Menschen repräsentative Wohnungen und Geschäftsräume, und das gern im Stil der aufkeimenden Nationalromantik, die Anfang des 20. Jahrhunderts die Suche nach eigener Identität in dem jungen Staat eine Blüte erlebte. Dabei hat das finnische Nationalepos Kalevala eine Rolle gespielt. Dessen Motive mischen sich mit Elementen des Jugendstils, was an zahlreichen Gebäuden im Zentrum der Stadt deutlich wird. Nur wenige dieser Gebäude sind öffentlich zugänglich. Bewundert werden kann diese Architektur jedoch beispielsweise im »Aschan Café Jugend« an der Esplanade. Das einstige Geldhaus wurde im Stil einer mittelalterlichen Kirche gestaltet. Die Decke thront auf Säulen, die mit interessanten Reliefs verziert sind, die teilweise etwas schrille Naturwesen darstellen. Auch das mondäne »Hotel Kämp« – das in den 1960er-Jahren beinahe abgerissen wurde – steht für diesen Baustil, ebenso viele weitere prächtige Gebäude an der Esplanade. An dieser mit Bodenheizung ausgerüsteten Flaniermeile sind viele Grünanlagen und Geschäfte zu finden. Und letztlich gehört auch der Hauptbahnhof ein paar Straßen weiter zu diesem kulturellen und architektonischen Erbe.

## Kirchen, Design und Strände

Zur Geschichte Finnlands im Spannungsfeld zwischen Ost und West zählt die auf einem grünen Hügel in Hafennähe thronende prächtige russisch-orthodoxe Uspenski-Kathedrale (1868) mit ihren goldenen Zwiebeltürmen. Auf dem Marktplatz (Kauppatori) am Südhafen kann man an kunterbunten Marktständen einkaufen. Sehenswert sind auch das Stadthaus und der Präsidentenpalast sowie die schöne Markthalle am Kai mit diversen Spezialitäten. Einen Besuch lohnen außerdem das einige Straßenzüge entfernte Kiasma, das Museum für Gegenwartskunst, sowie der im neoklassizistischen Stil gebaute Reichstag an der Töölöbucht, um die sich ein schöner, gern genutzter Parkstreifen zieht. In der Nähe kann man auch die in den Felsen gesprengte Felsenkirche (Temppeliaukio-Kirche) besuchen. Zunehmend auf Interesse stößt der Design District mit rund 200 Läden, in dessen Mitte, in der Korkeavuorenkatu, das Finnische Design-Museum steht. Hier findet man von ausgefallenen Schuhmodellen bis zu extravaganten Hüten so ziemlich alles, was den Erben Alvar Aaltos – des Vaters des modernen finnischen Designs – in den Sinn kam.
Neben all diesen Sehenswürdigkeiten bietet das Zentrum von Helsinki viele Möglichkeiten zum Entspannen. Da sind Parks wie der Kai-

vopuisto oder Badestrände wie die von Hietaniemi und Munkkiniemi. Und Sonnenanbeter schätzen besonders die Felseninsel Pihlajasaari. Gourmets finden in Helsinki eine ganze Reihe hervorragender Restaurants – auch mit Michelin-Sternen – mit lokalen und internationalen Gerichten.

### Mit dem Boot zur Schwedenburg

Finnland gab es im 18. Jahrhundert in seiner heutigen Form noch nicht. Das Sagen im Land hatten die Schweden. König Frederik I. beschloss 1747, auf einer Insel vor Helsinki eine Festung zu bauen und so sein Land vor einem möglichen russischen Angriff zu schützen. Bis zu 7000 Arbeiter schufteten, um das gewaltige Bollwerk gegen die Invasoren zu bauen. Auf den Festungsinseln lebten mehr Menschen als in dem kleinen Ort auf dem Festland – der späteren Hauptstadt. Rund 50 Jahre nach dem Baubeschluss war die als uneinnehmbar geltende Festung fertiggestellt. Ihre Bewährungsprobe hatte sie 1808, als russische Truppen Helsinki einnahmen und Suomenlinna beschossen. Tagelang flogen den etwa 5000 Soldaten die Kanonenkugeln um die Ohren. Die Verluste an Menschen sowie die Schäden an den Gebäuden waren jedoch vergleichsweise gering. Der Kommandant der Festung, Carl Olof Cronstedt, kapitulierte und übergab Suomenlinna mitsamt der schwedischen Schärenflotte an die Besatzer: ein Trauma für die Schweden. Die finnischen Gebiete gingen für rund ein Jahrhundert an die Russen. Erst von 1918 an wehte nach dem Abzug der Russen über Viapori – oder wie man nun sagt: Suomenlinna – die finnische Flagge. Suomenlinna hat im Laufe der Jahrhunderte jedoch nicht nur eine wichtige militärische Rolle gespielt, sondern das Leben der Menschen auf dem Festland nachhaltig beeinflusst. Kaffee und Schokolade beispielsweise kamen über die Festungsinseln nach Finnland. Auch für Kunst und Kultur waren die Tore Suomenlinnas gleichzeitig Einfallstor nach Helsinki und das Hinterland. Suomenlinna gilt heute als eine der wichtigsten Sehenswürdigkeiten der finnischen Hauptstadt. Sieben Museen und die renovierte Festungsanlage haben die sechs Inseln auf die Liste des Weltkulturerbes gebracht. Gleichzeitig ist Suomenlinna ein gewöhnlicher, wenn auch sehr exklusiver Stadtteil der finnischen Hauptstadt mit Kirche, Laden und Schule, der bestens mit Fähren zu erreichen ist. Rund 900 Menschen leben hier – auf überaus geschichtsträchtigem Boden. Ihr Blick geht aufs Meer und zu den vielen Schiffen, die den Hafen der »Tochter der Ostsee« anlaufen.
Lokale Spezialitäten bekommt man zudem in der direkt am Hafen gelegenen Markthalle, die aufgrund ihrer tollen Atmosphäre immer einen Abstecher wert ist.

### ECHTE SCHNÄPPCHEN

Wer viele Sehenswürdigkeiten und Museen in Helsinki besuchen möchten, der sollte die Helsinki Card erwerben – dadurch ist der Eintritt oft frei, man kann unbegrenzt kostenlos mit den öffentlichen Verkehrsmitteln sowie mit der Fähre nach Suomenlinna fahren. Günstig ist dort (auch ohne Helsinki Card) der Eintritt in die Felsenkirche. Grundsätzlich kostenlos sind das Helsinki City Museum, das Museum Päivälehti und das Museum der Bank von Finnland. Immer dienstags von 17–20 Uhr ist das Museum der Kulturen und das Finnische Nationalmuseum, mittwochs von 17–20 Uhr die Kunstmuseen Ateneum, Kiasma und Synerbrychoff, donnerstags von 16–18 Uhr das Finnische Naturkundemuseum und freitags von 11–16 Uhr das Kunstmuseum Tennispalast und das Museum für finnische Architektur kostenfrei. Alle Parks in der Stadt sind frei zugänglich, und der Besuch des Aussichtsturms im Esplanadi-Park ist kostenlos.

### WEITERE INFORMATIONEN:

www.visitfinland.com
www.hel.fi
welcome.helsinki
www.myhelsinki.fi

Bei Stadtfesten lebt Tallinns mittelalterliches Erbe fort (oben links). Blick von der Oberstadt auf die Türme der Unterstadt bis zur Olaf-Kirche (oben rechts). Das Herz der Unterstadt ist der Rathausplatz (rechte Seite unten). Der Lahemaa-Nationalpark lädt zu ausgiebigen Spaziergängen ein (rechte Seite oben).

# 54 Der Hansetradition treu – Tallinn

## Das frühere Reval zeigt sich in neuem Glanz

**Tallinn hat sich seit der Selbstständigkeit Estlands 1991 mächtig herausgeputzt. Im Sommer, wenn die Tage endlos scheinen, pulsiert das Leben in engen Gassen und auf Plätzen innerhalb des Mauerrings, dann haben Restaurants und Kneipen Hochbetrieb. Denn längst hat es sich herumgesprochen, dass die UNESCO-Weltkulturerbestadt einen der besterhaltenen historischen Siedlungskerne Europas birgt.**

Aus dem vorgeschichtlichen Handelsplatz entstand im 13. Jahrhundert die heutige Stadt am Finnischen Meerbusen. Zunächst unter dänischer und ab 1346 unter der Herrschaft des Deutschen Ordens wurde die Handelsstadt ab 1280 Hansemitglied. Das einstige Reval scheffelte mit seinem Lübecker Stadtrecht insbesondere im 15. Jahrhundert als Zwischenstation des Osthandels mit der russischen Republik Nowgorod einigen Reichtum. Doch dann, im Livländischen Krieg 1561, fiel die Hansestadt an Schweden, nach dem Nordischen Krieg ab 1700 an Russland unter Zar Peter dem Großen.
Die russische Herrschaft sollte über zwei Jahrhunderte andauern, bis sich die Esten in einem Unabhängigkeitskrieg von 1918 bis 1920 emanzipierten und für unabhängig erklärten – was allerdings nicht lange währte: Stalin erzwang Estlands Eingliederung in die Sowjetunion.

### Im Zentrum des Geschehens

Als Besucher schlendert man heute fasziniert durch die schmalen Gassen, deren Grundriss seit dem Mittelalter erhalten blieb. Staunend verweilt man vor perfekt erhaltenen Wohnhäusern mit hohen Giebeldächern, die wieder in frischen Farben erstrahlen. Jedes Gebäude hat seinen ganz eigenen Charme – den Kaufleuten von einst sei gedankt, dass sie ihre Häuser so massiv bauten. Die Wirrnisse der folgenden Epochen konnten ihnen kaum etwas anhaben. Im Mittelalter gab es innerhalb der alten Stadtbefestigung zwei Siedlungen: die Unterstadt und den Domberg. Während in der

Unterstadt die Kaufleute der Hanse und die Handwerker ihren verschiedenen Berufen und Tätigkeiten nachgingen, residierte die adelige Herrschaft auf dem Domberg. Offiziell erst in den 1980er-Jahren aufgehoben, sorgte diese Trennung dafür, dass in der Unterstadt bis heute die Kaufmannshäuser dominieren, während den Domberg prächtige Stadtpaläste und das spätbarocke Schloss Toompea zieren.

## Gotik, Renaissance, Barock & Co.

Das Herz der Unterstadt bildet der Rathausplatz mit dem gotischen Rathaus, von dessen Turm man die ganze Stadt überblickt (leider bis hin zu den Schandflecken sowjetischer Architektur), und auch die Stadtmauer ist von hier aus gut auszumachen: Von ihren 46 Rundtürmen stehen heute noch etwa die Hälfte.
Mit einer herausragenden Fassade prunkt auch das Schwarzhäupterhaus: Es ist an seinem reichen Bauschmuck im niederländischen Renaissancestil zu erkennen. Nicht versäumen sollte man das entzückende Ensemble »Drei Schwestern« aus dem 15. Jahrhundert – ein Kaufmann ließ die Häuser für seine drei Töchter bauen.

Das sakrale Highlight der Unterstadt markiert die Nikolaikirche. Im 13. Jahrhundert von deutschen Kaufleuten errichtet, dient die Basilika heute als Konzertsaal. Als meistfotografiertes Gotteshaus aber läuft ihr die Heiliggeistkirche den Rang ab: Geschuldet ist dies dem eleganten Barockturm, doch lassen sich auch im Inneren einzigartige Kunstschätze entdecken, wie die Kanzel, das Chorgestühl und der Flügelaltar, geschaffen von einem Meister aus Lübeck.
Über steile Treppen gelangt man hinauf zum Domberg. Die Anstrengung lohnt allein wegen des grandiosen Blicks auf die Unterstadt von einer der Panoramaterrassen. Zu Tallinns Highlights gehört auch der Dom aus dem 13. Jahrhundert, eine von Estlands ältesten Kirchen. Im barocken Innenraum erzählen reich geschnitzte Wappenschilde und Grabplatten die Geschichte des Adels. Noch markanter prägt nur die russisch-orthodoxe Alexander-Newski-Kathedrale mit ihren auffälligen Turmkuppeln Tallinns Stadtsilhouette sowie der »Lange Hermann«, der einzige Überrest der zerstörten mittelalterlichen Burg.

## ECHTE SCHNÄPPCHEN

Am günstigsten fährt man mit der Straßenbahn vom Flughafen in die Stadt. Überall in Tallinn gibt es kostenloses Internet. Man kann täglich an kostenlosen Wandertouren oder im Sommer samstags an einer Tour in Pärnu teilnehmen. Von der Launge24 im Radisson Blue Sky Hotel hat man einen tollen Blick über die Stadt. Immer am ersten Sonntag des Monats ist der Eintritt in folgende Museen gratis: Tallinn City Life Museum, Museum of Photography, Kiek in de Kök Fortifications, Kalamaja und Tallinn Russian Museum, das Miiamill, das Haus von Peter den Großen, der Lasnamäe Pavilion, Kunst-, Vilde-, Mati Unt- und Tammsaare Museum. Ebenfalls kostenlos ist der Besuch in der Alexander-Newski-Kathedrale, der Karlskirche, der St.-Michaelis-Kirche, der Kirche der Verklärung des Herrn und Heiligen Bischofs Nikolaus, der Pferdemühle, dem Katariina Gang, der Patkulsche-Aussichtsplattform, den Gärten des dänischen Königs und dem Kommandantengarten sowie des Schlosses Toompea. Im Marzipanzimmer erfährt man gratis spannende Geschichten über das Marzipan. Zudem sind Tallinns Galerien frei zugänglich.

## WEITERE INFORMATIONEN

**Fremdenverkehrsbüro Tallinn:** www.tourism.tallinn.ee
**Seite des Nationalparks:** www.lahemaa.ee

Im berühmten blau gekachelten Bad badete schon Alexander Puschkin (oben). Wie Blasen wölben sich die Dächer der Schwefelbäder über dem Badeplatz, und ineinander verschachtelte Häuer ziehen sich den Hang zur Festung Narikala hinauf (rechte Seite unten).

# 55 Die Heilkraft warmer Quellen – Abanotubani

## Der Ursprung der Stadt

**Einer Legende nach verdankt Tiflis seinen Ursprung heißen Quellen, denen Heilkraft und kulinarischer Genuss zugeschrieben wurden. Sie wurden zu orientalischen Bädern ausgebaut und dienten der Körperpflege und Entspannung. Alexander Puschkin rühmte sie und machte sie weltbekannt. Er schrieb 1829: »Nicht in Russland, nicht bei den Türken fand ich, seit ich lebe, Köstlicheres als Tiflis' Bäder.«**

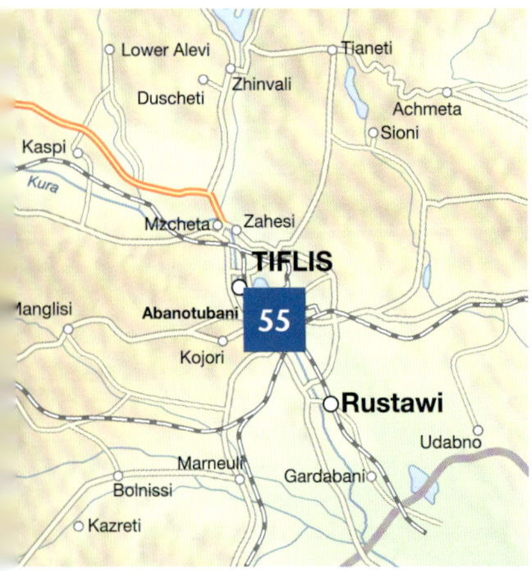


Wie aus der Erde aufsteigende Riesenblasen wölben sich die Ziegelkuppeln der unterirdischen Badeanlagen im Stadtteil Abanotubani über dem Platz. *Abano* heißt Bad und *ubani* Gebiet. Über diesen Kuppelplatz zu spazieren ist ein Erlebnis für sich und der Ausblick auf den geschmackvoll renovierten Stadtteil Abanotubani mit seiner Moschee überaus reizvoll.

Tbilissi oder Tbilisi, wie die Hauptstadt auf Georgisch erst seit 1936 offiziell heißt, verdankt ihren Namen warmen Quellen. *Tbili* bedeutet nämlich warm und verweist auf die heißen Quellen mit ihrem kohlensäure-, eisen- und schwefelhaltigen Wasser, die an mehreren Orten in der Stadt aus dem Boden sprudeln. Griechische Schriften, Marco Polo sowie das zaristische Russland nannten die Stadt Tiflis. Da auch nach Georgien ausgewanderte Deutsche Tiflis sagten und diesen Namen nach Deutschland vermittelten, wird die Stadt auf Deutsch bis heute Tiflis genannt.

## Ein gut gegarter Fasan

Die Gründungslegende der Stadt bezeugt die große Heilkraft und die kulinarischen Aspekte dieser Quellen. Im 5. Jahrhundert jagte König Wachtang I. Gorgassali (um 440–502) in den Hügeln um Tiflis. Als er einen Fasan erlegte, verschwand dieser im Tal. Der König fand ihn

zu seinem Erstaunen in einer heißen Quelle – gargekocht. In einer anderen Version verlässt der vom Schuss verwundete Fasan die Quelle gesund und heil. In beiden Varianten aber zeigte sich der König von den Qualitäten der Quellen so begeistert, dass er die Perser vertrieb, die auf dem Hügel im 4. Jahrhundert die Festung Narikala errichtet hatten. Danach verlegte er die Hauptstadt des ostgeorgischen Reiches, die bis dahin in Mzcheta lag, im Jahre 448 nach Tiflis und machte die Festung zu seiner Residenz. Der Ausbau der Quellen zu Schwefelbädern geht wohl auf arabische Einflüsse aus dem 7. oder 8. Jahrhundert zurück. Einem persischen Historiker zufolge speisten die Quellen im 13. Jahrhundert 65 öffentliche Bäder. Reisende waren verpflichtet, bei ihrer Ankunft aus Hygienegründen zuerst die Bäder zu besuchen. Dies machte sie auch zu Treffpunkten von großer gesellschaftlicher Bedeutung. Erst nach dem Bad war es Händlern erlaubt, sich ihren Geschäften auf dem Maidan, dem Haupthandelsplatz der Stadt, zu widmen. Dieser Platz liegt nur wenige Minuten von den Bädern entfernt.

### Badevergnügen bis heute

Aktuell ist nur noch eine Handvoll Bäder in Betrieb. Die ältesten stammen aus dem 17. Jahrhundert und verdanken ihre Namen den einstigen Besitzern. Unübersehbar steht das architektonisch auffälligste von ihnen am Ende des Bäderplatzes, das oberirdisch angelegte Orbeliani-Bad. Seine Fassade mit kielförmigem Bogen, bunten Fliesen und zwei minarettähnlichen Türmchen gleicht dem Eingang zu einer persischen Medresse. Wegen des Fliesendekors wird es auch »chreli abano«, buntes Bad, genannt. Die 1893 erbaute Anlage ist nach aufwendigen Renovierungen wieder geöffnet.

Die anderen Bäder liegen mehrheitlich unterirdisch, um den Wasserdruck konstant zu halten. Durch die Oberlichter auf den Kuppeln, durch die auch der Dampf entweicht, fällt Tageslicht ein. Luxuriöse Bäder besitzen Privaträume für mehrere Personen mit einem oder mehreren Kalt- und Warmwasserbecken und Dampfbädern. Das Orbeliani-Bad vermietet gar ein Royal Apartment, zu dem auch eine Bar und eine Sauna gehören.

### ECHTE SCHNÄPPCHEN

Leider ist ein Schwefelbad nicht günstig, aber der Eintritt in die Bäder beginnt bei 1 Euro. Kostenlose Stadtführungen findet man auf der Webseite von Tourscanner. Nicht weit vom Freiheitsplatz entfernt liegt das Restaurant Ezo – Ezo bedeutet Innenhof, und tatsächlich liegt das Lokal im lauschigen Patio eines traditionellen Hauses. Ezo war das erste Restaurant in Tiflis, das einen Innenhof ins Raumkonzept integrierte. Seine Betreiber Kristo und Gio übertrugen die Kultur des nachbarschaftlichen Zusammenlebens in ihr Lokal. Ein günstigerer Geheimtipp ist das Restaurant Chef Saradjeff mit georgischer Küche. Ebenfalls gut und günstig kann man im Nikolozi und im Racha Dukhan (georgisch), im Melongrano (italienisch) oder im Cook Shop (türkisch-aserbeidschanisch) essen. Günstige Cafés: Kvarts Coffee, Hurma Café, Café Palermo oder The Cone Culture Ice Cream.

### WEITERE INFORMATIONEN:

Die Mietpreise in den Schwefelbädern verstehen sich pro Stunde.
tourscanner.com
Verlässliche Touristeninfos mit guten Karten gibt es am Puschkinplatz.

Blick über die Stadt von einem Café über dem Rike-Park in Richtung Süden auf den sowjetischen Fernsehturm am Horizont (oben). Die Ruinen der Narikala-Festung sind das älteste Wahrzeichen von Tiflis (rechts).

# 56 Zwischen Realität und Traum – die Altstadt

## Verwunschene Gassen und Gebäude

**Die Altstadt von Tiflis wirkt wie aus einer vergangenen Zeit. Ihre gewundenen Gassen und vom Alter gebeugten Häuser könnten den poetischen Stadtvisionen des Malers Marc Chagall entsprungen sein. Halb verwilderte Gärten, Kopfsteinpflaster und romantische Winkel machen das ziellose Schlendern im Gassengewirr zur eigentlichen Attraktion.**

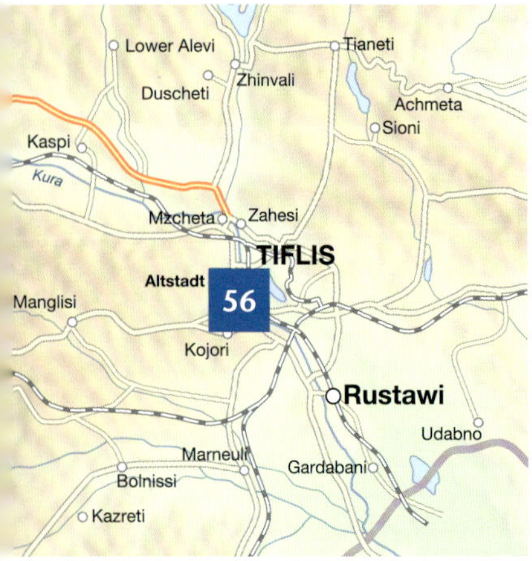


Die Altstadt zieht sich vom Ufer des Mtkwari bis zu den Ruinen der Narikala-Festung hoch. Ineinander verschachtelte Häuser und ein Gewirr von Sträßchen bieten ein malerisches Bild. Kein Wohnhaus ist mehr als 200 Jahre alt, denn Tiflis wurde im Laufe seiner bewegten Geschichte unzählige Male angegriffen, erobert und zerstört. 1795 legten die Perser die Stadt zum letzten Mal in Schutt und Asche. Zeitzeugen berichten, dass Tiflis um 1800 wenig mehr als eine Ruine war. Kurz danach wurde Georgien im Jahr 1801 dem zaristischen Russland einverleibt. Weil Russland Tiflis zum Verwaltungszentrum des südlichen Kaukasus ernannte, wurde die Altstadt schnell wieder aufgebaut. Dabei verschwanden die Flachdächer, die bis ins 18. Jahrhundert das Stadtbild prägten.

### Eine Welt der Balkone

Mit ihren Holzbalkonen und wie Spitzenbordüren wirkenden Schnitzereien muten viele Altstadthäuser ländlich an. Zwei Grundtypen von Häusern lassen sich anhand der Anlage des Innenhofs unterscheiden: Der eine Typ besitzt einen Innenhof auf der Rückseite des Hauses. Zur Straße hin zeigen sich geschlossen wirkende Fassaden ohne oder mit kleineren Holzbalkonen. Im Innenhof dagegen eröffnet sich eine Welt der Balkone. Sie nehmen weitläufig oft die ganze Fassade ein, sind zu Loggien ausgebaut, manchmal verglast und

durch Außentreppen erschlossen. Weinreben verbinden emporrankend die Stockwerke, und Wäscheleinen ziehen sich quer über den Innenhof. Im Sommer werden die Küchenherde in die Loggien gestellt, und Sessel verwandeln Balkone in Wohnzimmer. Dass man dort in der Früh im Morgenrock seine erste Zigarette raucht und Kaffee trinkt, gehört zum Lebensstil von Tiflis.

Der zweite Typ von Häusern besitzt einen sogenannten italienischen Innenhof, der dem Haus zur Straße hin vorgelagert ist. Manche Gebäude legen sich U-förmig um einen solchen Hof, der zur Straße durch eine Mauer mit Tor oder einen Zaun abgegrenzt wird. Oft hängen die Äste von Kaki- oder Maulbeerbäumen über diese Zäune in die Straße, und verwunschene Gärten schaffen eine romantische Atmosphäre. Das Bild der Altstadt vervollständigen kleine Läden, und an jeder Ecke riecht es nach frischem Brot von Bäckereien, die oft im Untergeschoss der Häuser liegen.

Leider sind viele Bauten in schlechtem Zustand. Die Altstadt von Tiflis und damit ein Lebensstil sind bedroht. Ein Drittel der Gebäude ist abbruchreif, andere wurden verkauft und nur vordergründig stilecht renoviert. Sie bringen nun als Gästehäuser und Hotels schnelles Geld und verändern das soziale Gefüge.

### Das Betlemi-Viertel

Bis ins 20. Jahrhundert war Tiflis ein Schmelztiegel der Völker. Im Bäderviertel wohnten viele Perser und in der Altstadt viele Juden. Armenier lebten vor allem in Awlabari, gegenüber der Altstadt, auf der anderen Seite des Flusses Mtkwari. Dort, wo sich heute der Agmaschenebili-Boulevard befindet, lebten ausgewanderte Deutsche in Alexanderdorf. Ende des 19. Jahrhunderts hatte Tiflis etwa 100 000 Einwohner, die Mehrheit davon waren Armenier.

Die Juden nannten ihr Quartier nach der Stadt Bethlehem Betlemi. Eine große Synagoge an der Anton-Katalikosi-Straße 3 befindet sich in der Nachbarschaft armenischer und georgischer Kirchen. Das Gebäude wurde in den Jahren 1913–1915 im maurischen Stil errichtet. Vor dem Eingang steht eine große Menora, ein siebenarmiger Leuchter, und ein Davidstern

ziert ein Glasfenster. Die Synagoge zu betreten ist erlaubt und sehr empfehlenswert. Einst gab es 40 Synagogen in der Stadt, aber die Mehrzahl der Juden wanderte nach Israel aus. Hinter der Synagoge zieht sich das Viertel über steile Gassen und Treppen zu den beiden Betlemi-Kirchen hinauf. Wer den Aufstieg über die Betlemi-Treppe nicht scheut, den belohnt von der Terrasse vor der oberen Kirche eine wunderbare Aussicht auf die Altstadt. Die Anwohner haben diese Terrasse in einen sorgfältig gepflegten Rosengarten mit Bänken verwandelt, und ein ausladender Maulbeerbaum spendet Schatten. In der Nähe des Platzes sind fachgerecht renovierte Altstadthäuser zu bewundern, und ein paar Schritte weiter stehen Überreste von Außenmauern eines persischen Feuertempels, Ataschgah genannt. Obwohl Tiflis immer wieder rasend schnellen Veränderungen unterworfen war, gibt es noch traditionelle Wirtshäuser, die so aussehen, wie der Maler Niko Pirosmani sie in seinen naiven Bildern festgehalten hat. Sie heißen *dukhane*, liegen unterirdisch in Kellergewölben und geben einem das Gefühl, im Bauch der Erde zu dinieren. Serviert werden Gerichte wie Khinkali (Teigtaschen), Chardscho (Eintopf), Mtsvadi (Fleischspieße) und andere Delikatessen mehr. Ein sehr authentisches Lokal dieser Art liegt im Betlemi-Viertel an der Michail-Lermontov-Straße 4, in der Nähe des Freiheitsplatzes. Es heißt Racha, nach der gleichnamigen Region Ratscha Letschchumi.

## Basare und Bäckereien

Bis ins 19. Jahrhundert bildete der Maidan, der heute Wachtang-I.-Gorgassali-Platz heißt, den zentralen Handelsplatz der Stadt. Tiflis lag günstig am Schnittpunkt zweier Routen der Seidenstraße und entwickelte sich im Mittelalter zu einem bedeutenden Handelszentrum, aber auch zu einem kulturellen Zentrum für Kunst und Poesie. Der Untergang von Byzanz führte zu einer Verlagerung der Handelsrouten, und Tiflis verlor an Bedeutung und Reichtum. 1477 eroberten die Perser die Stadt, Georgien spaltete sich in mehrere kleine Königtümer auf und verlor seine Selbstständigkeit bis ins 20. Jahrhundert. Heute parken Autos statt Kamelen auf dem einstigen Handelsplatz. An der Kote-Abchasi-Straße, die im Mittelalter Mittelbasar genannt wurde, liegt die Ruine einer großen Karawanserei.

Eine weitere Karawanserei, die Anfang des 20. Jahrhunderts zu einem Jugendstilhaus umgebaut wurde, beherbergt nun das Stadtmuseum, zu dessen interessantesten Exponaten Modelle typischer Tifliser Wohnhäuser

Im Betlemi-Viertel steht dieses traditionelle Haus mit seinen einzigartigen farbigen Glasscheiben seit mehreren Jahren zum Verkauf (links). Ärmliche Wohnungen (oben) und mondäne Zeiten verheißende Szenetreffs (unten) liegen in Tiflis eng nebeneinander.

In der Altstadt stehen orthodoxe und armenische Kirchen sowie eine katholische in unmittelbarer Nachbarschaft zu einer Synagoge im maurischen Stil (oben) und einer Moschee. In der Sioni-Kirche wird die Hauptreliquie des Landes aufbewahrt, das Weinrebenkreuz der heiligen Nino (rechts).

gehören. Das Gebäude liegt direkt neben der Sioni-Kirche und gegenüber dem Priesterseminar, das im Keller eine der besten Bäckereien der Stadt beherbergt. Der Duft aus dem dunklen Treppenabgang am linken Ende des Priesterseminars weist den Weg dorthin. Wer es wagt, die dunkle Treppe hinunterzusteigen, wird ins Reich der *puri* entführt, so heißen die lang gezogenen, wie Schiffe aussehenden Fladenbrote. Brot wird in traditionellen Tonöfen gebacken, sie heißen *tone* und sehen aus wie Vulkankegel. Mit einer Grazie, die lange Übung verrät, klatschen die Bäckerinnen die Flachbrote an die Innenwände dieser Öfen. Früher wurden sie mit Holzkohle geheizt, heute tun Elektrospiralen ihren Dienst. Jung und Alt läuft mit dem frisch gebackenen, warmen Brot durch die Stadt. Manche klemmen es wie Pariser Baguettes unter den Arm, aber wenn es noch warm ist, trägt man es in beiden Händen wie etwas ganz Wertvolles vor sich her.

## Kirchen, Synagogen und eine besondere Moschee

Nur wenige Schritte von der Bäckerei entfernt liegt die Sioni-Kirche. Nach mehrmaliger Zerstörung erhielt sie ihre jetzige Gestalt im 18. Jahrhundert, die Fresken stammen aus dem 19. Jahrhundert. Abends zur Messezeit füllt sich der Kirchenplatz mit Menschen, welche die Messe über Lautsprecher mitverfolgen. Wenn es dunkel wird, ist die Stimmung in der Kirche besonders schön, dann verleihen flackernde Kerzen den Ikonen Lebendigkeit, manche Gläubige lesen in einem Buch oder gehen von einer Ikone zur andern.

Ihre Bedeutung verdankt die Sioni-Kirche der wichtigsten Reliquie Georgiens, dem Weinrebenkreuz der heiligen Nino, das hier aufbewahrt wird. Mit diesem Kreuz hatte die heilige Nino Georgien christianisiert und viele Menschen geheilt. Deswegen war die Sioni-Kirche die Hauptkirche der Georgischen Orthodoxen Kirche, bis die neue, mächtige Sameba-Kathedrale im Stadtteil Awlabari ihr 2004 den Rang ablief.

Im Umkreis der Sioni-Kirche befinden sich armenische Kirchen, eine katholische und zwei Synagogen. Die einzige in der Altstadt erhaltene Moschee liegt oberhalb des Bäderviertels und ist sehr sehenswert. In ihrem durch Säulen zweigeteilten Innenraum beten in der einen

Hälfte sunnitische, in der anderen schiitische Muslime. Diese wohl weltweit einmalige Situation ergab sich, nachdem die schiitische Moschee am Ufer des Mtkwari einer Flussbegradigung und dem Bau der Metechi-Brücke zum Opfer fiel. Die Sunniten luden darauf ihre Glaubensgenossen ein, bei ihnen zu beten. Von außen gibt sich das Gebäude nur durch das kleine Minarett als Moschee zu erkennen. Der 1895 errichtete, lang gestreckte Bau überrascht mit neugotischen Stilelementen und könnte mit einem christlichen Gotteshaus verwechselt werden.

Die Antschischati-Kirche hingegen, die älteste Kirche der Stadt, besitzt einen Eingang, der mit seinem Kielbogen auf den ersten Blick an ein islamisches Gebäude erinnert. Erst wenn man den Kopf hebt und den Glockenturm über dem Eingang erblickt, erkennt man den Irrtum. Die dreischiffige Basilika aus dem 6. Jahrhundert ist der Jungfrau Maria geweiht. Ihren Namen verdankt sie einer überaus wertvollen Ikone aus dem Antschi-Kloster in der heutigen Türkei. 1675 brachte man diese Ikone, die Christus als Weltenherrscher darstellt, vor den Osmanen nach Georgien in Sicherheit. Heute wird sie in der Schatzkammer des Kunstmuseums ausgestellt. Während der Messe von neun bis zwölf Uhr an Samstagen und Sonntagen singt hier der für seine schönen Stimmen bekannte Kirchenchor.

Vor Ostern werden alle Kirchen inklusive ihrer Kronleuchter bis zum letzten Staubpartikel geputzt und festlich geschmückt. In der Osternacht füllen sie sich mit andächtigen Menschen, die darauf warten, dass um Mitternacht das Osterlicht angezündet und die Auferstehung Christi verkündet wird.

## ECHTE SCHNÄPPCHEN

Der Eintritt zur Sameba-Kathedrale ist bis spät abends frei. Der Uhrturm vom Künstler Rezo Gabriadze zeigt die Uhrzeit auf der größten und der kleinsten Uhr der Stadt und ist kostenlos. Der Zugang zur Altstadt und der Rustaweli Gamsiri ist frei, und man kann sich an den prachtvollen Gebäuden, Palästen, Theater und dem Parlament gratis sattsehen. Der frei zugängliche Antiquitätenmarkt Bridge Market findet am Ende der Drybridge statt, von der man von der Altstadt zum Rike Park spazieren kann. Der Eintritt zum Botanischen Garten ist nicht kostenfrei, aber mit ca. 30 Cent sehr günstig. Alle Museen in Tiflis, wie das Georgische Museum, das Museum der Kunst, die National Galerie, das Historische Museum oder das Svaneti und Bolsni Museum, kosten Eintritt, aber für unsere Verhältnisse sind diese sehr günstig. Günstig und interessant sind auch das Seidenmuseum und das Underground Printing House Museum.

## WEITERE INFORMATIONEN:

Es gibt keine zuverlässigen Angaben zu den Öffnungszeiten von Kirchen, Moscheen und Synagogen. Auch Museen auf dem Land schließen manchmal früher als angegeben. Im Normalfall kann davon ausgegangen werden, dass Kirchen tagsüber durchgehend geöffnet sind.

National Galerie: 11 Shota Rustaveli Ave, montags geschlossen

Kunstmuseum: 2/4 Aleksandr Pushkin St, montags geschlossen

Auf dem Rustaweli-Boulevard reihen sich repräsentative Bauten, Hotels und schicke Läden aneinander (oben). Modernes Flair auf der Promenade beim neuen Einkaufspalast hinter dem Freiheitsplatz. Zu Sowjetzeiten stand dort das Kaufhaus Univermag (rechts).

# 57 Eine mondäne Meile – der Rustaweli Gamsiri

## Prachtbauten aus dem 19. Jahrhundert

**Ein Bummel auf dem Rustaweli-Boulevard führt zu repräsentativen Gebäuden aus der zweiten Hälfte des 19. Jahrhunderts. Um sie zu errichten, wurde eine Vielzahl europäischer Architekten engagiert, und es entstanden Gebäude in diversen Stilen. Sie entsprechen perfekt einer Stadt, deren Aussehen bis heute von vielen unterschiedlichen Einflüssen geprägt wurde.**

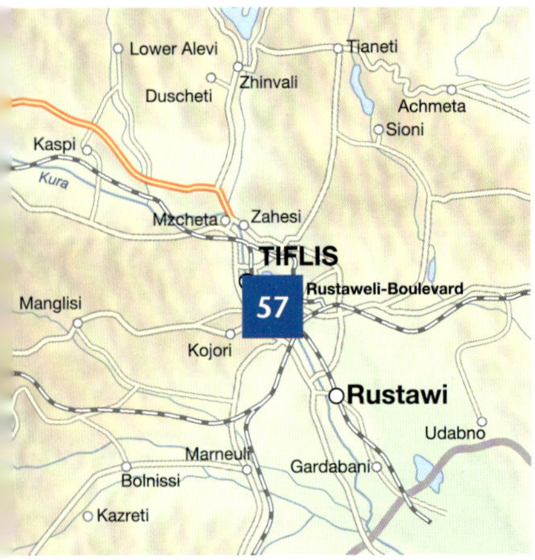


Nach der Annexion Georgiens durch Zar Alexander I. im Jahr 1801 wurde Tiflis zum Verwaltungszentrum des zaristischen Russlands in Transkaukasien ernannt und stark erweitert. Zwei neue Prachtstraßen parallel zum Fluss Mtkwari bildeten die Hauptverkehrsadern und das repräsentative Zentrum der Stadt. Am rechten Ufer liegt der heute Agmaschenebili genannte Boulevard. Vom Freiheitsplatz bis zum Platz der Rosenrevolution erstreckt sich der Rustaweli-Boulevard, benannt nach dem Dichter Schota Rustaweli, der Ende des 12. Jahrhunderts das georgische Nationalepos *Der Recke im Pantherfell* schrieb. Sein Standbild steht neben der gleichnamigen Metrostation. Diese Prachtstraßen heißen auf Russisch *prospekt,* auf Georgisch *gamsiri,* und ihre Gestaltung mit den breiten Gehsteigen und Schatten spendenden Platanen entspricht europäischen Boulevards. Wer hier promeniert, ist immer leicht verunsichert, ob er sich nun in Paris, Moskau oder eben in Georgien befindet.

### Kampf gegen Drachen aller Art

Ein Bummel auf dem Rustaweli-Boulevard beginnt am Freiheitsplatz, der in der Mitte des 19. Jahrhunderts direkt vor den Toren der Altstadt errichtet wurde. In seinen zahlreichen

*Eine mondäne Meile – der Rustaweli Gamsiri*

Umbenennungen spiegeln sich die wechselnden Machtverhältnisse der letzten 150 Jahre: Ursprünglich hieß er Paskewitsch-Eriwankaya-Ploschdschad, zu Ehren des Generals Iwan Paskewitsch, der Tiflis eingenommen hatte und danach zum Grafen von Yerewan ernannt worden war. In der Sowjetzeit hieß er zuletzt Leninplatz, mit einer Leninstatue in seiner Mitte. Heutzutage steht hier ein runder Springbrunnen mit einer hohen Säule, darauf reitet der Nationalheilige Georg und tötet mit einer Lanze den Drachen. Am Tag der Unabhängigkeit, dem 26. Mai, umstellen Panzer den Platz und demonstrieren mit Georg die Wehrbereitschaft des Landes.

## Ein Fabelwesen mit westlichem Kopf

Für Boris Pasternak war Tiflis »ein Fabelwesen mit westlichem Kopf und östlichem Rumpf«. Wie recht er hatte! Die Gebäude auf dem Rustaweli-Boulevard zeigen Einflüsse aus allen Himmelsrichtungen, welche der Stadt ihr fabelhaftes Aussehen verleihen. Im letzten Viertel des 19. Jahrhunderts errichteten viele ausländische Architekten Gebäude in einem damals modischen eklektischen oder maurischen Stil. Dazu gehört auch das weiß-rosa gestreifte ehemalige Rathaus am Freiheitsplatz, errichtet von dem Deutschen Peter Stern. Typisch für den maurischen Stil sind die horizontalen rosa-weißen Streifen der Fassade, die Spitzbogenfenster, typisch islamische Muqarnas – das sind stalaktitenartige Gebilde –, sowie eine Mischung aus floralen und geometrischen Ornamenten und viele sechseckige Sterne.

Auf dem rund 1,5 Kilometer langen Rustaweli-Boulevard reihen sich neben illustren Gebäuden Nobelboutiquen und Hotels aneinander. Seit 2018 markiert die Galleria Tbilisi, ein modernes Einkaufszentrum, den Beginn der Prachtstraße. Ein paar Schritte weiter liegt ein öffentlicher Park, der zum anschließenden weißen Woronzow-Palast (1865–68) gehörte. Er war als Residenz für den Vizekönig des Kaukasus, Michail Woronzow, von dem schwedischstämmigen Architekten Otto Simonson, einem Schüler Gottfried Sempers, im Stil der italienischen Renaissance entworfen worden. Während der Sowjetzeit mutierte er zum Jugendpalast und wird bis heute für Jugendveranstaltungen genutzt. Man stelle sich die Jugendlichen auf den Marmortreppen und in den Sälen mit den venezianischen Kronleuchtern vor! Woronzow hatte in England studiert und wollte Tiflis europäisieren. Dazu holte er den Italiener Giovanni Scudieri als Chefarchitekten nach Tiflis und ließ eine erste Oper am Freiheitsplatz sowie Bibliotheken, Hotels und Museen errichten. Als das Opernhaus 1874 einem Brand zum Opfer fiel, wurde am Rustaweli-Boulevard 25 ein neues Opernhaus erbaut. Sein deutsch-baltischer Architekt Victor Schröter, der aus Sankt

### GÜNSTIGE TIPPS

In der georgischen Hauptstadt gibt es sowohl billige Hostels als auch angesehene Hotels. Mittlerweile verfügt die Stadt über einige internationale Sterne-Hotels, zudem gibt es jede Menge kleinere und günstigere Gasthäuser. Falls man nicht weiß wohin, hilft die Tourist-Information am Unabhängigkeitsplatz weiter. Gute und günstigste Optionen sind Homestays. Der deutsche Anbieter Kaukasus Reisen vermittelt Wohnungen zu einem vernünftigen Preis. Der größte Teil des innerstädtischen Verkehrs erfolgt mit günstigen Marshrutkas, Linienbussen nach Sowjetvorbild. Das Busnetz ist dicht ausgebaut und funktioniert ausgezeichnet. Ebenfalls sehr günstig, aber wesentlich einfacher ist das Metronetz mit seinen beiden Linien.

### WEITERE INFORMATIONEN:

www.kaukasus-reisen.de

Die Sammlung des Nationalmuseums reicht von Objekten aus der Zeit der Sesshaftwerdung der Menschheit (unten) bis zur sowjetischen Besatzung im 20. Jahrhundert (ganz unten). Der Rustaweli-Boulevard mit seiner breiten, platanengesäumten Promenade lädt zum Flanieren ein. Beige-braun gestreift: das Opernhaus (rechts).

Petersburg stammte, wählte für das Gebäude wiederum einen maurischen Stil, der in der horizontal gestreiften Fassade mit ihren Stuckornamenten deutlich zutage tritt.

### Spektakuläre Funde im Nationalmuseum

Gegenüber dem Woronzow-Palast bewahrt das Nationalmuseum die bedeutendsten Schätze des Landes. Zu den sensationellen Funden gehören der 1,8 Millionen Jahre alte Schädel eines Hominiden oder ein hölzerner Bestattungswagen aus der Zeit um 2400 v. Chr., der 2012 aus einem Grabhügel geborgen wurde. Absolutes Highlight ist die Schatzkammer mit exquisiten Objekten, die bis in die Bronzezeit zurückreichen. Einen Schwerpunkt bilden Goldschätze aus dem antiken Kolchis, darunter filigran gearbeitete Halsketten. Auch die Mittelalterabteilung ist überaus sehenswert, zumal viele Kirchenschätze ins Museum gebracht wurden, aus denen ungefiltert mittelalterlicher Geist spricht, von dem in den Kirchen wegen ihrer zahlreichen Zerstörungen nur wenig zu spüren ist. Neben Trachten und orientalischer Kunst bietet das Museum in der obersten Etage eine sehr düster inszenierte Dauerausstellung über die sowjetische Besatzungszeit.

### Leben auf der Straße

Auf derselben Straßenseite erreicht man ein paar Schritte weiter die Kaschweti-Kirche und kommt danach zum lang gestreckten weißen Gebäude der Nationalgalerie. Sie wurde im russisch-klassizistischen Stil von dem deutschen Architekten Albert Salzmann gebaut und diente ursprünglich als Ruhmeshalle zum Zeichen für die russischen Siege in den Russisch-Persischen Kriegen. Im Mittelpunkt der ständigen Sammlung stehen die Maler Niko Pirosmani (1862–1918), Dawit Kakbadse (1889–1952) und Lado Gudiaschwili (1896–1980) sowie der Bildhauer Iakob Nikoladse (1876–1951). Lado Gudiaschwili malte auch die Fresken in der erwähnten Kaschweti-Kirche.

Am Rustaweli-Boulevard ziehen nicht nur repräsentative Gebäude den Blick auf sich, sondern – ganz pariserisch – auch die Bouquinisten. Jeden Morgen reihen sie auf ihren Gestellen Bücher aus der Sowjetzeit auf, die ein Panorama sowjetischer Bildung und Interessen eröffnen. Die schönen Läden am großen Boulevard bedienen die Bedürfnisse der Reichen. Umso mehr fallen alte Menschen auf, die bei Metroeingängen und auf Treppen zu Unterführungen kleine Blumensträuße, Taschentücher oder Sonnenblumenkerne verkaufen müssen, weil ihre Rente nicht zu einem menschenwürdigen Leben reicht.

Tiflis

# 58 Fantasievolle Ornamentik – die Paläste von Sololaki

## Ein Stadtteil für Adlige und Beamte

**Pastellfarbene Fassaden mit kunstvollen Dekorationen, herrschaftliche Treppenhäuser und elegante schmiedeeiserne Gitter: Ein Spaziergang durch die Straßen von Sololaki ist ein Genuss für Menschen mit einem Faible für schöne Architektur.**

Der Sitz der Nationalbank ist ein auffälliges Jugendstilgebäude (unten), und wer es wagt, die Korridore herrschaftlicher Gebäude zu betreten, erlebt wunderschöne Überraschungen (rechts).

Der Stadtteil Sololaki schließt hinter dem Freiheitsplatz an die Altstadt an. Er entstand im Rahmen der Stadterweiterung von Tiflis im 19. Jahrhundert und wurde in jener Zeit zur bevorzugten Wohnlage georgischer Adliger und wohlhabender Beamter. Den Reichtum ihrer Bewohner sieht man den prächtigen Fassaden der Adelspaläste und Jugendstilhäuser noch heute an. Denn Tiflis ist auch eine Stadt des Jugendstils. Zwischen 1900 und 1915 wurde eine große Anzahl an Jugendstilbauten errichtet, allerdings sind die meisten der 300 erhaltenen Gebäude leider derzeit in einem absolut desolaten Zustand.

### Ein Haus für Schriftsteller

Seit der Mitte des 19. Jahrhunderts schickten Adlige und reiche Bürger ihre Söhne zum Studium ins Ausland an russische, französische und deutsche Universitäten. Die umfassend gebildeten jungen Leute schlugen mannigfaltige Brücken zwischen Ost, West und Nord. Von romantischem Geist und freiheitlichen Ideen infiziert, setzten sich viele nach ihrer Rückkehr für die Modernisierung der Hauptstadt, der Wirtschaft und Landwirtschaft ein. Der Adel russifizierte seine Vor- und Familiennamen und sprach Französisch. Hervorragende Vertreter dieser Intelligenz trafen sich im Haus der

Tiflis besitzt eine beeindruckende Zahl an klassizistischen Bauten und Jugendstilhäusern. Ein Großteil der alten Gebäudesubstanz, nicht nur im Stadtteil Sololaki, ist aber akut gefährdet.

Schriftsteller Georgiens an der Matschabeli-Straße 13. Dieses Jugendstilgebäude wurde 1905 ursprünglich als Wohnhaus für den Cognac-Magnaten David Saradschischwili (1848–1911) gebaut, der die europäische Art der Cognacherstellung nach Georgien eingeführt hatte und damit reich geworden war. Im Haus des Philanthropen debattierten bedeutende Persönlichkeiten wie die Schriftsteller Ilja Tschawtschawadse und Akaki Zeteteli, die zur Gruppe *pirveli dasi* (erste Gruppe) gehörten.

Diese Vereinigung arbeitete an der Erschaffung eines nationalen Selbstbewusstseins, sie förderte die Wiedergeburt georgischer Kultur und kämpfte gegen Leibeigenschaft und zaristische Despotie, die sich in der Unterdrückung der georgischen Liturgie und der georgischen Gesänge in den Kirchen oder in der Bevorzugung von Russisch als Amtssprache manifestierte.
In der Sowjetzeit mutierte das Gebäude zum Haus der Schriftsteller und nimmt diese Funktion seit 2017 wieder wahr. In der schön renovierten herrschaftlichen Villa finden literarische Veranstaltungen statt, und im südländischen Garten hinter dem Haus vergisst man im Café Littera unter ausladenden Bäumen sitzend die Sommerhitze. Neben dem Haus der Schriftsteller befindet sich in der Nummer 11 die ehemalige Stadtvilla von Stalins Geheimdienstchef Lawrenti Berija.

## Der Diamantpalast

Ein Spaziergang durch Sololaki ist etwas für Neugierige. Wer sich traut, durch offene Portale zu linsen, entdeckt bemalte Eingangsbereiche und geschwungene Treppenhäuser. Zu den auffälligen Häusern im Viertel gehört der Sitz der Nationalbank an der Giorgi-Leonidze-Straße, ein Jugendstilgebäude mit mächtigen Atlanten neben dem Eingang.
Leider ist der Zutritt zu einer besonders imposanten Jugendstilvilla an der Tschonkadse-Straße 4 verboten: Der Madatova-Palast wurde 1903 gebaut und steht auf einer Terrasse hoch über der Stadt.
Wer die Straße etwas weiter in Richtung Talstation der Standseilbahn auf den Mtazmindahügel schlendert, steht bald etwas ratlos vor einem scheinbar isoliert stehenden persischen Eingangstor, das zu einer typisch georgischen Hinterhofwelt führt. Man lasse sich nicht beirren, denn das nächste Haus, im selben gelben Farbton gehalten, trägt persisch anmutendes Dekor und wird auch Diamantpalast genannt. Wenn zufällig die Tür offensteht, lohnt es sich unbedingt, einen Schritt hineinzuwagen. Denn

in der Eingangshalle findet man sich unverhofft in einem Spiegelsaal persischer Art wieder.

### Luxuriöses Leben

Der persische Generalkonsul Mirza Resa Khan (1853–1937) ließ das Haus im persisch-georgischen Stil umbauen. Für die Innendekorationen beschäftigte er einen iranischen Künstler, der die Spiegeldekorationen entwarf, denen das Haus den Namen Diamantpalast verdankt. Zur Eröffnung im Jahr 1893 ließ der Konsul im Garten einen Brunnen aus Marmor in Form eines Champagnerglases errichten. Er spendete Wein statt Wasser, wenn man der Beschreibung glauben darf. Um den Brunnen herum war der Garten mit Blumen sowie japanischen und chinesischen Laternen geschmückt. Der Anblick soll den Gouverneur von Tiflis, Prinz Giorgi Schwerwaschidze, so beeindruckt haben, dass er zu Mirza Reza Khan sagte: »Heute Abend haben Sie mich zum Islam bekehrt. (...) Ich hab die Gedichte mit den Paradiesbeschreibungen gelesen, die Ihr Prophet schrieb. Aber ich glaubte nicht an ihre Existenz. Heute Abend habe ich entdeckt, dass das vom Propheten versprochene Paradies existiert und dass es diesem Ort hier ähnlich sein könnte.« Ob Wahrheit oder georgische Überhöhung, konnte die Autorin nicht verifizieren. Sicher ist, dass das Flanieren durch Sololaki magische Einblicke in Häuser gewährt.

### Kaukasische Wohnkultur

Einen ganz realen Einblick in kaukasische Wohnkultur bietet das kleine, aber feine Museum für Volkskunst und angewandte Kunst. Das 1913 gegründete Museum hatte von Beginn an das Ziel, georgische Volkskunst zu sammeln, zu erforschen und kaukasische Kultur auf Weltausstellungen zu präsentieren. Es zeigt kaukasische Teppiche, Kleider und Schmuck, aber auch Details von Häusern, die nicht mehr existieren, etwa ein Mosaikfragment, das einst die Fassade eines persischen Palastes zierte, oder ein kunstvoll aus Holz geschnitztes durchbrochenes Fenster. Eine Parallelstraße weiter oben als das Volkskunstmuseum hat an der Galaktion-Tabidse-Straße 20 im Jahr 2017 ein Museum die Tore zum Leben einer adligen Familie geöffnet: das klassizistische Stadtpalais Smirnow.

### GÜNSTIGER BAZAAR-TIPP

Der frei zugängliche Dezerter Bazaar ist der größte authentische Food Market in der Stadt – wenn man mehr über die georgische Küche wissen möchte, ist man hier genau richtig. Er erstreckt sich mit mehr als 3000 Quadratmeter Fläche nördlich des Stadtzentrums am Ostufer. Der Haupteingang befindet sich in der Tsinamdzgvrishvili-Straße. Auf dem Hauptmarkt findet man günstig frisches Obst und Gemüse aus der ganzen Region – und darüber hinaus. Es gibt selbst hergestellte Lebensmittel wie Käse vom Bauernhof und Wurstwaren, Gewürze, Kräuter und Fleisch. Der Hauptteil des Markts ist der grau-pfirsichfarbene Schuppen. Dort findet man frische Produkte am Eingang, einen Parkplatz und im Obergeschoss einen Obstgroßmarkt. Ebenfalls empfehlenswert sind die zahlreichen Flohmärkte mit Kunst und Porzellan, die sich im Umkreis befinden.

### WEITERE INFORMATIONEN:

Dezerter Bazaar: geöffnet täglich 7–17 Uhr
Um zum Haupteingang zu gelangen, nimmt man die günstige U-Bahn zum Station Square und geht einen Block nach Westen. Die Busse 33 und 46 ab dem Freiheitsplatz halten direkt vor dem Markt an der Haltestelle Tsinamdzgvrishvili-Straße 135.

Blick auf den restaurierten Teil der Altstadt hinter dem ehemaligen Haupthandelsplatz Maidan mit der armenischen Sankt-Georgs-Kirche, wo der berühmte Dichter Sayat Nova getötet worden sein soll.

# 59 Die Stadt der Liebe – Sighnaghi

## Schöne Aussichten

**Seine attraktive Lage, restaurierte Häuser mit farbenfrohen Holzbalkonen und tolle Ausflugsmöglichkeiten machen Sighnaghi zu einem beliebten Ausgangspunkt für die Erkundung Kachetiens. In der Nähe liegen das Kloster Bodbe mit seiner heilenden Quelle und das Geburtshaus des Malers Niko Pirosmani.**

Rote Ziegeldächer und schmucke Gebäude machen das idyllisch gelegene Sighnaghi zu einem beliebten Ausgangspunkt für die Erkundung Kachetiens (unten). Zypressen verstärken das südliche Flair des Nonnenklosters Bodbe (rechts).

Sighnaghi ist ein Festungsstädtchen wie aus dem Bilderbuch. Der Ort liegt pittoresk auf 800 Metern Höhe mit einer herrlichen Sicht auf die Alazani-Ebene und das Bergpanorama des Kaukasus. Er war das Handelszentrum der Region und wurde deshalb im 18. Jahrhundert zur Fliehburg ausgebaut. Eine sensationell lange Stadtmauer mit zwei Dutzend Wehrtürmen umgibt nicht nur die Stadt, sondern so viel Land, dass die Bewohner der umliegenden Dörfer bei den ständig zu befürchtenden Angriffen einst hinter ihre Mauern fliehen konnten. Dem Tor, durch das sie bei Gefahr in Sicherheit kamen, gaben sie ihren jeweiligen Dorfnamen.

Während der Sowjetzeit wurde Sighnaghi zu einem beliebten Tourismusziel mit Intourist-Hotel und einer Seilbahn, die den auf 450 Metern gelegenen Ort Tsnori mit der Stadt verband. Wie überall in Georgien brach nach der Unabhängigkeit alles zusammen, und erst mit internationalen Fördergeldern wurde Sighnaghi ab 2005 wieder für den Tourismus hergerichtet. Die Straßen wurden neu gepflastert, die Häuser restauriert, die Balkone bunt angemalt und mit Ziegeldächern versehen, die dem Ort einen leicht italienischen Charme verleihen. In der Altstadt laden enge Gassen und Künstlerwerkstätten zum Flanieren ein. Ein Abschnitt der Stadtmauer ist restauriert

und begehbar, Schilder beim Hotel Sighnaghi weisen den Weg. Im archäologischen und ethnografischen Museum gibt es außer einer spannenden Ausstellung mit Funden ab der Steinzeit auch ein paar Gemälde des georgischen Malers Niko Pirosmani zu sehen.
Seiner romantischen Lage wegen ist Sighnaghi nicht nur ein beliebter Ausflugsort, sondern bietet auch die perfekte Kulisse für Hochzeiten. Verliebte können sich hier im Hochzeitspalast mit integriertem Standesamt das Jawort geben.

## Polyphone Gesänge

Sighnaghi ist auch der Heimatort eines bekannten Musikensembles, von dem mehrere CDs im Restaurant Pheasant's Tears erhältlich sind. Es heißt Zedashe-Ensemble und wurde Mitte der 1990er-Jahre gegründet, um die einzigartige polyphone Musik Georgiens zu bewahren. Das Ensemble sammelte das lokale Erbe, das während der Sowjetzeit nicht gepflegt wurde, und baute mit der Zeit sein Repertoire mit Musik aus allen Regionen Georgiens aus. Neben geistlicher Musik singt es Volksmusik, spielt aber auch rein instrumentale Werke.

## Das Grab der heiligen Nino

Gute zwei Kilometer südlich von Sighnaghi liegt über einem terrassierten Klostergarten das von Zypressen umgebene Nonnenkloster Bodbe. Der Legende nach hatte sich die heilige Nino hierher zurückgezogen. Als sie starb, wollte der König ihren Sarg nach Mzcheta überführen lassen. Da er sich nicht fortbewegen ließ, errichtete er stattdessen eine Kirche über Ninos Grab. Die jetzige Anlage stammt aus dem 18. Jahrhundert. Im Nonnenkloster wird altgeorgische Literatur studiert, und die Nonnen fertigen Kerzen, Stickereien und Ikonen an und versorgen das Pilgerrestaurant mit Backwaren sowie Gemüse und Obst aus ihrem Klostergarten. Etwas unterhalb des Klosters liegt die Quelle der Nino. Der Abstieg und Besuch des Ortes lohnt sich für alle, welche die Wirkung eines heilenden Bades testen wollen. Zu Quelle und Badehaus führt ein schöner Weg durch den Wald, der gut ausgebaut ist, aber bei Nässe glitschig sein kann. Für den Besuch des Badehauses verleihen Nonnen ein weißes Tuch. Damit verhüllt steigt man in ein Becken, taucht drei Mal ein und darf danach auf Wunder hoffen.

### ECHTE SCHNÄPPCHEN

Den besten Gratis-Blick auf den unteren Teil der Stadt und gleichzeitig auf den großen Kaukasus hat man im oberen Bereich, in der Nähe des Rathauses. Der Platz am Rathaus ist frei zugänglich. Einen kostenlosen Besuch bieten auch die kleine Kirche Named in Honor of King Tamar und die St.-Georgs-Kirche. Die frei zugängliche Stadtmauer hat 23 Türme und ist insgesamt 4,5 Kilometer lang. Leider ist nur ein Teil der Mauer zu besichtigen, die Aussicht von oben ist allerdings sehr schön und lädt zum Fotografieren ein. Die bunten Häuser mit ihren Holzbalkonen sind eine kostenlos anzusehende und farbenfrohe Freude. Kulinarische Highlights, die man z. B. günstig im Art Café Quedeli genießen kann, beinhalten u. a. Auberginen-Gerichte, gegrilltes Fleisch und natürlich ein Glas Wein aus der Region.

### WEITERE INFORMATIONEN:

Restaurant Pheasant's Tears: Barataschwili-Str. 18, Tel. +995/598/72 28 48, www.pheasantstears.com
Art Cafe Quedeli: Dadiani Street 21a, Tel +995/555/48 52 17, facebook/CafeQuedeli
**Touristeninfo,** im Hochzeitspalast, Kostawa-Str. 10, 10–18 Uhr. Auch Geldwechsel.

Bei perfekten Wetter bietet Sighnaghi einen beeindruckenden Ausblick auf die meist schneebedeckten Gipfel des Großen Kaukasus.

Das originale Bordschomi-Wasser mit seinem schwefelig-salzigen Geschmack kann nur unter der verglasten Kuppel im Mineralwasserpark degustiert werden. Für den Flaschenverkauf wird das Wasser verdünnt und mit Kohlensäure versetzt (oben). Auf dem Weg zum Kurpark (rechts).

# 60 Kurort der Zaren – Bordschomi

## Das meistverkaufte Wasser der Sowjetunion

**Ende des 19. Jahrhunderts wurde Bordschomi zu einem der bekanntesten und international berühmtesten Kurorte im russischen Reich. Noch heute strahlt der Ort aristokratisches Flair aus, und Wanderfreunde erwartet im Bordschomi-Kharagauli-Nationalpark eine Vielzahl von Touren durch ursprüngliche Wälder.**

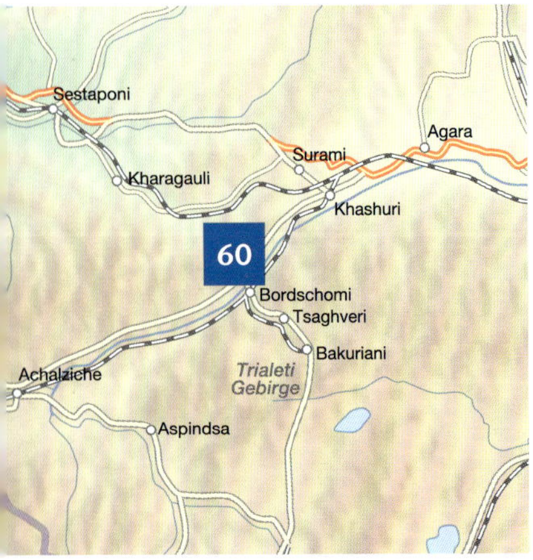


Der für sein Mineralwasser berühmte Kurort Bordschomi liegt malerisch auf 800 Metern im Mtkwari-Tal. 160 Kilometer von Tiflis entfernt, ist er auf gut ausgebauten Straßen in nur zwei Stunden erreichbar. Bordschomi-Mineralwasser genoss in der Sowjetunion einen legendären Ruf. Es wurde in Apotheken verkauft und war als Begleitgetränk zum Wodka bis in höchste politische Kreise obligatorisch. Aber die Heilkraft des Wassers war schon in der Antike bekannt, wie sieben steinerne Badewannen aus dem ersten vorchristlichen Jahrhundert belegen. Russische Soldaten sollen die Wirkung des Wassers dann im 19. Jahrhundert erneut entdeckt haben. Ein hier stationierter Soldat kurierte damit sein Magenleiden, und eine Untersuchung bestätigte, dass das kohlensäure-, natrium- und hydrokarbonhaltige Wasser bei Magenbeschwerden, Stoffwechselstörungen und weiteren Leiden hilft. Nachdem die Tochter des Fürsten Michail Woronzow, der Gouverneur von Transkaukasien war, in Bordschomi ebenfalls geheilt wurde, ließ dieser 1850 die Quelle fassen und nannte sie nach dem Namen seiner Tochter Jekaterinenquelle.

### Entspannen im Zarengarten

Die Zarenfamilie war ebenfalls begeistert. Großfürst Nikolas Michailowitsch Romanow

Um Bordschomis Jekaterinenquelle (unten) ist ein Vergnügungspark mit Seilbahn entstanden (rechts). Die Villa Firuza des iranischen Generalkonsuls am Eingang des Kurparks strahlt orientalisches Flair aus (ganz unten).

gefielen die idyllische Lage und die wildreichen Wälder der Umgebung. Er ließ sich in Likani, etwas südwestlich von Bordschomi, einen eleganten Palast erbauen, den er ab 1864 jedes Jahr als Sommerresidenz benutzte, der aber leider heute nicht mehr erhalten ist. Likani ist eine weitere Abfüllstation für das gleichnamige Mineralwasser.
Der letzte Romanow-Sommerpalast wurde 1894 vollendet und ist heute ein schönes Zeugnis der Belle Époque, ein Prachtbau mit maurischem Einschlag und russisch-europäischer Innendekoration sowie einem orientalischen Raucherraum. Heute ist er ein Hotel für Staatsgäste und nicht öffentlich zu besichtigen. Aber auf dem Gelände des ehemaligen Zarenparks gibt es mehrere Sanatorien, Kurgäste dürfen sich also im einstigen Kurpark der Zaren entspannen.
Es versteht sich von selbst, dass mit der russischen Prominenz dem Aufstieg zum Kurort nichts mehr im Wege stand. Bald erholte sich die internationale Elite in Bordschomi und baute entsprechende Sommerhäuser, von denen einige erhalten sind. Da Kurorte auch immer Orte des Vergnügens waren, erstaunt es nicht, dass auf dem Privatterritorium der Zaren das erste Kraftwerk Georgiens errichtet wurde. Die Feste wollten schließlich standesgemäß beleuchtet stattfinden.

## Zeugnisse eleganten Lebens

Wie international die noblen Gäste in Bordschomi waren, belegen im Bahnhofsgebäude noch heute alte Tafeln, welche die einstigen Verbindungslinien auflisten. Bordschomi wurde 1894 an das Zugnetz angeschlossen. Das Bahnhofsgebäude aus den 1950er-Jahren wurde schön renoviert und enthält ein Restaurant. Zurzeit kommen jedoch nur zwei Züge pro Tag aus Tiflis an. Vor allem Händler nutzen sie, um in Tiflis frisch abgezapftes Wasser zu verkaufen. Mit dem Zug dauert die Fahrt nach Tiflis etwa vier Stunden, kein Vergleich zu den unbequemen neun Stunden, die früher eine Postkutsche brauchte, um das Wasser dorthin zu transportieren.
Vom Bahnhof führt die Straße des 9. April in den öffentlichen Mineralwasserpark. Kurz vor dem Eingang fällt auf der linken Seite die wunderschön dekorierte Villa Firuza auf, die der iranische Generalkonsul, Mirza Risa Khan, Ende des 19. Jahrhunderts erstellen ließ. Die Fassade zur Straße weist einen zweistöckigen türkisblauen Balkon mit Holzsägearbeiten im georgischen Stil auf, dessen Wände nach persischem Vorbild mit Spiegeln, Stuckatur und

Malerei dekoriert sind. Das Haus mit seinen farbigen Fenstern und persischer Innendekoration wurde zum Golden Tulip Hotel umgebaut und 2016 eröffnet.
Gleich hinter dem Eingang zum öffentlichen Mineralwasserpark liegt die vom Generalgouverneur Woronzow 1850 gefasste Jekaterinenquelle. Sie sprudelt unter einem Pavillon mit einer verglasten Kuppel aus türkisfarbenem Eisenfachwerk und offeriert warmes Bordschomiwasser *à discrétion.* Aber der Schwefelgeschmack und hohe Salzgehalt sind gewöhnungsbedürftig. Ein schöner Spazierweg führt den Fluss entlang durch den Wald zu den öffentlichen Zarenbädern. Dort hat das Wasser lauwarme 32 Grad, und eine leichte Brise wie von faulen Eiern liegt in der Luft.

## Der größte Nationalpark Georgiens

Bordschomi lädt nicht nur zum beschaulichen Kuren ein, sondern ist auch ein Wanderparadies. Das Gebiet des heutigen Bordschomi-Chargauli-Nationalparks war im 19. Jahrhundert das private Jagdquartier der Romanow-Zaren. Seit 1995 sind 76 000 Hektar Naturschutzgebiet, und 2001 wurde der erste und zugleich größte Nationalpark im Kaukasus mithilfe der EU und des WWF eröffnet. Seither setzt man auf naturnahen Tourismus und bindet die lokale Bevölkerung ein. Um illegalen Holzschlag zu bekämpfen, bekommt jede Familie für den Winter sieben Kubikmeter Feuerholz, und traditionelle Weidegebiete dürfen weiterhin genutzt werden.
Der Park erstreckt sich in Höhenlagen von 800 bis 2642 Metern und besteht hauptsächlich aus Buchen-, Laubmisch- und Nadelwäldern sowie, oberhalb von 2000 Metern, subalpinen Zonen. Zu den Highlights gehört die Rhododendrenblüte im Mai und Juni. In der Region von Bordschomi entdeckte 1838 ein finnischer, in Odessa lehrender Zoologe und Botaniker namens Alexander von Nordmann (1803–66) die Nordmann-Tanne, Europas beliebtesten Weihnachtsbaum.
Zum Wandern empfiehlt sich vor allem die Zeit zwischen Anfang Mai und Ende Oktober. Neun Routen von unterschiedlicher Länge und unterschiedlichem Schwierigkeitsgrad sind markiert, und im Winter gibt es zwei ausgeschilderte Schneeschuhwanderwege. Etliche Wanderungen führen zu Beginn steil bergauf durch den Wald, bis sich weite Ausblicke ergeben. Eine schöne Alternative zu den Wanderungen im Nationalpark bietet ein gut zweistündiger Spaziergang zu den Kreuzen von Bordschomi. Er beginnt beim Touristeninformationszentrum in Bordschomi, ist deutlich ausgeschildert und führt auf schmalen Pfaden zu einem schönen Aussichtspunkt.

### KOSTENLOSE WANDER-TIPPS

Der Borjomi-Kharagauli-Nationalpark bietet zwölf offizielle kostenlose Wanderwege (Stand: Frühjahr 2022), deren Markierungen auf Bäumen zu finden sind. Vor dem Betreten sollte man sich in einem der beiden Besucherzentren registrieren und eine kostenlose Genehmigung zum Betreten des Parks ausstellen lassen. Der Nationalpark ist ein riesiges zusammenhängendes Waldgebiet, durch das man tagelang wandern kann, ohne jemanden zu begegnen – schon deswegen ist eine Registrierung vor Ort dringend anzuraten. Was man für eine längere Wanderung benötigt, muss man selbst mitbringen.

### WEITERE INFORMATIONEN:

Bordschomi-Karagauli-Nationalpark Visitor Center: Borjomi, Meskheti 23.
Es gibt mehrere Zugänge. Von Bordschomi aus liegt der nächste Eingang in Likani. Dort können auch Pferde oder im Winter Schneeschuhe gemietet werden.

# 61 Eine unentdeckte Perle – Ratscha-Letschchumi

## Viel Natur und gute Weine

**Exklusive Weine, eine überaus reich dekorierte Kathedrale und zuhinterst im Tal eine große Synagoge sowie ein sowjetrussischer Kurort mit Heilquellen – die Region Ratscha-Letschchumi überrascht mit abwechslungsreichen Sehenswürdigkeiten auf kleinem Raum in einer durch Landwirtschaft geprägten Region. Und am Horizont die hohen Gipfel des Kaukasus.**

Innenansicht der Kathedrale von Nikorzminda mit Fresken aus dem 17. Jahrhundert (unten). In dieser Region gibt es zahlreiche Wandermöglichkeiten für Entdeckungsfreudige (rechts).

Die Region von Ratscha-Letschchumi liegt südlich von Swanetien. Sie umfasst Täler an den Flüssen Rioni und Zcheniszkali und endet im Osten an der Grenze zu Ossetien. Touristisch ist sie noch kaum erschlossen. Sanfte Hügel im Süden, die hohen Berge des Kaukasus im Norden und idyllische Flüsse: Ratscha-Letschchumi bietet viel Natur in einer wirtschaftlich schwachen Region. Hier leben die Menschen von der Landwirtschaft und von etwas Tourismus.

### Stalins Lieblingstropfen

Zu den Spezialitäten der Region zählen Honig, der Räucherschinken Lori und exklusive Weine. Für den Wein mit dem wohl poetischsten Namen lohnt sich eine Anreise von Süden am Zcheniszkali-Fluss entlang, über Tsageri und Orbeli. An diesem Fluss liegt ein besonderes Anbaugebiet. Bei den Orten Okureschi und Zubi wachsen Ussachelauri-Trauben, aus denen Wein gleichen Namens gekeltert wird. Ussachelauri bedeutet »namenlos«. Man erzählt

sich, dass dieser halbtrockene und manchmal auch trockene Wein so gut sei, dass einem die Worte fehlen.

Der östlicher gelegene Anfahrtsweg führt von Kutaissi zur Kohlebergbaustadt Tkibuli und über den Nakerala-Pass nach Nikorzminda mit seiner Kathedrale und nach Ambrolauri. Ambrolauri ist das Verwaltungszentrum der Region. In seiner Umgebung und westlich davon im Dorf Chwantschkhara wird der liebliche Chwantschkhara-Wein produziert. Der als Dessertwein bekannte Rotwein mit fruchtigem Bouquet war schon zu Sowjetzeiten sehr beliebt und der Lieblingswein Stalins. Er besteht aus den Rebsorten Alexandruli und Mudschuretuli. Weinfreunde finden Unterkünfte in den urigen Weingütern in Dsirageuli oder Sadmili außerhalb von Ambrolauri oder im Guesthouse Edena in Ambrolauri, alle mit ausgezeichneter Küche.

### Überraschend reicher Kirchenschmuck

16 Kilometer südlich von Ambralauri liegt die Kathedrale von Nikorzminda, ein Sechsapsidenbau. Sie besticht innen mit einer kompletten Ausmalung aus dem 17. Jahrhundert durch die Malerschule von Gelati, und die Fassade weist den weitaus reichsten Bauschmuck ganz Georgiens auf. Eine Inschrift über dem Westportal hält fest, dass die Kirche von 1010 bis 1014 errichtet wurde. Auf derselben Seite befindet sich weiter oben eine besondere Christusdarstellung. Sie zeigt ihn mit einer zum Segen erhobenen rechten Hand und der Bibel in der linken. Um ihn herum sind Pinienzapfen dargestellt, ihrer vielen Kerne wegen ein Symbol für Fruchtbarkeit und Leben. An der Südseite thront Christus, umgeben von vier Erzengeln. Zwei der Engel posaunen zum Jüngsten Gericht.

### Dächer mit Tauben

Eine Fahrt am forellenreichen Rioni-Fluss entlang führt 30 Kilometer ostwärts nach Oni, einem in mehrerer Hinsicht überraschenden Ort mit knapp 3000 Einwohnern. Oni erfreut mit seinen außergewöhnlich reich geschmückten Häusern mit schönen Holzbalkonen und Dachdekorationen aus Blech. Die Dachkanten schmücken Spitzen, die Dachgiebel Tauben und Sterne, und die Öffnungen der Abflussrohre sind mit Kronen verziert. Erstaunlicherweise lebten in Oni im 19. Jahrhundert viele Juden, denn der scheinbar so abgelegene Ort liegt an einer Handelsroute vom Süd- in den Nordkaukasus, die wegen des Ossetienkonflikts jetzt unterbrochen ist. Eine stattliche Synagoge in orientalischem Stil aus dem Jahre 1895 blieb erhalten, und im ethnografischen Museum sind Goldschmuckstücke aus vorchristlicher Zeit ausgestellt, die von den wirtschaftlichen und kulturellen Beziehungen der Region zu Ägypten zeugen.

### ECHTE SCHNÄPPCHEN

Auf dem Weg nach Ratscha ist ein Schrein des Heiligen Georg mit Blick auf Tkibuli und Umgebung kostenlos zu genießen. Die bedeutendste Sehenswürdigkeit in Ratscha ist die Bischofskirche Nikorzminda, die auf einem Hügel über dem gleichnamigen Dorf liegt; der Eintritt ist frei. Wenn man von Ambrolauri Richtung Krichi-Dorf fährt, sollte man am Changes Beach haltmachen – die Liegestühle in der Strandbar sind kostenlos, wenn man sich an der Bar Eis, Limonade, Cocktails oder Sandwichs bestellt. Im Ort Zesi kann man die Barakoni-Kirche, die mitten im Laubwald liegt, kostenlos besichtigen. In Oni wird man in der Guesthouse Gallery bestens und günstig bewirtet und untergebracht; von hier kann man eine geführte Wandertour zum Udsiro-See machen. Das Heimatmuseum in Oni ist vollgestopft mit Ausstellungsstücken, und man lernt viel über den georgischen Alltag (günstiger Eintritt).

### WEITERE INFORMATIONEN:

Ethnografisches Museum Oni: geöffnet Di–So 10–18 Uhr

Heimatmuseum Oni: geöffnet Di–So 10–17 Uhr

# 62 Da ist Musik drin – Riga

## Baltische Kultur-Hochburg im Norden

**Die lettische Hauptstadt ist wohl die aufregendste unter den Metropolen des Baltikums. Nirgendwo sonst an der Ostsee wird so viel gesungen, so gern gefeiert, und keine andere Stadt hat ein so fantastisches Jugendstilviertel wie Riga. Auch die Erinnerung an die Zeiten der Hanse, an deutsche Dichter wie Herder oder an Richard Wagner, der hier komponiert hat, wird wieder gern gepflegt.**

Der heilige Mauritius, Schutzpatron der Schwarzhäupter, am Zunfthaus dieses Bunds ausländischer Kaufleute (unten links und rechts). Im Samtkleid und weißer Rüschenbluse: Tanzgruppe in estnischer Tracht auf dem Mittelaltermarkt (rechte Seite oben). Immer am ersten Juniwochenende findet der Kunsthandwerkermarkt Gadatirgus statt (rechte Seite unten).

Die Trambahnlinie 3 fährt direkt ins Reich der Fantasie. Man steigt am Kunstmuseum aus, läuft hundert Schritte die breite Elizabetes iela nach Westen, biegt erst in die Antonjas iela, dann in die Alberta iela: Und schon sind die Löwen los, reißen Drachen ihr Maul auf, starren Fratzen und Fabelwesen von den Fassaden der Häuser herab, umrahmt von floralen Steingirlanden. Schöne, barbusige Frauen und grimmige, bärtige Männer stützen die Balkone: Jugendstil vom Feinsten, so üppig und überbordend, als hätte es Kubismus und Neue Sachlichkeit nie gegeben.

Momentaufnahmen aus einer faszinierenden Stadt, wenige Höhepunkte von vielen, die sich zwischen dem Viertel der »blühenden« Häuser bis zur Altstadt ziehen, in der die Erinnerungen an die Hanse weiterleben, an den Deutschen Orden und an die Jahrzehnte des Schreckens im letzten Jahrhundert. Verbunden sind die städtischen Attraktionen durch ein Netz alter Gassen und atmosphärisch dichter Plätze wie dem Livenplatz, dem schönsten Treffpunkt der lettischen Metropole. Und natürlich gehört das Getümmel der Markthallen, wo Hanfbutter, geräucherter Käse und getrockneter Fisch die Besitzer wechseln, zu jedem Riga-Besuch.

### Eine Suppe auf 13 Stühlen

Ein guter Ausgangsort für die Stadtbesichtigung ist das Restaurant »13 Kresli«, direkt hinter dem Dom, der größten und schönsten Kathedrale des Baltikums. Das »13 Stühle« ist ein dunkles, rustikal-gemütliches Lokal, in das sich Touristen eher selten verirren. Die Soljanka, eine russische Suppe, die auch die Letten mögen, wärmt Leib und Magen. Mit einem Kräuterschnaps namens Balsam stößt

Parsla Rieksta-Riekstina auf die bevorstehende Stadttour an. Sie ist pensionierte Lehrerin und passionierte Riga-Liebhaberin. Deswegen fällt es der Rentnerin leicht, sich ein Zubrot als Reiseleiterin zu verdienen.
Womit geht es los, Parsla? Riga hat immerhin um die 700 000 Einwohner und unzählige Sehenswürdigkeiten beiderseits der Daugava, die auch einmal Düna hieß. Um sich einen ersten Überblick zu verschaffen, empfiehlt die Stadtführerin die Aussichtsplattform der Petri-Kirche. An klaren Tagen reicht die Sicht aus 72 Metern Höhe leicht über Altstadt und Rathausplatz, zum Fluss, wo wellige Dächer den Zentralmarkt beschirmen, bis dahin, wo das Meer in der Rigaer Bucht glitzert.

## Nordeuropäische Verbundenheit

Stadtbummel mit Parsla, das heißt Eintauchen in eine Stadt, die über Jahrhunderte mit Stolz zu Europa gehörte, deren deutsche, russische und jüdische Einflüsse so unübersehbar sind wie die jüngsten lettischen Entwicklungen. Parsla steckt voller Anekdoten. Frau Nuss-Nüsslein, so die Übersetzung ihres Nachnamens, erzählt gern, warum sich die Sopranistin Inga Kalna, Star der Rigaer Oper und anderer großer Musikhäuser, in Hamburg niedergelassen hat (weil sich die Künstlerin an der Elbe vielerorts an ihre Heimatstadt Riga erinnert fühlt: Backstein, viel Wasser, offene Menschen ...). Bremer Bürger hingegen führt Parsla schnurstracks vom Rigaer Roland am Rathaus zu den Stadtmusikanten, die von der Partnerstadt an der Weser gestiftet wurden und neben der Petrikirche ihr stummes Konzert geben.
Über die Hanse war Riga schon früh mit den großen norddeutschen Hafen- und Handelsstädten verbunden. Die Wappen von Riga, Hamburg, Lübeck und Bremen zieren den Giebel des Schwarzhäupterhauses, des schönsten und wohl meistfotografierten Gebäudes der Stadt. Über Jahrhunderte tafelten hier nur junge, unverheiratete Hanse-Kaufleute. Das gotische Juwel wurde im Zweiten Weltkrieg zerstört und 2001, zur 800-Jahr-Feier der lettischen Hauptstadt, originalgetreu rekonstruiert. Auch das Rathaus direkt gegenüber ist ein Neubau, mit einer klassizistischen Fassade gestaltet.

## Eine Katze wird eingenordet

Von hier oder vom Domplatz aus lässt es sich gut ins Gewirr der Altstadtgassen eintauchen, aber nicht, ohne zuvor einen Blick auf das Herder-Denkmal zu werfen. Johann Gottfried Herder, ein Zeitgenosse Goethes, wirkte im 18. Jahrhundert fünf Jahre als Lehrer an der Domschule, »so frei, so ungebunden ...«, wie er sich später gern erinnerte. Das konnte der ewig klamme Richard Wagner nicht sagen, der von 1837 bis 1839 als Kapellmeister in Riga engagiert war, immer in Furcht vor seinen Gläubigern.
Der Wagner-Konzertsaal im ehemaligen Deutschen Stadttheater, Riharda Vagnera iela 4,

Rigas mittelalterliche Gassen laden zum Flanieren (oben) und Essen ein. Die vielen Terrassen der Altstadtcafés sind auch abends gut besucht (rechts). Die schöne Altstadt dominiert mit ihrem Kirchturm die Düna (rechte Seite oben). Schildkrötenskulptur am Strand von Jurmala (rechte Seite unten).

ist heute Pilgerstätte vor allem für deutsche Touristen. Doch inzwischen erweisen auch die Rigaer dem umstrittenen Meister, den sie seinerzeit nicht besonders mochten, ihre Reverenz: Mit einer Neuinszenierung der Wagner-Oper *Rienzi* in der prächtigen Nationaloper eröffnete die lettische Metropole Anfang 2014 ihr Jahr als Kulturhauptstadt Europas.

Die enge Wagner-Straße führt zum weiträumigen Livenplatz, einem der abwechslungsreichsten Orte der Stadt. Er ist gesäumt von gemütlichen Cafés und Kneipen, vom alten Russischen Theater und von zwei historisch bedeutsamen Gildehäusern. Womit der Bogen zur Katze auf dem Dach geschlagen wäre: Vom Bürgerhaus gegenüber schaut sie neidisch auf das Haus der Großen Gilde. Ursprünglich, vor etwas über 100 Jahren, hat sie den hohen Herren, die dem neureichen Erbauer des Katzenhauses die Mitgliedschaft verweigerten, den Hintern zugedreht. Der Affront hielt nicht lange an, die Katze musste die Position ändern.

## Singen für die Unabhängigkeit

Ein scharfer Ostwind weht die Passanten durch die Marija iela, und viele bleiben in Emihl Gustavs »Chocolateria« hängen, einem nostalgisch-gemütlichen Kaffeehaus im Wiener Stil. Andere lassen sich weiter treiben durch die Grünanlagen am Stadtkanal, vorbei am Freiheitsdenkmal aus den 1930er-Jahren, das – erstaunlich genug – den Nazi-Terror und die Herrschaft der Sowjets überstanden hat. Danach, im Herzen der Neustadt, dehnen sich breite Boulevards aus, die goldene Kuppel der russisch-orthodoxen Kathedrale reckt sich in den Himmel, die Wöhrmannschen Gärten trennen die Müßigen von den Eiligen; Riga hat mehr Gesichter, als man sich in drei Tagen an der Daugava zumuten möchte.

Zum Schluss des Stadtbummels eine persönliche Frage: Frau Nuss-Nüsslein, was machen Sie eigentlich, wenn Sie nicht mit Gästen in Riga unterwegs sind? Was werde ich machen, sagt Parsla Rieksta-Riekstina, die Enkel hüten und singen gehen, dreimal die Woche in drei verschiedenen Chören. Wir Letten, betont sie, singen zu jeder Tages- und Jahreszeit. Und wenn es notwendig wird, ersingen wir uns auch die Freiheit, Sie wissen schon, die »Singende Revolution« Ende der 1980er-, Anfang der 1990er-Jahre, als sich Lettland und die anderen baltischen Länder die Unabhängigkeit aus vollen Kehlen erstritten haben.

### ECHTE SCHNÄPPCHEN

Die Altstadt ist frei zugänglich und überall in der Stadt gibt es kostenlose WiFi-Hotspots. Kostenfreie Sightseeing-Touren gibt es bei Riga Free Tour. Im Stadtteil Klusais centrs kann man zahlreiche Jugendstil-Villen und im Kalnciema-Viertel die Holzhäuser gratis bewundern. Im Zentralmarkt ist der Zugang ist frei. Ein Spaziergang am Kanal ist ein kostenloses Muss – am besten startet man an der Krisjana Baronak Iela Richtung Freiheitsdenkmal. Auf der ca. 30-minütigen Route kommt man am Maris-Lilpa-Monument vorbei und auch am Freiheitsdenkmal. Ein toller Stopp auf dem Weg ist das Laima-Schokoladen-Geschäft, das frei zugänglich ist. Die große Figur des Christopherus am Ufer der Daugava ist kostenlos. Am Ende der Straßenbahnlinie 11 befindet sich ein frei zugängliches bewaldetes Parkgelände mit Spielplätzen, Cafés und einem großen See zum Schwimmen und Sonnenbaden. Im Pulverturm kann man gratis die Geschichte der lettischen Kriegsführung entdecken. Im alten Hafenviertel genießt man am Ende des Piers den Sonnenuntergang besonders schön.

### WEITERE INFORMATIONEN:

www.liveriga.com/de
www.riga.com
Fremdenverkehrsamt Lettland: Rätslaukums 6, Riga, Tel. +371/0670/37900

# 63 Das pulsierende Zentrum des Landes – Bukarest

## Hauptstadt mit vielen Gesichtern

**Die Hauptstadt des Landes wäre mit all ihren prachtvollen Boulevards, verwinkelten Gässchen und besonderen Attraktionen unbestreitbar eine eigene Reise wert. Aber auch für Besucher mit weniger Zeit lohnt es sich, Wege abseits der großen Sehenswürdigkeiten zu beschreiten. Dort wird man einen Blick auf eine andere, ruhige Seite der schillernden Metropole erhaschen.**

In den pittoresken Gassen des Altstadtviertels Lipscani erwacht in der Dämmerung das Leben (unten und rechts oben).

Bukarest ist nicht nur Hauptstadt und mit fast 1,9 Millionen Einwohnern die mit Abstand größte Metropole Rumäniens, es ist auch das kulturelle und wirtschaftliche Zentrum des Landes. Der Legende nach wurde es von einem Hirten namens Bucur gegründet. *Bucurie* bedeutet im Rumänischen so viel wie Freude, weshalb die Stadt eine Zeit lang auch auf Deutsch Freudenstadt hieß. Tatsächlich wird Bukarest 1459 erstmals in einer Urkunde des walachischen Fürsten Vlad III. erwähnt. Bis zum Ende des 15. Jahrhunderts entwickelt sich die Stadt zum Fürstensitz der Walachei. Die einstige Größe des alten Fürstenhofes (Curtea Veche) kann heute nur noch erahnt werden; nicht viel mehr als ein paar Mauerreste und eine Säule sind davon erhalten geblieben. Die Liste der Spitznamen, die Bukarest im Laufe seines Bestehens verliehen bekommen hat, ist lang. Den schönsten und von den Bewohnern auch am meisten geschätzten erhielt es im Zuge des Baubooms, den die Ernennung Bukarests zur Hauptstadt des Fürstentums Rumänien im Jahre 1862 durch Alexandru Ioan Cuza auslöste. Die prächtigen Bauwerke dieser Zeit verhalfen der Stadt zu ihrem Beinamen »Klein-Paris«.

### Im kulturellen Zentrum

Eine weitere Verbindung zur französischen Hauptstadt findet sich am südwestlichen Ende des nach König Mihai I. benannten Parks. Dort ragt inmitten eines großen Kreisverkehrs der Triumphbogen (Arcul de Triumf) 27 Meter in die Höhe. Nachdem ursprünglich ein 1878 errichteter Bogen aus Holz den Platz zierte, der bereits 1922 durch ein größeres und mit Stuck verziertes Provisorium abgelöst wurde, entstand der heutige Triumphbogen nach dem Vorbild des Arc de Triomphe de l'Étoile in Paris. Zahlreiche Reliefs schmücken die Wände des in klassisch-römischer Art errichteten Bogens, der zum Gedenken der siegreichen Teilnahme Rumäniens am Ersten Weltkrieg zum National-

feiertag am 1. Dezember 1936 eingeweiht wurde. Vom Dach des Bogens kann ein schöner Blick auf das sich südlich erstreckende Zentrum der Hauptstadt geworfen werden. Der breite Boulevard Kiseleff führt direkt zum Siegesplatz (Piața Victoriei), von wo aus eine der ältesten Straßen der Stadt ihren Ausgang nimmt. Durch die Calea Victoriei zog nicht nur die rumänische Armee, um ihren Sieg über die Türken 1878 zu feiern, die Siegesstraße erhielt auch 1882 die erste elektrische Straßenbeleuchtung der Stadt. Auch wenn einige sozialistische Bauten das Straßenbild negativ beeinflussen, so findet sich hier noch immer eine Vielzahl an prachtvollen Gebäuden. Darunter der Postpalast aus dem Ende des 19. Jahrhunderts, der heute das Nationale Geschichtsmuseum beherbergt, und die zweigeschossige und mit gelbem Glas überdachte Macca-Villacrosse-Passage, die früher den edelsten Schmuckgeschäften der Stadt Platz bot, und in der jetzt Bars und Bistros Besucher zum Verweilen einladen. Das auffälligste Bauwerk ist aber wohl das prächtige Athenäum mit seiner klassizistischen Säulenhalle. In dem 1888 erbauten Konzerthaus befindet sich heute die nach dem berühmten rumänischen Komponisten George Enescu benannte Staatsphilharmonie. Zwischen den Säulen wurden nachträglich Goldmosaiken mit den Porträts bedeutender Herrscher der rumänischen Geschichte angebracht.

## Reges Nachtleben im alten Handelsviertel

In Anbetracht solch prachtvoller Bauwerke wird die große Kluft zwischen Arm und Reich offensichtlich. Oft genügt das Abbiegen in eine Seitengasse, um einen abrupten Wechsel von den frisch renovierten Häusern der Flaniermeilen hin zu Fassaden mit großflächig abbröckelndem Putz zu vollziehen. Das einst große jüdische Viertel mit seinen 80 Synagogen ist so ein Beispiel. Heute ist es nur noch ein Schatten seiner selbst, nachdem die vor 1940 über 100 000 Mitglieder zählende jüdische Gemeinde in den Wirren des Zweiten Weltkriegs und den damit verbundenen Deportationen zerschlagen wurde. Die Außenbezirke der Stadt sind geprägt von der Monotonie der sich wiederholenden Wohnblocks, die die idealisierte Standardisierung zu Zeiten des Kommunismus mit sich brachte. Im großen Kontrast dazu steht das Viertel der Altstadt (Centrul Vechi), nach einer seiner berühmtesten Straßen auch

### PURA VIDA SKY BAR

Direkt neben dem Grand Café Van Gogh führt eine Seitengasse zum unscheinbaren Eingang zur Pura Vida Sky Bar. Nun heißt es sechs Stockwerke zu Fuß zu erklimmen. Auf dem Weg nach oben versuchen Beschriftungen auf den Treppenstufen die Besucher zu unterstützen. Während man zunächst mit informativen Details wie den bisher verbrannten Kalorien versorgt wird, werden die Sprüche motivierender (»Jetzt nicht aufgeben, du hast es fast geschafft!«), je weiter man nach oben kommt. Oben angelangt, tritt man hinaus auf eine kleine Terrasse, die sich auf einem Flachdach befindet. Von hier lässt sich ein schöner Blick auf das Treiben in den Straßen und Gassen des alten Handelsviertels werfen, während man einen der zahlreichen Cocktails genießt. Am Abend bringt das Licht der tief stehenden Sonne die bronzenen Dächer der umliegenden Häuser zum Glänzen.

**Pura Vida Sky Bar**, Strada Smârdan 7, 030077 Bukarest, www.sky.puravidahostels.ro/sky-bar

Lipscani genannt, das mit seinen verwinkelten Gässchen beinahe den Charme einer pittoresken Kleinstadt ausstrahlt. Wo tagsüber Besucher über Kopfsteinpflaster schlendern, pulsiert nach Sonnenuntergang das Nachtleben der rumänischen Hauptstadt. Laue Sommerabende lassen sich wunderbar in den Bars und Bistros des alten Handelsviertels verbringen. Vom Lokal mit traditionellen rumänischen Spezialitäten über Irish Pubs und italienische Restaurants bis hin zur Bar der hundert Biere und Nachtclubs mit Table Dance ist alles geboten.
Inmitten des bunten Treibens drohen die Überbleibsel der ehemals großen Klosteranlage Stavropoleos unentdeckt zu bleiben. Umgeben von hoch aufragenden Gebäuden kann das 1724 im Brâncoveanu-Stil erbaute Klostergebäude kaum seine Wirkung entfalten. Dennoch wird es mit seinen üppigen Verzierungen, die barocke Elemente mit Einflüssen aus Byzanz und dem Orient vereinen, zu den schönsten Gebetsstätten des Landes gezählt.
Es empfiehlt sich, das historische Zentrum mit seinen dicht beisammenliegenden Sehenswürdigkeiten zu Fuß zu erkunden. Dank der markanten Bauwerke und der breiten Alleen, die im Gegensatz zu den beschaulichen Gassen mit ausladenden Grünstreifen und üppigen Brunnenanlagen auftrumpfen, ist es ein Leichtes, sich zurechtzufinden. Gesäumt werden die schnurgeraden Boulevards abwechselnd von neoklassizistischen Bauwerken und modernen Glaspalästen. Im Laufe der Zeit hat die Hauptstadt ihr Gesicht immer wieder verändert.
Als Resultat ist die Architektur Bukarests eine Mischung aus klassischer, kommunistischer und moderner Architektur.

### Überbleibsel der Diktatur

Rund um den Einheitsplatz (Piața Unirii) bekommt man einen Eindruck, wie die Politik der vergangenen Epoche auf die Architektur abfärbte. Verheerender noch als die Bombardements des Zweiten Weltkriegs und das schwere Erdbeben von 1977 traf während des Sozialismus die städtebauliche Entwicklung nach sowjetischem Muster die Hauptstadt.
Ein Großteil des historischen Zentrums wurde dem Erdboden gleichgemacht, um Platz für

Vom großen Vorbild in Paris inspiriert, schmückt der 27 Meter hohe Triumphbogen einen Kreisverkehr (unten). Vor der Säulenhalle des Athenäums steht eine Statue des berühmten Dichters Mihai Eminescu (rechts).

VIRGILIUS
PERICLE

die Monumentalbauten zu schaffen. Ende der 1970er-Jahre mussten dafür 50 000 Menschen umgesiedelt werden und mehr als 20 Kirchen und sechs Synagogen dem gigantischen Bauvorhaben weichen. Nach weltweiten Protesten entging das Kloster Mihai Vodă aus dem 16. Jahrhundert diesem Schicksal und wurde um einige hundert Meter verlegt. Die Pläne sahen vor, dass die Anordnung der Gebäude aus der Luft den Namen des Diktators lesbar machen sollte. In der Bevölkerung gibt es für diese beispiellose Vernichtung historischer Bausubstanz einen Begriff: *Ceaușima* – eine Kombination aus Ceaușescu und Hiroshima, der die Auswirkungen des Größenwahns des einstigen Diktators mit denen der Atombombe auf Hiroshima vergleicht.

Von den Allmachtsfantasien berichtet noch der über drei Kilometer lange »Boulevard des Sieges des Sozialismus«, der im Zuge der Revolution in »Boulevard der Einheit« umbenannt wurde und direkt auf den Parlamentspalast zuläuft. Dieser thront auf dem als erdbebensicher geltenden Arsenalhügel, der sich 15 Meter aus dem ansonsten flachen Bukarest erhebt.

## Palast der Rekorde

Alle Bauwerke in seiner Nähe bei Weitem überragend und kein anderes Gebäude in seiner unmittelbaren Umgebung duldend, ist der 86 Meter hohe Palast auch in architektonischer Hinsicht ein Symbol der Unterdrückung. Seine monströsen Ausmaße machen ihn zum größten Bauwerk Europas und nach dem Pentagon zum zweitgrößten Verwaltungsgebäude der Welt. Allein seine Grundfläche beträgt 65 000 Quadratmeter, das ganze Palastareal hat nochmals 300 000 Quadratmeter mehr.

Begonnen wurde im Juni 1984 mit dem Bau, für den die erst 28-jährige und bis dahin völlig unbekannte Architektin Anca Petrescu verantwortlich war, nachdem sie sich in den Ausschreibungswettbewerben gegen renommierte Mitstreiter durchgesetzt hatte.

Der Präsidentenpalast imponiert allein durch seine gigantischen Ausmaße (unten). Highlight für Bücherfreunde: Die Bukarester Zweigstelle der Buchhandlung Cărturești, die sich komplett in Weiß über zwei Stockwerke zieht (rechte Seite).

Fünf Jahre lang waren 700 Architekten und 20 000 Arbeiter in Schichten rund um die Uhr beschäftigt, den Palast der Superlative fertigzustellen. Auf Anweisung Ceaușescus durften nur heimische Materialien verwendet werden. Marmor aus Siebenbürgen, Kirsch- und Walnussholz, Kristall, Bronze, Gold und Silber wurden in unvorstellbaren Mengen benötigt. Die Baukosten, die auf 3,3 Milliarden Euro geschätzt werden, entsprachen zeitweise 40 Prozent des rumänischen Bruttosozialproduktes. Nahrungsmittel und Strom wurden rationiert, und die Bevölkerung des verarmten Landes litt, während der Diktator das Monument seiner Macht baute.
Auf zwölf Stockwerke verteilt, von denen vier unter der Erde liegen und einen riesigen Atombunker beherbergen, befinden sich 5100 Räume, davon 30 Konferenzsäle, 31 Aufzüge und 200 Toiletten. Der größte Saal hat eine Höhe von 16 Metern und eine Fläche von über 2000 Quadratmetern. Das Innere des Bauwerks, das hinsichtlich seiner Stilrichtung dem Neoklassizismus zugerechnet wird, auch wenn es mit anderen Gebäuden dieses Stils nicht viel gemein hat, wird dominiert von langen Korridoren und hohen Hallen, die geschmückt sind mit Marmorsäulen und Glaskuppeln. Kostbare tonnenschwere Teppiche, mit Gold und Silber bestickte Samtvorhänge, Mosaiken, Eichenholzvertäfelungen und insgesamt 480 Lüster, von denen manche mehr als 7000 Glühbirnen haben, unterstreichen die Verschwendungssucht. Der größte Kronleuchter in der Menschenrechtshalle wiegt 2,5 Tonnen. 170 Techniker sind nötig, um den Betrieb des Palastes zu gewährleisten, in dem über 2000 Kilometer elektrische Leitungen verlegt wurden. Die jährliche Stromrechnung beläuft sich auf sage und schreibe zwei Millionen Euro.

### Symbol der Schreckensherrschaft

Die Revolution und die Hinrichtung Ceaușescus Ende 1989 führten zum Baustopp. Der Palast war für die Rumänen zum Symbol der Schreckensherrschaft des Diktators geworden, und lange wurde überlegt, was mit ihm geschehen sollte. Schließlich entschied man sich, das klobige Gebäude fertigzustellen. Heute sind darin unter anderem das Parlament und das Museum für Moderne Kunst untergebracht.
Auch wenn der Palast ein Publikumsmagnet ist, beeindruckt er doch nicht durch seine Schönheit. Vielmehr rührt seine Faszination allein von seinen gigantischen Ausmaßen und seinem übertriebenen Prunk her. Angesichts seiner Entstehungsgeschichte, die auf dem Rücken des Volkes ausgetragen wurde, mutet seine ursprüngliche Bezeichnung »Palast des Volkes« zynisch an. Und so bleibt der bittere Nachgeschmack, dass dieser bauliche Größenwahn auf ewig mit dem Namen des einstigen Diktators verknüpft sein wird.

### ECHTE SCHNÄPPCHEN

Es gibt Free-Walking-Touren mit diversen Themenschwerpunkten. Die Regenschirmgasse in der Viktoria-Passage ist ein toller Gratis-Fotospot. Bei einer frei zugänglichen Umrundung des Parlamentspalasts (ca. 3 km) kann man im Hintergrund die bombastischen Kirchen bewundern und den kostenlosen Park Parcul Izvor besuchen. Ebenfalls frei zugänglich ist die Altstadt. Etwas außerhalb der Innenstadt liegt der kostenfreie Arcul de Triumf; ein Besuch dort lässt sich ideal mit einem Spaziergang durch den kostenlosen grünen Park Herastrau verbinden. Oder man entdeckt den frei zugänglichen Cișmigiu-Park. Der Eintritt in viele Museen ist entweder am ersten Samstag, Mittwoch, am 16. oder 26. jeden Monats kostenfrei, wie z. B. im Muzeul Curtea Veche, im Stadtmuseum und Nationalmuseum, im Muzeul Theodor Pallady oder im Catacuzino-Palast.

### WEITERE INFORMATIONEN:

https://visitbucharest.today/
Tourist-Information Bukarest: Pasajul Nicolae Bălcescu in der Pasaj Universitate, Tel. +40/21/305 55 00

Unweit des einmaligen Stundenturms, durch den man die Oberstadt betritt (rechts), steht das Haus mit dem Hirschgeweih, dessen namensgebende Besonderheit an der Außenfassade zu finden ist. Im Inneren sind ein Restaurant und das deutsch-rumänische Kulturzentrum untergebracht (oben).

# 64 Mittelalterliche Schönheit – Schäßburg (Sighișoara)

## Wehrhaftes Handelszentrum der Siebenbürger Sachsen

**Über Kopfsteinpflaster und durch enge Gässchen erkundet der Besucher Schäßburg am besten mit viel Zeit. Ein ungewöhnlicher Stundenturm erwartet ihn genauso wie viele gemütliche Cafés in einer der schönsten mittelalterlichen Siedlungen der Siebenbürger Sachsen. Ein berühmter Fürst wurde angeblich hier geboren, und im Sommer kommen alle Minderheiten Rumäniens in dem Städtchen an der Großen Kokel zusammen.**

In der zweiten Hälfte des 12. Jahrhunderts bereits wurde Schäßburg von Siebenbürger Sachsen gegründet. Noch heute strahlt es mit seinen alten Bäumen, bunten Häusern und wuchtigen Türmen ein einzigartiges mittelalterliches Flair aus. Über der Unterstadt ragen malerisch zwei Hügel auf, der 350 Meter hohe Burgberg und der 429 Meter hohe Schulberg, die von einem fast geschlossenen Mauerring umgeben sind und zusammen die früher den Sachsen vorbehaltene Oberstadt (Orașul de Sus) bilden. Die Stadtbefestigung, die neben der Mauer aus 14 Türmen zum Schutze der Oberstadt bestand, ist teilweise noch heute gut erhalten. An ihren dicken Mauern lässt sich sehr gut die Ziegelbauweise erkennen, die bei der Verteidigung gute Dienste leistete. Statt sie nur aus großen Steinen zu errichten, verstärkten die Einwohner die Mauern mit kleinen Ziegeln; bei Angriffen mit Kanonenkugeln wurden diese nur lokal beschädigt, was schnell repariert werden konnte, und stürzten nicht gleich ein. Die erhaltenen neun Türme tragen die Namen der Zünfte, deren Mitglieder sie einst

erbauten und für sie verantwortlich waren; so gibt es den Goldschmiede-, den Seiler- und den Schneiderturm. Besonders beeindruckend ist der Zinngießerturm, der sich aus mehreren aufeinandergesetzten Vielecken zusammenfügt. Das ehemals als »Castrum sex«, sechste der sieben Burgen der Sachsen, bezeichnete Städtchen entwickelte sich ab dem Mittelalter zu einem bedeutenden Handelszentrum. Bereits zwei Jahrhunderte nach seiner Gründung waren in Schäßburg 19 Zünfte ansässig.

## Einzigartiger Stundenturm

Der Aufstieg aus der Unterstadt hoch zum Burgberg führt durch den sogenannten Stundenturm (auch Stundturm genannt), der weithin sichtbar ist und als Wahrzeichen von Schäßburg gilt. Sein buntes Jugendstildach ist von vier kleineren Türmchen umgeben, die das Zeichen der Blutgerichtsbarkeit waren, welche die Stadt einst besaß. Vom Baustil her eine Mischung aus Romanik und Gotik, stammt der viel ältere Turm, der zeitweise als Gefängnis, Munitionslager und Rathaus diente, in seiner heutigen Form aus dem 17. Jahrhundert; damals zerstörte ein Großbrand den Turmhelm und erforderte umfassende Renovierungsarbeiten. Seinen Namen verdankt der Stundenturm seiner ursprünglichen Uhr ohne Minutenzeiger; berühmt ist er wegen eines in ganz Rumänien einzigartigen Figurenspiels, das neben der Turmuhr angebracht ist. In früheren Zeiten wurden die Schäßburger Stadttore ohne Ausnahme um 18 Uhr abends geschlossen und erst um 6 Uhr am folgenden Morgen wieder geöffnet. Befand sich jemand auf der falschen Seite des Stadttores, als dieses geschlossen wurde, musste er bis in die Morgenstunden ausharren. Da von den umliegenden Feldern aus der Zeiger der Turmuhr nur schlecht zu erkennen war, brachte man das mechanische Figurenspiel, ein Werk des Uhrmachers Johannes Kirschel, daneben an. Morgens erscheint bis heute der Morgenengel, abends der Engel der Nacht. Weitere Figuren stellen die Wochentage sowie die Justiz oder zur Abschreckung einen Henker dar. Vom 64 Meter hohen Stundenturm bietet sich ein herrlicher Ausblick. Von oben blickt man auch auf das Haus der Drăculești, in dem einigen Geschichten zufolge Vlad III. Drăculea, besser bekannt als Vlad der Pfähler, geboren wurde. Auch soll er einige Zeit hier gewohnt

Ob Vlad III. tatsächlich in diesem gelben Haus am Museumsplatz geboren wurde, ist nicht sicher; dennoch befindet sich heute das Dracula-Restaurant darin. Im Hintergrund erhebt sich der Schulberg mit der Bergkirche (unten). Vielfalt pur: Beim alljährlichen ProEtnica-Festival treffen sich alle 20 Minderheiten des Landes und zeigen ihre eigenen Trachten, Tänze und Gesänge (rechte Seite).

haben. Tatsächlich hielt sich sein Vater, Vlad II. Dracul, zwischen 1431 und 1436 in Schäßburg auf. Ob der berühmte Fürst, der später das Vorbild für Bram Stokers Graf Dracula werden sollte, wirklich gebürtiger Schäßburger war, ist nicht mit Sicherheit belegt. Bis 1947 jedenfalls nutzte die deutsche Gemeinde das Gebäude trotz seiner Vergangenheit als Altenheim. Heute können darin in einem gemütlichen Restaurant rumänische Spezialitäten probiert werden. Darüber sind zwei Räume zu besichtigen, die Einrichtungen aus der Zeit der Dracul-Fürsten zeigen. Ganz in der Nähe, direkt neben der turmlosen evangelischen Kirche, hat Schäßburg seinem mutmaßlichen Sohn auch eine kleine Büste aufgestellt.

## Briefe an die Gebrüder Grimm

Nur wenige hundert Meter vom Stundenturm entfernt führt die überdachte Schülertreppe auf den Schulberg hoch. Sie wurde Mitte des 17. Jahrhunderts angelegt und sollte besonders in den kalten, schneereichen Wintermonaten den Schülern ihren Weg erleichtern. Ihre 175 Stufen, die an Schulwochen erinnern sollen – auf sechs kurze Stufen folgt jeweils eine breitere zur Erholung –, enden vor dem Deutsch-Rumänischen Lyzeum Joseph Haltrich. Der ehemalige Rektor, nach dem die Schule benannt wurde, stand in regem Briefwechsel mit den Gebrüdern Grimm. Und so ist es nicht verwunderlich, dass ein Teil der bekannten Grimms-Märchen auf Sagen und Märchen aus Siebenbürgen zurückgeht. Sehenswert ist auch die unverwechselbare Bergkirche gleich neben dem Lyzeum, die aus dem 14. Jahrhundert stammt und heute eher als Museum denn für Gottesdienste genutzt wird. Direkt angrenzend auf ihrer Nordseite liegt ein kleiner Friedhof. Auf seinen kunstvollen Grabsteinen sind viele deutsche Inschriften zu lesen.

Vom Schulberg bietet sich ein schöner Blick auf die Dächer von Schäßburg, dessen Altstadt seit 1999 zum Weltkulturerbe der UNESCO zählt. Ein bisschen Glück war schon im Spiel, wenn man bedenkt, dass diese einzigartige mittelalterliche Stadt gemäß Ceauşescus Plänen heute ganz anders aussehen würde. Er wollte die gesamte Unterstadt dem Erdboden gleichmachen, um Platz für sozialistische Neubauten zu schaffen; sein Sturz verhinderte eine Umsetzung der Pläne. Auch in jüngster Zeit sollte das Gesicht der Stadt wieder einmal verändert werden. Ein Dracula-Park war geplant, um noch mehr Touristen anzulocken; ein Volksbegehren machte diese Idee zunichte. Und so kann auch weiterhin im Schatten alter Bäume über das Kopfsteinpflaster spaziert und eine ganz besondere Atmosphäre genossen werden, wie es sie nur in Schäßburg gibt.

### ECHTE SCHNÄPPCHEN

Überall in der frei zugänglichen Altstadt gibt es kostenloses Internet. Sowohl die Klosterkirche Biserica Mănăstirii als auch der barocke Stundturm (Turnul cu ceas) sind kostenpflichtig. Mit einem Kombiticket für die Schäßburger Kirche kann auch die Klosterkirche der Dominikaner besichtigt werden. Vom Burgberg der Schäßburger Bergkirche hat man einen Gratis-Ausblick über die Dächer der Stadt und über Teile der Stadtmauer. Das mechanische Figurenspiel im Stadtturm zeigt gratis, welche Stunde es geschlagen hat. Die kostenfreie Schülertreppe führt zur Kirche Biserica din Deal, für die eine geringe Gebühr anfällt. Die Kirche Biserica Sfânta Treime ist von außen sehr sehenswert. Gut und günstig kann man im Gasthaus Alte Post essen. Übernachtungen findet man in der Stadt schon ab 10 Euro.

### WEITERE INFORMATIONEN:

Zu den Märchen der Gebrüder Grimm: Ein aus Siebenbürgen stammendes Märchen heißt »Das Meerhäschen« und handelt von einer Königstochter, die von ihrem Turm aus ihr gesamtes Reich überblicken konnte. https://romaniatravel.guide/de/

Tourist-Information Sighişoara: Piaţa Muzeului 7, Sighişoara, Tel +40/265/771280, www.sighisoara.org.ro

# 65 Unbekannt und berüchtigt – Transsilvanien

## Graf Dracula lädt zum Sightseeing nach Schloss Bran ein

**Hollywood ist der beste Verbündete für das südosteuropäische Land, das seine Urlauber nicht nur in großer Zahl am Schwarzmeerstrand, sondern auch in der Karpaten-Region sehen möchte. Denn die kalifornische Filmmetropole bringt regelmäßig neue Dracula-Streifen, die den kassenfüllenden Mythos wiederbeleben. Dabei macht es nichts, dass die historische Wahrheit bisweilen abweicht.**

Schloss Bran wird bisweilen als »Rumäniens Neuschwanstein« bezeichnet. Das ist angesichts der vielen Türme und Türmchen verständlich, aber das fotogene Gemäuer, 1377 als Törzelburg im deutschsprachigen Siebenbürgen entstanden, ist trutziger als die verspielte bayerische Immobilie. Und das passt auch: Die Burg in Transsilvanien bildet das Epizentrum des Dracula-Mythos, der dem Örtchen Bran zu Füßen des Burgfelsens jährlich mehr als eine halbe Million Besucher beschert. Dabei wissen alle Beteiligten, dass das Vorbild für den Vampir, Fürst Vlad III. »Drâculea« (ca. 1431 bis 1476), nur einmal auf der Törzelburg war, eventuell gar als Gefangener. Er wurde von der Nachwelt Tepeš genannt, der »Pfähler«, weil er wohl seine Gegner oft aufspießen ließ. War er der sadistische Despot, als der er überliefert ist? Manche Historiker haben ihre Zweifel, dass der Herrscher über die Walachei des 15. Jahrhunderts ein blutrünstiger Tyrann war. Die Verknüpfung zum jahrhundertealten Vampir-Mythos ist offensichtlich reine Fantasie.

### Graf Draculas Erbe ist in Gefahr

»Erfunden« wurde das Dracula-Schloss unter Nicolae Ceauçescu, um damit den Tourismus anzukurbeln – mit Erfolg. Der Diktator nutzte den Weltbestseller *Dracula* (1897) des irischen Autors Bram Stoker, der nie in Rumänien war und sein Detailwissen aus Reiseführern schöpfte. Aus dem Roman entstand eine eigene Kintopp-Kategorie, der Vampirfilm. Den Auftakt machte 1922 *Nosferatu*, 1958 trat Christopher

Die Bischofskathedrale von Curtea de Arges in der Walachei von 1517: Ruhestätte rumänischer Herrscher (unten links). Folklore-Show in den Karpaten (unten rechts). Mitten im Wald: Burg Bran, Transsilvaniens Kulisse für Vampirfilme (rechte Seite oben). Siebenbürgener Souvenirs (rechte Seite unten).

Lee erstmals als Dracula vor die Kamera, die komischste Variante lieferte 1967 Roman Polanskis *Tanz der Vampire*, der vorerst letzte Film ist *Dracula Untold* von 2014. Auf der Leinwand wird Transsilvanien fortleben, die Zukunft von Burg Bran als Brutstätte für Blutsauger ist indes ungewiss: 2006 gab Rumänien die historische Stätte an die Erben der rumänischen Königin Maria zurück, der heutige Besitzer, Dominic Habsburg, der offensichtlich nichts von den Dracula-Geschichten hält, hat Räume mit Habsburger-Antiquitäten möbliert und bittet zu Besichtigungstouren. Er will aber verkaufen. Die Bewohner des Ortes Bran fürchten, ihr einträgliches Dracula-Geschäft zu verlieren.

### Schäßburg pflegt den Mythos

Bran ist zweifellos einen Besuch wert, auch ohne Dracula-Horror. Ansonsten aber lassen sich die Spuren des bissigen Grafen der Nacht in Rumänien nicht verfolgen, die des Fürsten Vlad III. aber durchaus. Sein Beinamen Drâculea hat übrigens christliche Wurzeln. Vlads Vater war ein Ritter des Drachenordens, der unter dem Zeichen des heiligen Georg und des erlegten Drachens wirkte. Der Sohn übernahm diesen prestigeträchtigen Titel. Geboren wurde der Woiwode (Herrscher) vermutlich in Sighişoara dem einstigen Schäßburg, eine Gründung deutscher Kaufleute und Handwerker. Die mittelalterliche Altstadt zählt zum UNESCO-Weltkulturerbe, in dem Quartier liegt zwischen dem Stundturm, dem 64 Meter hohen Wahrzeichen der Stadt, und dem Burgplatz auch das Vlad-Dracul-Haus. Dort soll Vlad III. geboren worden sein, gewiss aber nicht hinter diesen Mauern, denn sie stammen aus dem 17. Jahrhundert. Heute befindet sich dort ein Restaurant. Bei der Klosterkirche erinnert auch ein Denkmal an den zum Horrorhelden gewordenen Herrscher.

Auch der kleine Ort Snagov, am gleichnamigen See unweit der Landeshauptstadt Bukarest gelegen, profitiert vom Dracula-Tourismus: In einer Klosterkirche aus dem 16. Jahrhundert, hübsch gelegen auf einer Insel im See, befindet sich das Grab von Vlad III. Zumindest ist es so gekennzeichnet, aber als das Grab 1931 geöffnet wurde, war es angeblich leer. Was die Dracula-Fans nicht daran hindert, vom blutigen Ende des Grafen Vlad zu erzählen: Er soll geköpft und sein Körper zerstückelt worden sein.

## ECHTE SCHNÄPPCHEN

Dank Wizz Air kann man die Flughäfen Cluj-Napoca und Sibiu günstig erreichen. Vor Ort kann man günstig ein Auto mieten, da die öffentlichen Verkehrsmittel in dieser Region nicht gut ausgebaut sind. Das einstige Fürstentum ist knapp 60 000 Quadratkilometer groß, und in dem dichten frei zugänglichen Wald sollen heute noch ungeheure Kreaturen wie Vampire, Hexen und Werwölfe leben. Im Schloss Bran, keine 30 Kilometer von Brasov entfernt, soll einst Vlad der Pfähler gelebt haben. Oder ist Poenari die wahre Burg Draculas? Sollte er hier gelebt haben, hatte er einen wunderbaren Ausblick. Beide Burgen kann man gegen eine Gebühr besichtigen. Falls man Dracula persönlich treffen möchte, kann man zwei Zimmer der Casa Vlat Dracul in Schäßburg, in der er geboren wurde, gegen eine geringe Eintrittsgebühr besichtigen. In der kostengünstigen Almasche-Höhle wachsen wie von Geisterhand Eiszapfen auf dem Boden und formen menschliche Figuren.

## WEITERE INFORMATIONEN

**Offizielles Rumänien-Portal:**
www.rumaenien.tourismus.de

Europas Südosten
Perlen am Mittelmeer

Bei Sonnenaufgang fällt der Blick auf die Kirche St. Eustachius Dobrota an der Adriakueste Montenegros (links). In Instabul wird auf den vielen Märkten frisches Obst und Gemüse geboten und gehandelt (rechts oben). Bei Volksfesten tragen auch die jungen Serbinnen und Serben stolz traditionelle Kleider (rechts unten).

Während die Hagia Sophia von außen zwar auffällt, aber recht schlicht erscheint (oben links), begeistert ihr Innenraum vor allem durch die mystische Atmosphäre (rechte Seite). Kein Wunder, dass sich täglich lange Schlangen vor dem Eingang bilden (oben rechts).

# 66 Ewig schön – Istanbuls Hagia Sophia

## Vollkommen und religionsübergreifend

**Reisende aus aller Welt und Angehörige jeglicher Religion lassen sich täglich von der Vollkommenheit der Hagia Sophia beeindrucken. Vor fast 1500 Jahren wurde sie als Kirche errichtet, später in eine Moschee umgewandelt und schließlich als Museum zum UNESCO-Weltkulturerbe ernannt. In der Hagia Sophia haben sich im Laufe der Jahrhunderte christliche und islamische Schätze harmonisch arrangiert.**

Das blassrote, wuchtig und wirr erscheinende Gotteshaus aus Stein und Mörtel ist auf den ersten Blick nicht gerade das, was sich die meisten unter einem eindrucksvollen, weltbekannten Bauwerk vorstellen. Auffällig sind von außen die zwei Seitenschiffe, die stützenden Mauern, zahlreiche Kuppeln und die vier Minarette. In dem von den spärlich einfallenden Sonnenstrahlen in mystisches Licht getauchten Innenraum erzeugen Balustraden und Bögen, mächtige und schmale Pfeiler sowie eindrucksvolle byzantinische Mosaiken und osmanische Kalligrafien eine einzigartige Vollkommenheit. Die Kuppelbasilika zeugt wie die ganze Stadt von der jahrtausendealten Geschichte Istanbuls.

### Die Errichtung der »Heiligen Weisheit«

Schon bevor die Hagia Sophia (griechisch für »Heilige Weisheit«) in ihrer heutigen Form im 6. Jahrhundert errichtet wurde, ließ Kaiser Konstantin der Große (zwischen 270 und 288–337) an der gleichen Stelle eine große, ebenfalls der Heiligen Weisheit geweihte Kirche errichten. Diese brannte in den folgenden zwei Jahrhunderten jedoch mehrmals ab und musste immer wieder neu erbaut werden.
Im Januar 532 wurde die größte Kirche des Byzantinischen Reiches nochmals in Schutt und Asche gelegt, Kaiser Justinian I. (um 482–565) legte den Grundstein für den heutigen Bau, den er dann am 27. Dezember 537 einweihte. Millionen von Besuchern erkunden noch heute jedes Jahr den prächtigen Sakralbau, welcher zu den wohl grandiosesten Werken der Kunstgeschichte zählt.
Nach der Eroberung Konstantinopels durch die Osmanen im Jahr 1453 wurde das christliche Gotteshaus in eine Moschee umgewandelt.

Besucher staunen nicht nur im Inneren der Hagia Sophia (unten links und rechte Seite oben). Außen bietet der in osmanischer Zeit erbaute Reinigungsbrunnen einen prächtigen Blickfang (unten rechts). Ihr Äußeres ist eher schmucklos (oben). Leuchtende Farben im Emirgan-Park (rechte Seite unten).

In den 481 Jahren, in denen die Hagia Sophia als Moschee diente, wurde das Tragsystem verbessert und die Stützpfeiler verstärkt.

## Eindrucksvoller erster Eindruck

Schlicht und schmucklos präsentiert sich die bekannte Basilika zunächst in der äußeren Vorhalle, dem Exonarthex. Die durch mehrere verzierte Türen erreichbare innere Vorhalle (Eso-narthex) mit roter, grüner, schwarzer und weißer Marmorverkleidung und dem mit Goldmosaiken und Ornamenten geschmückten Gewölbe lässt dann schnell auf die Schätze im Hauptraum der Hagia Sophia schließen. Oberhalb der »Kaisertür«, der größten der neun Türen, ist ein wertvolles Mosaik aus dem 10. Jahrhundert erhalten, das den thronenden uns segnenden Christus zeigt. Die in Bronze gefasste Tür war einst den Kaisern vorbehalten und führt ins Mittelschiff.

Im Naos offenbart sich schließlich der ganze Stolz Justinians – die Vollkommenheit der Hagia Sophia. In 56 Metern Höhe schwebt die Kuppel über dem 69,50 mal 73,50 Meter großen Hauptraum. Die imposante, tonnenschwere Rippenkuppel hat einen Durchmesser von 31 Metern. Besonders die 40 lichtdurchlässigen Fenster am unteren Kuppelrand schaffen den Eindruck, die Kuppel würde über dem quadratischen, von vier gewaltigen Pfeilern gebildeten Kuppelquadrat schweben. Die Wuchtigkeit der Pfeiler wird ihnen durch ihre Einbindung in die Seitenschiffe und Säulenarkaden sowie durch ihre Verbindung durch Bogen untereinander genommen. Die riesige Hauptkuppel wird von jeweils zwei Halbkuppeln und diese von jeweils drei Halbkuppeln gestützt.

Auffällig ist der Übergang zwischen dem Runden der Kuppel zum Eckigen der Pfeiler. Dieser

wird durch komplexe Zwickel, sogenannte Pendetifs, hergestellt. Erst im 19. Jahrhundert wurden die Gesichter der vier dort abgebildeten Engelswesen, die sechsflügeligen Seraphim, mit Stuck abgedeckt. Einst rahmten die Seraphim die Darstellung von Christus als Pantokrator ein, der im Scheitelpunkt der Kuppel abgebildet war. Da in der islamischen Tradition das Abbilden von Lebewesen, Heiligen und Gott verboten ist, wurden die christlichen Abbildungen nach Umwandlung der Hagia Sophia zur Moschee mit der Zeit überdeckt.
In der Kuppel erstrahlt heute in goldener Kalligrafie der Koranvers »Gold ist das Licht der Himmel und der Erde«. Das einst abgedeckte Mosaik aus dem 9. Jahrhundert ist bis heute gut erhalten. Es wurde kurz nach Ende des byzantinischen Bilderstreits hergestellt und zeigt Maria mit dem segnenden Jesuskind.

### Orientalisches Schmuckkästchen

Für sein kolossales Vorhaben hat Kaiser Justinian keine Kosten gescheut. Den Bau der Hagia Sophia ließ er sich 145 Tonnen Gold, nach heutigen Verhältnissen etwa drei Milliarden Euro, kosten. Für das prachtvolle Gotteshaus wurden auch Bauelemente alter Tempel herbeigeschafft. In osmanischer Zeit führte Sultan Murad III. (1574 bis1595) diese Tradition fort. Er stiftete zwei hellenistische Alabastervasen aus Pergamon. Sie dienten als Reinigungsbrunnen und sind neben der Kaisertür positioniert. Im linken Seitenschiff fasziniert auch die »Schwitzende Säule«, die durch das Wasser aus einer Zisterne unterhalb der Hagia Sophia porös geworden ist und sich immer feucht anfühlt. Da dieser Säule schon in byzantinischer Zeit Heilungskräfte gegen Impotenz und Augenleiden zugesprochen wurden, berührten Gläubige die Säule schon vor vielen Jahrhunderten.
Mit der Umwandlung der Hagia Sophia in eine Moschee wurde der Gebetsraum den islamischen Traditionen angepasst. Süleyman der Prächtige (um 1495–1566) stiftete die reich verzierte Gebetsnische, die in der Apsis ihren Platz gefunden hat. Sultan Murad III. sorgte für die Kanzel, die sich rechts der Apsis erhebt. Auf der von Säulen getragenen Tribüne links der Apsis nahm der Sultan Platz. Die acht mächtigen Rundschilde aus Holz ließ Sultan Abdülmecid I. (1823–1861) im 19. Jahrhundert an den Pfeilern anbringen. In Kalligrafien erscheinen dort die Namen der Kalifen Omar, Ali, Hasan, Husein, Othman und Abu Bekr.

## ECHTE SCHNÄPPCHEN

Im Museum Malerei & Skulptur ist – außer montags und dienstags – der Eintritt von 12–16.30 Uhr kostenlos. Einige weitere Kunstmuseen in Istanbul sind ebenfalls kostenlos, wie z. B. das Istanbuler Museum für Moderne Kunst. Alle Bazaare, wie der große Kapali Çarşı, sind frei zugänglich. Der Eintritt in die Sultan-Ahmed-Moschee (Blaue Moschee), die Süleymaniye- und die Zeyrek-Moschee ist kostenlos. Das Hippodrom ist frei zugänglich; dort kann man eine kostenlose Tour durch das Areal der Pferderennbahn machen. Der Emirgan-Park ist ein frei zugänglicher Blumenpark, in dem Millionen von Tulpen verschiedener Sorten blühen und einen unvergleichlichen Anblick bieten. Die frei zugängliche 490 Meter lange Galata-Brücke führt über das Goldene Horn, und man kann sie zu Fuß überqueren. Ein Gratis-Spaziergang auf dem Camlica-Hügel bietet einen atemberaubenden Blick über die ganze Stadt. Auf dem frei zugänglichen Taksim-Platz befinden sich das Denkmal der Republik.

## WEITERE INFORMATIONEN:

Ayasofya Hürrem Sultan Hamamı: www.ayasofyahamami.com
visit.istanbul
en.istanbul.gov.tr
Hagia Sophia: hagiasophia.com

# 67 Wiege der abendländischen Kultur – Kreta

## Griechenlands klassischste Urlaubsinsel

**Sonne, Strand und Meer, verträumte Buchten, wildromantische Schluchten und schneebedeckte Berggipfel, malerische Städte, ursprüngliche Dörfer und quirlige Touristenorte – das alles gibt es auf der größten Insel Griechenlands, dazu die eindrucksvollen Hinterlassenschaften der ersten Hochkultur Europas. Sie entstand vor etwa 4000 Jahren und trägt den Namen des mythischen Königs Minos.**

Taverne in der Altstadt von Réthimno (unten links). Die griechischen Kapellen sind reich verziert, wie diese hier bei Matala (unten rechts). Die Samaria-Schlucht ist ein wildromantisches Naturparadies (rechte Seite unten). Traumhaft gelegen und herausgeputzt: Agios Nikólaos, Kretas bekanntester Urlaubsort (rechte Seite oben).

Seit die Hippies in den 1960er-Jahren Kreta für sich entdeckten, ist viel geschehen. Die Schotterstraßen sind geteert, Feriendomizile für jeden Anspruch sind entstanden, die Insel entwickelte sich zum beliebten Ziel für Sonnenanbeter, Wanderer und Kulturreisende. Selbst in Matala, dem Dorf an der Südküste, in dem junge Aussteiger aus aller Welt die steinzeitlichen Wohnhöhlen besetzten, herrscht heute »touristische Normalität«. Das bedeutet auf Kreta in der Regel aber nach wie vor: überschaubar und individuell statt Massenbetrieb. Auch in Touristenhochburgen wie Agios Nikólaos gibt es noch die familiäre Pension und die Taverne, in der man schon am zweiten Abend wie ein Stammgast begrüßt wird. Traumhaft ist die Lage des Ortes an einer weiten Bucht, der die Venezianer bewundernd den Namen Mirabéllo gaben.

### Insel der Kontraste

Vier Jahrhunderte lang beherrschte die Republik Venedig die Insel, gefolgt von den Osmanen, die die Oberhoheit ausübten, bis Kreta 1913 dem griechischen Staat zugeschlagen wurde. In den Städten an der Nordküste sind die Spuren der fremden Herren bis heute nicht zu übersehen. Venezianisch geprägt ist die zauberhafte Altstadt von Chania. Diese besondere Atmosphäre genießen die zahlreichen Touristen vor allem in den Straßencafés rund um das Hafenbecken mit dem alten Leuchtturm. Wesentlich ruhiger geht es in Réthimno zu, wo in den verwinkelten Gassen das türkische Erbe in Form von Moscheen und Minaretten, Brunnen und geschnitzten Holzerkern noch deutlich sichtbar ist. Die dritte im Bunde des Städtetrios an der Nordküste ist die Inselhauptstadt Iraklio, eine moderne griechische

Großstadt, umtriebig, bunt und laut, aber auch mit venezianischem Flair am alten Hafen, mit stimmungsvollen Plätzen und dem berühmten Archäologischen Museum.

Wer von den Küstenstädten ins Hinterland fährt, lernt das ursprüngliche Kreta der abgelegenen Dörfer und einsamen Klöster kennen. Großartige Naturerlebnisse versprechen die Inselgebirge mit ihren 2000er-Gipfeln und die dazwischenliegenden Hochebenen. Zu den charakteristischen kretischen Landschaften gehören auch die von hohen Felswänden gesäumten Schluchten mit ihrer seltenen Flora. Als Nationalpark ist die grandiose Samaria-Klamm geschützt, mit 17 Kilometern eine der längsten Schluchten Europas.

## Zeugen der minoischen Hochkultur

Meistbesuchte Sehenswürdigkeit der Insel aber ist der Palast von Knossos, in dem der Sagenkönig Minos geherrscht haben soll. Wer früh am Tag kommt, umgeht die Busladungen von Touristen und kann die weitläufige Anlage in Ruhe erkunden. Zwar handelt es sich bei den teilweise mehrstöckigen freskengeschmückten Gebäuden hauptsächlich um Rekonstruktionen des 19. Jahrhunderts, doch gerade das macht die Attraktivität von Knossos aus. Hier kann sich auch der Laie vorstellen, wie die minoische Herrschaftselite vor Jahrtausenden lebte. Mehr Fantasie (und Kenntnisse) braucht es für das Verständnis der anderen Ausgrabungsstätten minoischer Kultur. Herausragende Beispiele bilden die zweitgrößte Palastanlage Kretas in Phaistos, der Palast von Malia mit freigelegter Wohnsiedlung und der Palast von Kato Zakros beim Tal der Toten, einer Schlucht, deren Name sich auf die Begräbnisriten der Minoer bezieht. Nur zu Fuß oder mit dem Esel erreicht man die mystische Tropfsteinhöhle über dem Dorf Psychró am Rand der für ihre Windmühlen berühmten Lassithi-Hochebene. Ein Kultort war die Höhle sowohl in minoischer wie auch in griechischer Zeit: Göttervater Zeus soll hier als Säugling von Ziegen genährt worden sein.

### ECHTE SCHNÄPPCHEN

Die über 1000 Kilometer lange Küste bietet zahlreiche frei zugängliche Strände. Dank der direkten Nachbarschaft von Bergen und Meer gibt es bei kostenlosen Wanderungen viel zu entdecken, wie Bekanntschaften mit Geckos, Schafen, Ziegen und Schildkröten. Echtes Abenteuer-Feeling kommt bei einer Wanderung durch eine der unzähligen frei zugänglichen Schluchten auf, wie die Tour durch die Imbros-Schlucht bei Khóra Sfakion. Mit den Badesachen im Rucksack geht es zum frei zugänglichen exotischen Palmenstrand von Preveli. Von November bis März kann man die staatlichen Ausgrabungsstätten und Museen gratis besichtigen. Der Leuchtturm von Chania und die Kapelle Agios Nikolaos sind frei zugänglich, die Kapelle aber nicht immer offen. Einen kostenlosen Besuch kann man auch dem Agia Marina Donkey Rescue abstatten.

### WEITERE INFORMATIONEN:

www.incrediblecrete.gr
www.heraklion.gr
Archäologisches Museum Iraklio und Palast von Knossos: www.heraklion-crete.org (in Englisch)

Der Palast von Knossos gehört zum europäischen Kulturerbe und versetzt die Besucher ins antike Griechenland.

# 68 Stadt im Wandel – Tirana

## Viel Platz für Entdeckungen

**Geografisch, politisch, wirtschaftlich und kulturell bildet Tirana das Zentrum Albaniens, mit gut 600 000 Einwohnern ist die Hauptstadt auch die größte Stadt im kleinen Balkanstaat. Landschaftlich reizvoll präsentiert sich die Lage am Übergang von der bewaldeten mittelalbanischen Hügelregion zum flachen Hinterland der circa 30 Kilometer entfernten Mittelmeerküste.**

Zwar hat sich einiges getan seit dem Sturz des kommunistischen Regimes, das Albanien bis 1990 fest im Griff hatte und vom übrigen Europa fast komplett isolierte. Doch das Land hat noch immer viel nachzuholen, die Armut ist groß, das ist auch in Tirana nicht zu übersehen. Rund um die Stadt entstanden im letzten Jahrzehnt völlig ungeplant wilde Siedlungen der zahlreichen Binnenmigranten, die ihre Dörfer verließen, um in der Hauptstadt ihr Glück zu suchen. Dass der Aufschwung auf sich warten lässt, zeigt sich auch in den Plattenbausiedlungen aus kommunistischer Zeit, wo man nach der Wende versuchte, durch farbenfrohe Anstriche die Tristesse zu übertünchen. Wer sich einen Überblick über die Stadt und ihr grünes Umland verschaffen will, fährt hinauf auf Tiranas Hausberg, den Dajti (1613 Meter). Seit 2005 gibt es eine Seilbahn, die längste des Balkans, heißt es, und ein Ausflugsrestaurant.

### Rund um den Skanderbeg-Platz

Die Mitte der Stadt markiert der Sheshi Skënderbeu, der weitläufige, in den 1960er-Jahren angelegte Hauptplatz. Man ist bemüht, die riesige freie Fläche einladender zu gestalten, aber die Monumentalbauten im Sowjetstil – Ministerien, Kulturpalast, Nationalbank und das 15-stöckige »Tirana International Hotel« – atmen noch immer den Geist des Totalitarismus. Das gilt auch für den mosaikgeschmückten Bau des Historischen Nationalmuseums, das Albaniens Geschichte von den Anfängen dokumentiert.
Benannt ist der Platz nach dem Nationalhelden Skanderbeg, albanisch Skënderbeu (1405–

Das Denkmal des Nationalhelden Skanderbeg im Herzen der Hauptstadt (unten rechts). In einem sozialistischen Prachtbau ist das Historische Nationalmuseum untergebracht (unten links). Alte albanische Handwerkskunst (rechte Seite oben). Petrela ist ein beliebtes Ausflugsziel bei Tirana (rechte Seite unten).

1468), der tapfer, aber vergebens gegen die türkischen Eroberer kämpfte. Schon kurz nach seinem Tod begann die über 400-jährige Herrschaft der Osmanen. Sein Reiterdenkmal steht vor der berühmten Et'hem-Bey-Moschee (um 1800), einem der wenigen erhaltenen Baudenkmäler aus osmanischer Zeit in Tirana. Die Einkuppelmoschee mit dem bleistiftspitzen Minarett beeindruckt vor allem durch die grandiosen Fresken im Inneren – ein Kunstgenuss, den man sich nicht entgehen lassen sollte. Eine weitere Hinterlassenschaft der Osmanen und Wahrzeichen der Stadt ist der benachbarte Uhrturm (1830). Wer die vielen Treppen nicht scheut, kann ihn als Aussichtsturm besteigen. An der sechsspurigen, dicht mit Bäumen bestandenen Prachtstraße Bulecardi Dëshmorët e Kombit, die vom Skanderbeg-Platz Richtung Universität führt, widmet sich das größte Kunstmuseum des Landes (Galerie Kombëtare e Arteve) der albanischen Kunst vom 13. Jahrhundert bis zur Gegenwart. Wo der Boulevard in den nach Mutter Teresa (Nënë Tereza) benannten Platz mündet, erwartet das Archäologische Museum mit seinen 2000 Funden von der Steinzeit bis zum Mittelalter interessierte Besucher.

## Das Bonzen-Getto wird zum hippen Szeneviertel

Touristisch erwacht Albaniens Hauptstadt gerade erst aus dem Dornröschenschlaf. Ausländische Gäste sind immer noch dünn gesät – umso herzlicher werden sie empfangen. Man fühlt sich als Tourist willkommen, sollte im Gegenzug aber auch Offenheit und Flexibilität mitbringen. Denn für Reisende, die sich auf das quirlige, bisweilen auch ganz schön chaotische Tirana einlassen, gibt es viel zu entdecken. So ist in den vergangenen Jahren etwa im ehemaligen Parteibonzen-Viertel Blloku (»Block«) eine junge Szene mit zahlreichen Restaurants, trendigen Bars, Szene-Kneipen und Clubs entstanden, mit einem wilden, bunten Nachtleben, lauter Musik und überschäumender Lebensfreude. Tagsüber bummelt man durch die kleinen Geschäfte und Boutiquen und erlebt in den Straßencafés die typische albanische Kaffeekultur, entspannt und mediterran fühlt sich Tirana dann an.

## ECHTE SCHNÄPPCHEN

Günstige Flüge nach Tirana gibt es von Memmingen, Köln und Berlin aus (ca. 70 Euro). Einfache Zimmer findet man in Tirana schon ab 12 Euro. Grundsätzlich ist das Essen in Albanien günstig. Noch günstigere Preise bekommt man, wenn man anstatt mit Euro mit Lek bezahlt. Sehr gut und günstig kann man in der Taverna Tradicionale, in der Bar Restorant Bio oder im Restorant Tradicional Odaja essen. Besonders wenig kostet das sehr gute Essen im Puri in Shkodra. Frei zugänglich ist der zentrale Platz von Tirana mit der Reiterstatue und dem Uhrturm. Ringsherum kann man gratis viele historische Gebäude bewundern. Im kostenlosen Stadtpark Rinia ist bei gutem Wetter richtig was los. Immer wieder stößt man ganz kostenlos auf Überreste oder teils komplett erhaltene Bunker, die wie kleine runde Pilze aussehen. Die Fußgängerzone Rruga Murat Toptani ist frei zugänglich, genau wie der große Bazar Pazari. Kostenlos ist der Große Park, der rund 20 Minuten zu Fuß vom Skanderbeg-Platz entfernt liegt.

## WEITERE INFORMATIONEN

**Albaniens Tourismus-Information:**
www.albania.al (engl.)
**Dajtiekspres/Seilbahn:**
www.dajtiekspres.com,
**Privat geführte Webseite:**
www.tirana-online.de

# 69 Schmelztiegel der Kulturen – Sofia

## Ein Spaziergang durch 7000 Jahre Geschichte

**In Sofia laufen die politischen und wirtschaftlichen Fäden Bulgariens zusammen, hier schlägt das Herz des Balkanstaates. Die Stadt am Fuß des Vitosha-Gebirges blickt seit ihren steinzeitlichen Ursprüngen auf rund 7000 Jahre Besiedlungsgeschichte zurück. Und jedes der vielen Völker, die hier in Laufe der Zeit lebten, hat seine Spuren in der Stadt hinterlassen.**

Zwischen den klotzigen Gebäuden der Sowjetzeit lugen immer wieder Bauten der Römer, der Byzantiner und Osmanen hervor. Konstantin der Große soll das damalige Serdica als »sein Rom« bezeichnet haben. Kaffeetrinken in römischer Atmosphäre? Kein Problem in Sofia – das Amphitheater »Arena di Serdica« im gleichnamigen Hotel macht es möglich.

### Eine Kirche an ungewöhnlicher Stelle

In Sofia kann man auf einem kurzen Spaziergang die Gotteshäuser der unterschiedlichsten Zeiten und Religionen besichtigen. Zu den bemerkenswerten Zeugen der Vergangenheit zählt die Kirche Sveti Georgi im Innenhof des »Sheraton«-Hotels. Die älteste Kirche der Stadt präsentiert sich als schlichter Rundbau aus dem 4. Jahrhundert, innen zieren alte Fresken die Wände. Nahezu pompös wirkt dagegen die Alexander-Newski-Kathedrale mit ihren blattgoldüberzogenen Kuppeln. Die Bulgaren sind überzeugt, dass es sich um die schönste Kirche des 20. Jahrhunderts auf dem gesamten Balkan handelt. Errichtet wurde die Kathedrale zu Ehren der russischen Soldaten, die im Russisch-Türkischen Krieg 1877/1878 Bulgarien von der osmanischen Herrschaft befreiten.
Im Inneren des Gotteshauses finden bis zu 5000 Menschen Platz. Etwas außerhalb des Zentrums, aber unbedingt den Abstecher wert, liegt die Kirche von Bojana. Die UNESCO setzte die Anlage wegen ihrer einmaligen Wandmalereien aus dem 13. Jahrhundert auf die Liste des Weltkulturerbes.

Im Schatten der Kathedrale Sweta Nedelja lässt sich gemütlich Kaffee trinken (rechts). Von außen schlicht, birgt die Kirche von Bojana innen beeindruckende Wandmalereien (rechte Seite oben). Prächtige Fresken leuchten an den Decken im Rila-Kloster (rechte Seite unten).

Zurück im Zentrum führt der Weg zu weiteren Tempeln der Weltreligionen. Zu den wenigen bis heute erhaltenen Gebäuden aus der fast 500 Jahre währenden Zeit der osmanischen Herrschaft zählt die Banja-Baschi-Moschee. Das Gebäude mit dem schlanken Minarett und dem würfelförmigen Gebetssaal unter der großen Kuppel stammt aus dem 16. Jahrhundert und wird bis heute stark frequentiert.
Nur wenige Schritte entfernt erhebt sich die Synagoge, die zu den größten auf der Balkanhalbinsel zählt. Der Architekt Friedrich Grünanger (1856 bis 1929) erbaute das jüdische Gotteshaus zu Anfang des 20. Jahrhunderts im Stil des Historismus. Auch maurische und neobyzantinische Stilelemente sind an der Fassade zu entdecken. So steht die Synagoge stellvertretend für das, was Sofia heute ist: ein Schmelztiegel der Religionen und Architekturstile.

## Quer durch die Stilepochen

Hinter diesem Sammelsurium alter und neuer Bauwerke verbirgt sich ein quirliges Kulturleben, das sich dem Besucher oft erst auf den zweiten Blick erschließt. Die wichtigsten Informationen zum kulturellen Angebot der Stadt liefert der »Guide Programata«, der in englischer Version auch im Internet erscheint.
Große Geschäftigkeit herrscht in der Zentralen Markthalle, etwa 1000 Menschen arbeiten hier. Der erste überdachte Marktplatz Bulgariens wurde Anfang des 20. Jahrhunderts errichtet und birgt heute über 100 Läden, in denen sich die Einwohner mit Lebensmitteln und Kleidung eindecken. Aus der gleichen Epoche stammt das Mineralbad. Lange Zeit diente das Gebäude im Stil des bulgarischen Heroismus als öffentliches Badehaus. Bis heute sprudelt aus dem Brunnen vor dem Gebäude 46 Grad Celsius warmes Mineralwasser. Die Sofioter zapfen es literweise in Flaschen ab, werden dem schwach mineralisierten Wasser doch heilende Kräfte zugesprochen.
Über alldem wacht die Allegorie der Sofia. Die Statue der Namensgeberin der Stadt thront seit 2001 über dem Platz der Unabhängigkeit. Lenin, ihr Vorgänger auf dem hohen Sockel, war Anfang des 21. Jahrhunderts nicht mehr zeitgemäß; schließlich fühlt man sich in Bulgariens Hauptstadt dem selbst gesetzten Motto verpflichtet: »Wächst, aber altert nicht.«

## ECHTE SCHNÄPPCHEN

Günstige Flüge nach Sofia gibt's ab 33 Euro. Eine Taxifahrt von einem offiziellen Taxi-Counter kostet ca. 9 Euro. In der Stadt sollte man mit Leva zahlen. Um einen Überblick zu bekommen, kann man eine Free Sofia Tour machen. Mit Sofia Green Tour kann man mit dem Fahrrad die Sehenswürdigkeiten und Parks erkunden – die Touren sind kostenlos, am Startpunkt kann man sich Fahrräder ausleihen. Falls man durstig ist, kann man seine Wasserflasche überall an den Brunnen auffüllen, die von unterirdischen Thermalquellen gespeist werden. Das Wasser kann man problemlos trinken. Die bulgarische Küche kann man mit der kostenlosen Food Tour von Balkan Bites kennenlernen: Hier probiert man ein paar typisch bulgarische Gerichte und erfährt mehr über die leckere Küche – auch für Vegetarier geeignet! In der Stadt stößt man auf zahlreiche kostenlose ehemalige Parteigebäude und kommunistische Denkmäler, wie das Denkmal der Sowjetischen Armee. Frei zugänglich ist der Garten rund um den Nationalen Kulturpalast (NDK).

## WEITERE INFORMATIONEN

**Offizielle Webpräsenz von Sofia:**
www.sofia-guide.com
**Seite einer privaten Kultur-Initiative:**
www.programata.bg

# 70 Ein Fjord im Mittelmeer – Montenegros Adriaküste

## Grüne Klippen im Land der schwarzen Berge

**Zwischen Kroatien im Norden und Albanien im Süden liegt die Adriaküste von Montenegro, dem nach Kosovo kleinsten Nachfolgestaat des ehemaligen Jugoslawiens. Die knapp 300 Kilometer lange Küstenlinie, eine der schönsten an der Adria und gesprenkelt mit historischen Ortschaften, ist dank des Tourismus die wirtschaftlich wichtigste Region des Landes.**

Montenegro, das »Land der schwarzen Berge«, präsentiert sich zumindest an der Küste meist mit grünen, bewaldeten Bergen – soweit die Hänge nicht bis hoch hinauf bebaut sind. Und weil, so raunt man dort an der Adria, viele dieser Häuser ohne Genehmigung errichtet wurden, passe das schon mit den »schwarzen Bergen«. Ob gesetzestreu oder nicht, manches an der Küste wirkt arg zubetoniert, vor allem an den Stränden. Rund 70 der 294 Küstenkilometer eignen sich zum Baden, ansonsten gehen die Berge direkt in die See über. Es ist eine der schönsten Szenerien an der östlichen Adriaküste, hier ragt auch der einzige Fjord des Mittelmeers rund 30 Kilometer tief in die montenegrinische Bergwelt hinein: Boka Kotorska, die attraktive Bucht von Kotor.

### Perast – ein Dorf unter Denkmalschutz

Dieses Epizentrum des montenegrinischen Tourismus besteht aus vier Unterbuchten mit den Orten Herceg-Novi und Tivat, Risan und Kotor. Die letztgenannten beiden und das zwischen ihnen gelegene Städtchen Perast, das komplett unter Denkmalschutz steht, zäh-

Fjordlandschaft an der Adria: die Bucht von Kotor (rechts). Auf dem Berg San Giovanni erstrecken sich über 4,5 km die mittelalterlichen Verteidigungsanlagen der Stadt Kotor (rechte Seite oben). Gospa od Skrpjela in der Bucht von Perast ist ein Ziel für Kunstliebhaber (rechte Seite unten).

len zum Weltnatur- und Weltkulturerbe der UNESCO. Der gegen Wetterunbilden geschützte südlichste Fjord Europas entwickelte sich schon in der Antike zu einem Seefahrts- und Handelszentrum, einige private Palazzi künden vom kontinuierlichen Wohlstand über Jahrhunderte. Kotor punktet mit historischen Bauten, vor allem mit der fast fünf Kilometer langen Stadtmauer und der romanischen Tryphon-Kathedrale, die nach Erdbeben im 17. Jahrhundert restauriert wurde. Der Märtyrer und Stadtheilige wird von der katholischen und der orthodoxen Kirche gleichermaßen verehrt. Herceg-Novi hat sich zu einem Ziel des Massentourismus entwickelt, wobei – wie überall an der montenegrinischen Küste – Gäste aus Russland die Statistik anführen. Risan ist das ruhigste Dorf an der Bucht, während in Tivat, dem einzigen Ort mit Flughafen in der Region, eine internationale Gruppe von Milliardären eine Marina namens Porto Montenegro baut. Sie ist speziell für »Superluxusjachten« mit bis zu 150 Meter Länge ausgelegt, steht aber auch gewöhnlichen Millionären offen.

## Montenegros längster Strand

Budva ist das zweite bekannte Urlaubsziel an der Küste, obwohl der beste Strand, der gut zwei Kilometer lange Jaz Beach, rund 2,5 Kilometer außerhalb der Stadt liegt. Als sehenswert darf auch die Altstadt hinter einer Stadtmauer gelten, auch wenn sie so alt nicht ist, wie sie scheint: 1979 wurde sie von einem Erdbeben fast völlig zerstört, jedoch im venezianischen Stil originalgetreu wieder aufgebaut. Der Blick von der alten Zitadelle über die Stadt ist allein den Eintritt wert, das kleine Museum gibt's quasi als Zugabe. Das bekannteste Fotomotiv bietet allerdings das nahe Sveti Stefan, eine kleine Insel, die mit einem kurzen Damm an das Festland angebunden ist. Das einstige Fischerdorf hat sich zu einem Luxushotel einer asiatischen Kette ausgewachsen, das seinen dörflichen Charakter dennoch bewahrt hat. Besichtigung? Sorry, Zutritt nur für Hotelgäste. Der Ferienort Bar ist verkehrstechnisch gut zu erreichen, zum einen durch die Eisenbahnlinie in Richtung der Hauptstadt Podgorica, zum anderen durch die Fähren nach Bari und Ancona in Italien. Auch die Altstadt von Bar wurde wie in Budva vom Erdbeben 1979 stark zerstört. Im Gegensatz zu Budva entstand die Altstadt von Bar nur zu geringen Teilen neu, was ihr einen ganz eigenen Charme verleiht, wirkt sie doch mit ihren Ruinen wie eine romantische Kulisse. Der südlichste Ferienflecken an dieser Küste ist Ulcinj. Hier liegt mit Velika Plaza der längste Strand Montenegros, zwölf Kilometer Sand und noch vergleichsweise unerschlossen. Dort will man die Fehler aus dem Norden nicht wiederholen, ein Masterplan soll mehr naturschonende Urlaubsdomizile schaffen.

### ECHTE SCHNÄPPCHEN

Beim kostenlosen Besuch des UNESCO-Welterbe Nationalpark Durmitor in Biogradska Gora durchstreift man einen der letzten drei Urwälder Europas und die mit 78 Kilometern längste und mit 1300 Metern tiefste Schlucht Europas, die Tara-Schlucht. In der Altstadt von Kator gibt's günstige Übernachtungen in den Pupa Hostels. In Budva kann man günstig im Freedom Hostel übernachten. Die beste kostenfreie Aussicht gibt's oben von der Stadtmauer! Günstig Frühstücken geht hier in der Resto Bar Taraca oder im Poslasticara Branka und günstige Mittag- und Abendessen im Verde oder in der Pastabar Budva. In Ulcinj kann man die langen Sandstrände umsonst besuchen; super günstig ist hier das Hostel Center. Auf der 20 Kilometer langen Wanderung am Skutari-See gibt's die Sicht auf die wunderschöne Fluss-Schlinge umsonst (Start in Virpazar gegenüber vom Parkplatz). Entlang der Küste sind die Verbindungen mit Bussen gut und günstig, denn sie verkehren mehrmals täglich zwischen den einzelnen Orten.

### WEITERE INFORMATIONEN

**Touristeninformation:**
www.montenegro.travel/de

Hinter dem Eingang in die Festung am Kalemegdan (oben links) liegt das überraschend grüne Areal der Zitadelle (oben rechts). Die eindrucksvolle Sava-Kirche begeistert von außen wie von innen (rechte Seite unten). Dörfliches Leben in Zemun (rechte Seite oben).

# 71 Städtetrip für Neugierige – Belgrad

## Zu Besuch in Serbiens aufstrebender Hauptstadt

**Serbien ist in – und das nicht erst seit der in Belgrad geborene Tennisspieler Novak Djokovic die Weltrangliste anführt. Aus einer der ältesten Städte Europas hat sich in den letzten Jahren eine moderne Metropole mit jungem Lebensgefühl entwickelt. Ein interessantes Pflaster für Städtereisende, die Lust auf architektonische Bruchstellen und spannende Konstraste haben.**

Viele Völker zogen durch das fruchtbare Gebiet, in dem sich Save und Donau vereinen: Auf den Überresten der keltischen Siedlung Singidunum erbauten Slawen im 6. Jahrhundert die »weiße Stadt«, später schließlich »Griechisch Weißenburg« und auf Serbisch »Beograd« genannt. Im Laufe ihrer bewegten Geschichte zwischen Osmanischem Reich, der Monarchie Österreich-Ungarn und dem späteren Fürstentum Serbien wurde sie von 40 Armeen eingenommen und 38 Mal wieder aufgebaut, zuletzt nach den Bombardements durch die NATO im Jahr 1990.

Als eine der größten Städte im Balkanraum zählt Belgrad 1,2 Millionen Einwohner. Mehr als 40 Prozent der Bevölkerung sind zwischen 15 und 44 Jahre alt – so zieht Belgrad nicht nur die Jugend aus den serbischen Provinzen in die Hauptstadt, sondern auch junge Besucher, die eine scheinbar unentdeckte Stadt aus einer neuen Perspektive erleben möchten. Dabei kommt westlichen Reisenden zugute, dass sich das Schriftbild immer mehr von kyrillischer zu lateinischer Schrift wandelt.

### Zwischen Planetarium und Parlament

Als Herz der Stadt und älteste kulturhistorische Sehenswürdigkeit gilt die Belgrader Festung oberhalb der Mündungsspitze von Save und Donau. Der Festungshügel umfasst auf 60 Hektar Fläche die Oberstadt mit diversen Toren und der Kirche der heiligen Petka. Zur Unterstadt mit dem Planetarium im einstigen Hamam gehört das »Kalemegdan« genannte Plateau rund um die eigentliche Befestigung. Dahinter befindet sich die Altstadt, »Stari Grad«, ein Schmelztiegel serbischer und byzantinischer Einflüsse. Prachtvolle Bauten

vom Historismus bis zum Jugendstil säumen vor allem die Einkaufsstraße Knez Mihailova zwischen Kalemegdan und dem Platz der Republik vor dem Nationaltheater und dem Nationalmuseum. Entlang des Bulevar Kralja Aleksandra erhebt sich das abends eindrucksvoll beleuchtete serbische Parlament mit weiteren Regierungsgebäuden in der Umgebung des Pionierparks.

Ein Muss für jeden Besucher stellt die Sava-Kirche im sich südlich anschließenden Viertel Vračar dar. Der zentrale Kuppelbau im Stil der Hagia Sophia kann als größte Kirche des Balkans bis zu 12 000 Gläubige gleichzeitig aufnehmen. Bereits 1894 begonnen und erst 2009 eingeweiht, beeindruckt das noch immer nicht fertiggestellte Innere durch seine schier unglaubliche lichte Höhe von 68 Metern.

### Eine Stadt ist nachtaktiv

Und am Abend? Verwandelt sich Belgrad in eine Stadt vielfältiger Ausgehmöglichkeiten. Ob in schwimmenden Restaurants auf Donau und Save oder im einstigen Boheme-Viertel Skadarlika nordöstlich vom Platz der Republik – überall lässt man sich die traditionelle Balkanküche mit viel Fleisch schmecken, immer öfter modern interpretiert mit gesünderem Einschlag. Die Lokale tragen Namen wie »Zwei Tauben« oder »Drei Hüte«. Berühmt ist das älteste Restaurant »Kafana?« oder auch nur »?«; das Fragezeichen brachte der einstige Besitzer vor mehr als 120 Jahren aus Protest gegen die serbisch-orthododxe Kirche an. Heute zählt die Taverne mit den auskragenden Erkern zu den Wahrzeichen der Stadt. Das von vielen Grünflächen umgebene Belgrad präsentiert allerlei Festivals, von der orthodoxen Neujahrsfeier über folkloristische Kulturfeste bis zum Bootskarneval auf der Donau. Aktivsportler schätzen die vielfältigen Möglichkeiten von Kajaktouren bis zu Segeltörns. Ohnehin wird Sport großgeschrieben, die beiden Fußballvereine Roter Stern und Partizan Belgrad kennen Fußballfans aus europäischen Begegnungen. Und im Tennis gewann Serbien 2010 erstmals den Davis-Cup beim Finalturnier gegen Frankreich vor heimischer Kulisse.

## ECHTE SCHNÄPPCHEN

Vom Flughafen gibt es einen günstigen Shuttle in die Stadt. Im ArkaBarka Floating Hostel sind WiFi, Sauna, die Sonnenterrasse, Frühstück und Fahrradverleih kostenlos. Mit Straßenbahnen und Bussen kommt man günstig von A nach B. In der Stadt kann man zwischen sieben Free Walking Tours wählen. Die Festung von Belgrad, Kalemegdan, ist kostenlos und bietet tolle Ausblicke auf die Stadt. Rund um den frei zugänglichen zentralen Platz der Republik entdeckt man viele Sehenswürdigkeiten wie die Mihailo-Obrenovic-Statue (Reiterstatue), das Nationaltheater und das Nationalmuseum. Zudem befindet sich hier die Knez Mihailova, die große Fußgänger- und Shoppingzone der Stadt. Sonntags ist der Eintritt ins Zepter-Museum frei. Grundsätzlich kostenlos sind die Kirche des Heiligen Markus, der St.-Steva-Tempel und die St.-Petka-Kapelle. Frei zugänglich ist der Badestrand Ada Ciganlija. Günstig ist der Eintritt ins Tesla-Museum. Der Stadtteil Novi Beograd verfügt über die meisten kostenfreien Grünflächen der Stadt.

## WEITERE INFORMATIONEN

**Tourismusinformation Belgrad:**
Knez Mihailova 5, RS-11000 Belgrad,
Tel. (00381) 11 26 35 622, www.tob.rs/de

# 72 Perle der Adria – Dubrovnik

## Das Wunder eines Wiederaufbaus

**Zwar hat Dubrovnik einige höchst attraktive Rivalinnen, doch einer der ersten Plätze in der Schönheitskonkurrenz der adriatischen Küstenstädte dürfte dem alten Ragusa – so der Name der historischen Stadtrepublik – gewiss sein. Schon in der Vergangenheit, als reiche Handelsmetropole, wusste die Stadt ihre führende Position zu verteidigen. Wehrhafte Mauern zeugen davon.**

Fast zwei Kilometer lang, bis zu sechs Meter dick und 25 Meter hoch ist die gigantische Stadtmauer, auf der man die Altstadt – mit fantastischen Ausblicken! – komplett umrunden kann. Sie gilt als besterhaltenes mittelalterliches Festungswerk in Europa und hat im Lauf ihrer 1200-jährigen Geschichte so manchen Angriff erfolgreich abgewehrt. Ab 1525 musste sich die Stadtrepublik Ragusa zwar der osmanischen Oberherrschaft beugen, dennoch konnte sie ihr Schicksal bis ins 19. Jahrhundert selbst bestimmen. Den häufigen Erdbeben jedoch war man hilflos ausgeliefert. Besonders verheerend wirkte sich das Erdbeben von 1667 aus. Obwohl die Bürger alles rasch wieder aufbauten, markierte die Naturkatastrophe eine Wende: Der Seehandel im östlichen Mittelmeer, der Ragusa im Mittelalter reich gemacht hatte, verlor an Bedeutung. Und so nahm auch der Niedergang der glanzvollen Stadtrepublik seinen Lauf.

### Ein Weltkulturerbe der ersten Stunde

Gotik, Renaissance und Barock prägen die überschaubar große Altstadt mit ihren Kirchen, Klöstern und Palästen, in mediterraner Üppigkeit grünt und blüht es in den historischen Gärten und Innenhöfen. Das wunderschöne Stadtbild, die Traumlage an der dalmatinischen Küste, die eindrucksvolle Geschichte, nicht zuletzt die herausragende kulturelle Stellung als Hochburg humanistischer Gelehrsamkeit vom 15. bis ins 17. Jahrhundert veranlassten die UNESCO bereits 1979, Dubrovnik auf die Liste der Welterbestätten zu setzen. Mit einem Hilfsprogramm unterstützte die UNESCO dann auch die Restaurierung der wertvollen Baudenkmäler, die vom Artilleriebeschuss der

Sveti Vlaho ist Dubrovniks prachtvollste Barockkirche (unten links). Traditionelle Handarbeiten, ein beliebtes Souvenir (unten rechts). Badestrände gibt es außerhalb und auch in der Stadt (rechte Seite oben). Blick über die Stadtmauer zum alten Hafen (rechte Seite unten).

Jugoslawischen Volksarmee im Kroatienkrieg 1991/92 schwer beschädigt worden waren. Beim Wiederaufbau vollbrachten heimische Handwerker und Ingenieure, beraten von internationalen Experten, eine Meisterleistung. Längst vergessene Handwerkskünste wurden wiederbelebt und ausschließlich Materialien verwendet, die auch den Baumeistern der Vergangenheit zur Verfügung standen. Die Wunden des Krieges sind verheilt, die weiße Stadt am blauen Meer zeigt sich ihren vielen Besuchern wieder im alten Glanz.

### Bummel durch die autofreie Altstadt

Dass der antike Siedlungskern auf einer kleinen Felseninsel lag, sieht man längst nicht mehr. Der Meeresarm, der sie vom Festland trennte, wurde schon im 13. Jahrhundert zugeschüttet. Seither markiert seinen Verlauf der schnurgerade Stradun, Dubrovniks beliebte Flaniermeile mit Restaurants und Straßencafés, Boutiquen und Souvenirläden. Architektonisch bedeutend ist der spätgotische Sponza-Palast mit den Renaissance-Arkaden. Einst Münze und Zollstätte, steht er am südlichen Ende des Stradun beim malerischen Stadthafen. Nur ein paar Schritte – und der hoch aufragende Glockenturm, Wahrzeichen der Stadt, ist erreicht. Sein Stilmix aus Gotik und Renaissance ist typisch für Dubrovnik, er prägt auch den mächtigen Rektorenpalast, ursprünglich der Regierungssitz der Stadtrepublik, heute ein Stadtmuseum mit exzellenten kulturhistorischen Sammlungen. Dubrovnik ist reich an Kirchen und Klöstern. Unbedingt sehenswert ist das Franziskanerkloster Mala Braća mit dem romanisch-gotischen Kreuzgang, der herrlichen Barockkirche und einer der ältesten Apotheken Europas. Beim Erdbeben von 1667 fast völlig zerstört und danach im Barockstil wieder aufgebaut, umschließt der Klosterkomplex einen idyllischen Innenhof. Als Höhepunkt barocker Pracht in Dubrovnik gilt die Kirche des heiligen Blasius (Sveti Vlaho), dem Schutzpatron der Stadt. Sein Namenstag am 3. Februar wird alljährlich mit einem großen Fest gefeiert.

### ECHTE SCHNÄPPCHEN

Mit EasyJet kann man günstig nach Dubrovnik fliegen. Kostenfrei parken kann man am Krankenhaus von Dubrovnik und mit dem Bus in die Altstadt fahren. Grundsätzlich kommt man mit den öffentlichen Bussen günstig umher. Die Altstadt und die Stradun, auf der man den Ono-Brunnen gratis bewundern kann, sind frei zugänglich, genauso wie der alte Stadthafen. Kostenlos kann man den Berg Srđ hinauflaufen und die wunderbare Aussicht genießen. Ein Besuch des Universitätsgartens ist kostenfrei. Geld spart man sich mit der Dubrovnik-Card, einem Kombi-Ticket, bei dem die wichtigsten Sehenswürdigkeiten und Museen sowie der Mauereintritt inkludiert sind. Günstig ist der Eintritt in den Sponza-Palast. Falls man sich ein Ticket für die Stadtmauer kauft, ist der Eintritt der Festung Lovrijenac inbegriffen. Ebenfalls kostenlos ist der Eintritt in die Kathedrale. Nicht frei, aber günstig ist hingegen der Eintritt ins Dominikaner- und Franziskanerkloster sowie in den Sponza-Palast.

### WEITERE INFORMATIONEN

**Dubrovnik-Neretva Tourismusverband:** Vukovarska 24, 20000 Dubrovnik, 00385 20324999, www.visitdubrovnik.hr
**Kroatische Zentrale für Tourismus:** Iblerov trg 10/IV, 10000 Zagreb, Tel. 00385 14699333, www.croatia.hr
**Mljet-Webseite:** www.mljettravel.com

# Register



v.l.n.r. Leuchtturm auf Texel, im Hafen von Helsinki, romantische Bucht an der Algarve, Grafitti in Bordeaux, mit der Vespa durch Rom, Festumzug in Bayern.

Die Skyline Berlins im schönen Abendlicht.

Frühling und Sonneschein im National Park Berchtesgadener Land in Bayern.



v.l.n.r.: Gemütliche Bar in Barcelona, der Königssee in Bayern, Beethoven steht in Bonn, Holocaustdenkmal an der Donau, die Steinklamm in Bayern, gut essen in Budapest.

**Textnachweis**:
**Axel Pinck**: Seiten: 18-21, 24-27; **Barbara Rusch**: 22-23, 38-41, 42-43, 44-45, 46-47, 50-53, 60-63; **Eva Becker**: 30-35, 36-37; **Britta Mentzel**: 54-59; **Monika Baumüller/Thomas Winzker**: 64-65; **Klaus Viedebantt**: 66-67, 262-263, 278-279; **Thomas Winzker**: 68-69; **Bernd Schiller**: 70-71, 74-79, 154-157, 248-251; **Dietmar Falk**: 72-73; **Gunnar Habitz**: 80-83, 84-85, 280-281; **Karin Hanta**: 86-89; **Hanne Egghardt**: 92-95, 96-99, 100-103, 104-107, 110-113; **Eugen Hüsler**: 116-119; **Nana Nenzel**: 120-123, 128-131; **Thomas Winzker/Susanne Wess**: 124-127; **Thomas Winzker**: 132-133, 218-219; **Constanze Wimmer**: 134-137, 138-141, 142-143; **Ellen Astor**: 146-147; **Andrea Hoffmann**: 148-151; **Andrea Lammert/Dörte Sasse**: 158-161; **Norbert Kustos/Andrea Lammert**: 162-165, 166-169, 170-171, 172-175, 178-181, 182-183; **Jörg Berghoff**: 186-189, 196-199, 200-201, 202-205, 206-209; **Marike Langhorst**: 190-193, 194-195; **Hans-Günther Meurer**: 210-213; **Thomas Krämer**: 214-217; **Eva Dietrich**: 220-221, 222-227, 228-231, 232-235, 238-239, 242-245, 246-247; **Ruth und Jürgen Haberhauer**: 252-257, 258-261; **Klio Verigou**: 266-269; **Monika Baumüller**: 270-271, 274-275, 282-283; **Dr. Heidrun Kegel**: 276-277.

**Bildnachweis**:
**Lookphotos**: 2/3 (Fuchs, Don); 4 u. 2. v. l. n. r. (travelstock44); 5 u. 2. v. r. n. l. (Avalon.red2), 6 u. 2. v. l. n. r. (Wothe, Konrad); 6 u. 3. v. l. n. r. (Frei, Franz Marc); 7 u. 3. v. r. n. l., 114 (Delimont, Danita); 7 u. 2. v. r. n. l., 125, 284 u. 2. v. l. n. r. (Meinhardt, Olaf); 10 (Stankiewicz, Thomas); 11, 123 u., 126 u., 264 (robertharding), 13, 185 u. (Bogush, Anna); 14/15, 43 u., 45 u., 115 u., 124 (Wagner, Hanna); 16, 184 (Merz, Brigitte); 17 o. (Mueringer, Christian); 17 u., 265 u. (age fotostock); 18-29; 30-42; 43o.; 44; 45 o.; 46; 47 o.; 50-58; 60-70; 71 u.; 72-73, 74 u. r.; 75; 76 o.; 77-79; 80-81; 83 o.; 84-85; 89 o. (Frei, Franz Marc); 90/91; 95 (Mirau, Rainer), 100, 102 o., 102 u., 103 (Strauß, Andreas); 101 (Bischof, Manuel); 110 (Thoermer, Val); 115 o. (Petrakova, Anastasia); 116, 117 o., 118-123 o.; 126 o.; 128-131 o.; 131 u. (Enrico Della Pietra); 134-141 u.; 142-174; 154-157; 160 o.; 185 o. (Zandecki, Lukasz); 190-195 u.; 206 o. l.; 207; 208 o. r.; 209 u.; 218-219; 248; 249 o.; 250 u.; 251; 262; 263 u.; 265 o. (Franklin Briggs, Julia); 270-271; 274; 276; 278; 279 o.; 280 o. r.; 282-283; 285 u. 3. v. r. n. l. (Hemis); 286 u. l. (Zouev, Tanya); 286 u. 3. v. l. n. r. (Wohner, Heinz); 287 u. 2. v. r. n. l. (Maier, Norbert L.); **Shutterstock**: 4 o. (givaga); 4 u. l. (MNStudio); 4 u. 3. v. l. n. r. (travelview); 5 u. r. (r.nagy); 5 u. 3. v. r. n. l. (Azlan Stock); 6 o. (Sina Ettmer); 6 u. l. (Peter Krocka); 7 u. r. (Particia Tureay); 48/49 (UllrichG); 59 (streetflash); 71 o. (marekusz); 83 u. (Anamaria Mejia); 105 (Maykova Galina); 127 o. (Heracles Kritikos); 127 u. (Arndale); 195 o. (silvergull); 209 o. (Davi Costa); 210 u. l. (SergiyN); 210 u. r. (Selivanov F.); 211 (anshar); 212 u. (0399778584); 212 o. r. (Yargin); 212 o. l. (Nekrassov, A.); 213 o. (Travel Faery); 213 u. (Goryachev, S.); 236/237 (Boris Stroujko); 240/241 (alionabirukova); 249 u. (Smiltena), 250 o. (Sergei25); 263 o. (Cristea, E.); 269 u. (epic_images); 272/273 (Scorpp); 275 o. (Todorovic, A.); 275 u. (ollirg); 277 u. (EastVillage Images); 279 u. (Dima_Rogozhin); 280 o. l. (saiko3p); 281 o. (Elisseeva); 281 u. (Nenezic, V.); 284/285 o. (tilialucida); 284 u. 3. v. l. n. r. (DaLiu); 284 u. l. (Marc Venema); 285 u. 2. v. r. n. l. (Kamira); 285 u. r. (T.W. van Urk); 286 o. (canadastock); 286 u. 2. v. l. n. r. (Max.T); 287 3. v. r. n. l. (Davor Flam); 287 u. r. (Taweepat); **Picture Alliance**: 47 u. (Christoph Schmidt); **Mauritius**: 74 u. l. (age), 141 o. (Alamy Stock Photos / Sergii Figurnyi); 247 (Oksana Parafeniuk); 277 o. (Ball, D.); **Bildagentur Huber:** 165 u. (Ripani); 182-183 (Gräfenhain); **Andere**: 76 u. (Habitz, G.); 86-88, 89 u. (Rainer Hackenberg), 92-94, 95 o., 96-99, 104, 106-107, 112 o. (Oliver Bolch); 111, 113 u. (Daniel Schoenen Fotografie); 112 u., 113 o. (Westermann, Kurt-Michael); 117 u. (Olgysha); 132-133 (Thomas Winzker); 148-151 (Sammy Minkoff); 158, 159, 160 u. (2), 161, 162-164, 165 o., 166-175, 178-181 (Norbert Kustos); 186-189, 196-199 u., 200-205 o. (Richard Gardner); 199 o., 205 u. (Jörg Berghoff); 206 o. r., 208 u., 208 o. l. (Krinitz, H.); 214-217 (Thomas Krämer); 220-235, 238-239, 242-246 (Thomas Stankiewicz); 252-261 (Ruth und Jürgen Haberhauer); 266-269 o. (Franz Marc Frei).

Illustrationen auf dem Umschlag und im Innenteil stammen von AdobeStock/leo_d; AdobeStock/Olena; AdobeStock/Elena; Shutterstock/Uncle Leo.

# Impressum

Verantwortlich: Susanne Kaufmann
Redaktion: Regine Heue
Layout: Franziska Gumpp
Umschlaggestaltung: Regina Degenkolbe
Repro: LUDWIG:media
Kartografie: Huber Kartographie, Heike Block
Herstellung: Alexander Knoll
Printed by Elma Basim in Turkey

★★★★★

**Sind Sie mit diesem Titel zufrieden? Dann würden wir uns über ihre Weiterempfehlung freuen.**
Erzählen Sie es im Freundeskreis, berichten Sie Ihrem Buchhändler, oder bewerten Sie bei Onlinekauf. Und wenn Sie Kritik, Korrekturen, Aktualisierungen haben, freuen wir uns über Ihre Nachricht an Bruckmann Verlag, Postfach 40 02 09, D-80702 München oder per E-Mail an lektorat@verlagshaus.de

Unser komplettes Programm finden Sie unter www.bruckmann.de



In diesem Buch wird aus Gründen der besseren Lesbarkeit das generische Maskulinum verwendet. Weibliche und anderweitige Geschlechteridentitäten werden dabei ausdrücklich mitgemeint, soweit es für die Aussage erforderlich ist.

**Empfehlung der Redaktion**
Sie sind auf der Suche nach weiterführender Literatur? Dann empfehlen wir Ihnen den Titel »Die Welt erleben in Europa« von Roland F. Karl, Andrea Willen.

Umschlagvorderseite: Blick von der Festung Lovrijenac auf Dubrovnik (Lookphotos / Radler-Wöss, Alois)
Umschlagrückseite: Wasserfall Cascata do Risco auf Madeira (Lookphotos / Wagner, Hanna); Parlamentspalast in Bukarest (Lookphotos / Merz, Britgitte); Lüsener Fernerkogel in Tirol (Lookphotos / Mueringer, Christian); Klappe hinten: Molecule Man auf der Spree in Berlin (Lookphotos / travelstock44); Straßenmusiker in Bologna (Lookphotos / Petrakova, Anastasia).

Die Deutsche Nationalbibliothek verzeichnet diese Publikation in der Deutschen Nationalbibliografie; detaillierte bibliografische Daten sind im Internet über http://dnb.d-nb.de abrufbar.


Infanteriestraße 11a
80797 München

ISBN: 978-3-7343-2858-9